休闲体育活动的
项目设计、策划与管理

XIUXIAN TIYU HUODONG DE
XIANGMU SHEJI CEHUA YU GUANLI

卢锋　柳伟　舒建平○等 编著

四川大学出版社

责任编辑:曾春宁
责任校对:曾　鑫
封面设计:何东琳
责任印制:王　炜

图书在版编目(CIP)数据

休闲体育活动的项目设计、策划与管理 / 卢锋等编著. —成都:四川大学出版社,2017.4(2024.2)
ISBN 978-7-5690-0561-5

Ⅰ.①休… Ⅱ.①卢… Ⅲ.①休闲体育－教学研究－高等学校 Ⅳ.①G811.4

中国版本图书馆 CIP 数据核字(2017)第 097015 号

书　名	休闲体育活动的项目设计、策划与管理
编　著	卢　锋　等
出　版	四川大学出版社
地　址	成都市一环路南一段24号(610065)
发　行	四川大学出版社
书　号	ISBN 978-7-5690-0561-5
印　刷	四川省平轩印务有限公司
成品尺寸	185 mm×260 mm
印　张	12
字　数	290 千字
版　次	2017 年 8 月第 1 版
印　次	2024 年 2 月第 9 次印刷
定　价	45.00 元

◆读者邮购本书,请与本社发行科联系。
电话:(028)85408408/(028)85401670/
(028)85408023　邮政编码:610065
◆本社图书如有印装质量问题,请寄回出版社调换。
◆网址:http://press.scu.edu.cn

版权所有◆侵权必究

目 录

绪　　论 ………………………………………………………………………（ 1 ）

第一章　休闲体育活动的项目构建与设立 ……………………………………（ 8 ）
　　第一节　休闲体育活动的基本范畴 …………………………………………（ 8 ）
　　第二节　休闲体育活动的项目运行模式构建与分析 ………………………（ 13 ）
　　第三节　休闲体育活动的项目设计 …………………………………………（ 18 ）

第二章　休闲体育活动项目的创新型设计理念 ………………………………（ 27 ）
　　第一节　休闲体育活动项目设计的创新性思考 ……………………………（ 27 ）
　　第二节　类型原则与休闲体育活动项目设计 ………………………………（ 31 ）
　　第三节　消费社会与休闲体育活动项目设计 ………………………………（ 34 ）
　　第四节　视觉营销与休闲体育活动项目设计 ………………………………（ 38 ）
　　第五节　时尚与休闲体育活动项目设计 ……………………………………（ 43 ）

第三章　休闲体育的活动项目策划 ……………………………………………（ 48 ）
　　第一节　休闲体育的活动项目策划概述 ……………………………………（ 48 ）
　　第二节　休闲体育的活动项目策划理念 ……………………………………（ 50 ）
　　第三节　休闲体育的活动项目策划原理 ……………………………………（ 52 ）
　　第四节　休闲体育的活动项目策划方法 ……………………………………（ 58 ）
　　第五节　休闲体育的活动项目策划程序 ……………………………………（ 64 ）
　　第六节　休闲体育的活动项目内容策划 ……………………………………（ 68 ）

第四章　休闲体育活动的项目管理 ……………………………………………（ 72 ）
　　第一节　休闲体育活动项目的现场管理 ……………………………………（ 72 ）
　　第二节　休闲体育活动项目的质量管理 ……………………………………（ 77 ）
　　第三节　休闲体育活动项目的营销管理 ……………………………………（ 86 ）
　　第四节　休闲体育活动项目的风险管理 ……………………………………（ 94 ）

第五章　休闲体育活动项目的管理团队 ………………………………………（102）
　　第一节　团队发展概述 ………………………………………………………（102）
　　第二节　建立高效的休闲体育活动项目团队 ………………………………（109）
　　第三节　休闲体育活动项目管理团队存在的问题及对策 …………………（117）

第六章　休闲体育活动的项目评估 …………………………………………（125）
第一节　休闲体育活动的项目评估概述 ………………………………（125）
第二节　休闲体育活动的项目评估主要方法 …………………………（129）
第三节　休闲体育活动的项目时间管理与财务评估 …………………（134）
第四节　休闲体育活动的项目风险评估与应对 ………………………（138）
第五节　休闲体育活动的项目评估的目标、内容和标准 ……………（146）

第七章　休闲体育活动的项目沟通与冲突管理 …………………………（150）
第一节　休闲体育活动项目沟通的概述 ………………………………（150）
第二节　休闲体育活动中的项目沟通管理 ……………………………（153）
第三节　休闲体育活动项目的冲突管理 ………………………………（158）

第八章　影响休闲体育项目设计与管理的因素 …………………………（163）
第一节　自然环境因素的影响 …………………………………………（163）
第二节　社会环境的影响因素 …………………………………………（171）
第三节　安全因素的影响 ………………………………………………（177）

参考文献 ……………………………………………………………………（183）

后　　记 ……………………………………………………………………（186）

绪　　论

一、休闲与休闲方式

从某个角度来讲，人的一生是由我们称之为时间来定义的。工业革命以后，人类生活出现了一种特别的现象，那就是每天的时间被逐渐规定下来。于是，在现代社会中，我们的时间被划分为3种，即学习工作时间、生理需求时间和自由支配时间。人的一生，从出生到退休的几十年中，尽管这3种时间的多少并不完全相等，但一定是3种时间并存。而退休之后的日子则只有两种时间：生理需求时间和自由支配时间。随着社会的进步和发展，自由支配的时间还在不断地增加。由此看来，在人的一生中总是会有一大段时间由个人来自由支配。因此，怎样使用一生中可以自由支配的时间才能让自己更加健康、快乐的问题，正在成为现代人必须重视的大问题。因为，时间是我们的生命过程的展台，也是我们生命状态的呈现方式。对于现代人来讲，自由时间是个人满足和完善自我需要的主要时间。与个人的生理需求时间一样，在这个时间里做什么、怎么做，将会影响个人的生活质量和生命质量。

休闲是人类的一种具有特殊意义的活动。美国学者杰弗瑞·戈比认为，所谓休闲（leisure），即是"指一种从文化环境和物质环境的外在压力中解脱出来的、相对自由的生活。"[①] 按照他的说法，休闲是生活的一种形式，而这种形式似乎对于现代人有一种特殊的意义。我们认为："生活"不是一个抽象的概念，而是由人的各种各样的日常活动建构的人生过程。因此，严格意义上讲，休闲只是人们生活的一个组成部分，或者说是人们日常生活中不可或缺的基本内容。在现代社会条件下，我们每一个人的生活中都会有休闲这种活动。那么，休闲到底是一种什么样的活动呢？杰弗瑞·戈比在《你生命中的休闲》一书中说，休闲"使个体能够以自己所喜爱的、本能地感到有价值的方式，在内心之爱的驱动下行动，并为信仰提供一个基础。"[②] 看来，休闲是一种以喜爱之心做喜欢之事的行为。

法国社会学家罗歇·苏则是这样来描述休闲的，他说："任何活动，只要是自由选择，并为个人在进行这一活动过程中能谋取的自由这样一种感受的，都属于休闲范畴。"[③]

---

① ［美］杰弗瑞·戈比：《你生命中的休闲》，云南人民出版社2000年版，第14页。
② ［美］杰弗瑞·戈比：《你生命中的休闲》，云南人民出版社2000年版，第14页。
③ ［法］罗歇·苏：《休闲》，姜依群译，商务印书馆1996年版，第3页。

从这个角度来看，我们可以把休闲定义为：

"在相对自由的环境和条件下，人们以一种随意状态和心境从事某种自己所愿意进行的活动。"①

无论怎样去定义现代社会的休闲，有一点可以说是具有共识的，那就是自由。其实，在现代社会中，每一个社会公民都是生活在一定的、具有一定约束性的生活环境中。因此，杰弗瑞·戈比的"自由的生活"和罗歇·苏的"自由选择"的表述都强调了在约束中获得"自由"这个理念。不过，这种理念不是对社会约束的反叛，而是强调个人自主意志的体现、个人兴趣爱好的满足以及个人主观能动性的发挥等。因为，在现代社会，个人的自由必须建立在一定的社会规范和原则上，而这些规范和原则对个人意识形成了一定的、可以被感受到的压力，因而在一定程度上制约了人的行为自由度。这就是杰弗瑞·戈比所说的"文化环境和物质环境的外在压力"。但是，杰弗瑞·戈比所说的从这种压力下"解脱"出来的自由不是对社会规范和原则的反叛，而是在符合这些规范和原则的前提下，寻求一种没有阻碍的行为方式。美国休闲教育家托马斯·古德尔甚至认为："自由是一种能力，一种做自己想做之事的能力。如果一个人无所事事，自由也就失去了意义。"② 由此可以看出，休闲不是什么事都不做、不是无所事事，休闲是行动，是一种自觉自愿的行动，一种做自己想做之事的行动。

从某种意义上讲，无论哪一种压力都是一种感觉，而这种感觉与个人的社会认知有关。如果说休闲就是要从这些压力中解脱出来的话，那么，对于每个人来讲，能否真正实现休闲，可能取决于个人的认知能力、信仰及其人生态度。

事实上，在现代社会中，就自由时间而言，几乎是人人都具有的一种社会权利、一种生活配置，我们的休闲活动往往也是在个人的自由支配时间里进行的。正如托马斯·古德尔所说的那样："人人都会拥有空闲时间，但并非人人都能够拥有休闲。空闲时间是一种人人拥有并可以实现的观念，而休闲却并非是每个人都可以真正达到的人生状态，因为休闲不仅是一种观念，而且更是一种理想。空闲时间只是计算时间的一种方式，而休闲则涉及到存在状态和人类生存的环境。"③ 这样看来，我们并不是有了自由时间也就拥有了休闲。更为关键的是，我们需要真正理解和充分认识休闲对现代人的重要意义，并且掌握和运用对于自己的人生有积极作用的、能够引起持续性兴趣的休闲方式。

那么，何为休闲方式呢？简而言之，所谓休闲方式，就是运用于休闲过程中的各种活动形式和方法。应该说，被人们运用于休闲实践中的活动几乎遍及人类生活的全部领域。因为，人们都是在自己的认知能力和生活态度的引导下，以自己的兴趣爱好和活动能力来选择某种事务为自己的休闲方式。每个人都有自己的个性特征，都有自己的认知能力和生活态度，都有自己的生活过程、生活环境，也有自己的生活情趣和爱好。因

---

① 卢锋：《休闲体育学》，人民体育出版社2005年版，第4页。
② [美]托马斯·古德尔、杰弗瑞·戈比：《人类思想史中的休闲》，成素梅等译，云南人民出版社2000年版，第9页。
③ [美]托马斯·古德尔、杰弗瑞·戈比：《人类思想史中的休闲》，成素梅等译，云南人民出版社2000年版，第1页。

此，人们可能选择的喜爱之事也是千差万别的。

在我们看来，休闲方式的选择与个人的认知能力、信仰及其人生态度有着密切的联系。或者说，个人的认知能力、信仰及人生态度对于个人休闲方式的选择具有决定性作用。既然休闲不是什么都不做，而是去做自己喜爱的事情。那么，把自己喜爱之事作为自己的休闲方式而运用于休闲实践，至少可以获得一种情感上的升华，影响着个人的人生状态。在这样的前提下，休闲方式被赋予了标识性意义——从一定层面上反映出行为者的兴趣爱好、认知能力等个性差异和行为倾向；同时，休闲方式还反映出个人的生活情趣和生活状态。正如美国著名未来学家阿尔温·托夫勒（1985）所说的那样："随着社会本身已经从以各种生产为主转为有更多的闲暇，而对闲暇时间的不同利用将日渐成为区分人差异的重要基础。"

二、体育运动与休闲活动

休闲活动是现代人生活方式的重要组成部分，国外有关研究证明，在社会发展到一定水平时，休闲活动就会成为人们日常生活中必不可少的一部分。

发达国家已经走过的路径证明，休闲活动是人类社会十分重要的社会活动，它是人的社会生活必然的构成部分，社会人的个人消费活动大都在休闲时间中进行。因此，调整社会人群的休闲活动内容，不仅有益于民众的身心健康和社会的精神文明建设，也有益于社会经济的发展。

就休闲活动的内容来讲，体育运动占有十分重要的、特殊的地位。体育运动是人类社会具有特殊意义的社会活动。这种活动非常古老，倘若溯源，恐怕得追溯到人类进化之初的生存方式上去。体育运动之所以能够与人类社会一同演化发展到今天，就是因为它不仅能够满足人类作为自然产物的躯体的运动需求，同时还能够满足人类的另一种属性——作为社会人的多种社会需求。时至当今，体育运动已经成为人类社会中形式最丰富、分布最广、参与人数最多的活动。生活在现代社会的每一个人，在他（她）的一生的不同时期中都会和体育运动结下些许缘分，许多人甚至会与体育运动结缘终身。

体育运动又是这样一种活动：它具有民族性，却能够被世界的各个民族广泛接受；它具有文化性，却不会被某种意识形态所制约；它具有多样性，以至于社会各阶层的人都可以从中选择最适合自己的那一种；它只是一种被形式化人体运动，却可以满足人们的各种需求，成为现代社会的一种特别的、多功能的社会工具。例如，从本质上讲，今天的体育运动对于人类并没有什么可以立竿见影的物质效应或者经济效应，但体育产业却成为今天中国"经济转型升级发展的重要力量"。

正因为体育运动的这种多功能特性，才可能成为现代社会不同层次的行为主体的共用工具，才会成为每个人一生中总会接触和参与的活动。

作为一种运动性的休闲方式，体育运动"是人类社会中最能够表现人的双重性的社会活动。从本质上讲，体育活动只是人类自然属性的表达方式，即人的运动需要的外部表现形式。但如同人的其他基本生理需要一样，人的运动需要一方面以人类社会所特有行为方式（体育形式化）来实现；另一方面，作为运动需要的满足形式的体育活动，被赋予了更多的社会内涵，用以表达和反映其他社会事物。由此可见，体育活动被用作于休闲方式时，同样可以满足人们来自两种属性的需要"[1]。由此可见，人们把体育运动作为一种休闲方式完全出自于人之本性及其人的社会性，本性驱使其参与运动，社会性则促使其在运动活动中达成某些社会目的。

约翰·凯利认为："人们之所以选择某项活动，是因为他们对其意义与结果有所期望；这些结果和满足感会因为社会地位的不同而不同，尤其在人们生命的不同阶段，随着工作、家庭角色的变化，这些结果与满足感也会发生相应的变化。"[2] 人们参与某种休闲活动当然也是对活动意义有所期望的，不过，期望值的高低完全取决于个人对活动意义的认知。

有研究者从人们参与活动的直接体验中抽象概括出对活动意义的感知成分大体有以下几个层面：第一，心理上的，即自由感、享受过程、参与性、挑战性等；第二，教育性的，即智力挑战、获取知识、开阔眼界；第三，社交性的，即与他人建立良好关系、友好互动；第四，放松性的，即从压力和疲劳中解脱出来；第五，生理性的，即健康、健美、体重控制、运动快感；第六，审美性的，即对优秀作品及自然景色的欣赏和感受。[3] 这就是说，人们选择某种活动作为自己的休闲活动，其对活动意义的感知大体在这6个层面上。如果我们再回头审视一下体育运动所具有的那种多功能属性便可以发现，在这几个层面上，运动性休闲活动都能够使参与者从中获得活动意义的体验。正是因为运动性身体活动（体育运动）具有这样的功能，在人类发展的不同时期，人们几乎都会将运动性的身体活动作为一种休闲活动的基本方式。

三、体育运动——现代最为积极、健康的休闲活动

我们知道，人们可以选择某种活动作为自己的休闲活动，这也是休闲能够使人的自由性、自由感得以充分地体现和发挥的一个重要维度。同时，我们也知道，休闲方式的选择与个人的认知能力、信仰及其人生态度有着密切的联系。从某种意义上讲，怎样去度过休闲的自由生活，取决于个人的基本能力和素养。

据日本休闲研究中心在20世纪70年代初期对有关休闲活动的研究统计，在所有的休闲活动中，与体育相关的活动占70%左右，充分说明了当社会经济水平发展到一定程度时（20世纪70年代中期，日本人均GDP已经超过4000美元），休闲体育活动会成为社会中休闲活动的主流方式。

当今时代，体育产业已成为国际公认的21世纪最具活力并具有高渗透性、交叉性、拉动性的朝阳产业。因此，我国政府也开始对体育消费和体育产业予以高度的重视。但如果要推动体育产业的全面发展，就必须把全体公民的健身休闲的需求和体育消费的需求释放出来。

从过去调查的情况来看，我国居民参与体育活动的意愿并不是很高。因此，把全体公民的健身休闲的需求和体育消费的需求释放出来的工作还是非常困难的。从2001年

---

[1] 卢锋：《休闲体育学》，人民体育出版社2005年版，第61页。
[2] [美] 约翰·凯利：《走向自由——休闲社会学新论》，云南人民出版社2000年版，第27页。
[3] [美] 约翰·凯利：《走向自由——休闲社会学新论》，云南人民出版社2000年版，第37页。

的全国性调查数据来看：将7岁至15岁的在校学生和武装力量作为当然体育人口统计在内，我国的体育人口占可统计的7至70岁总人口的33.9%。但在2001年，我国7岁至15岁的在校学生和武装力量占了全国总人口的24%左右，照此计算，我国16~70岁的体育人口不过区区10%，较之世界发达国家有很大差距，发达国家的这一比率为一般为50%~60%。从参与体育活动的动机来看，体育人口中参与体育活动前3位的动机是：①增强体力，增进健康；②消遣娱乐和精神情绪的修养、改善；③增加社交机会，与朋友、同伴交流。

该调查还发现，影响我国城乡居民参加体育活动的主要主观原因依次为：第一，缺乏兴趣，占30.2%；第二，认为"没有必要"，占6.8%；第三，认为自己"身体较弱，不宜参加体育活动"，占6.4%；第四，学生时代就不喜欢体育活动，占6.0%；第五，认为"体育活动不适合自己的举止行为"，占1.9%；第六，担心他人讥笑，占2.3%。影响人们参加体育活动的主要客观原因依次为：第一，缺少时间，占53.8%；第二，缺少场地设施，占34.9%；第三，精力不足，占29.8%；第四，缺乏经费，占16.8%；第五，"不懂锻炼方法"和"场地远，不方便"，均占12.9%。从这些影响因素中可以看出，不参加体育活动的民众更多的原因就是对体育运动不感兴趣，而大多数所谓的客观原因从本质上讲只是不想参加体育活动的托辞。

本次调查还将我国居民喜爱的余暇活动分为15类，前5位的排序为：第一，看电影、电视，占23.8%；第二，阅读书报，占14.1%；第三，会客聊天，占12.9%；第四，棋牌活动，占10.8%；而参加体育活动者，仅占了5%。值得注意的是，当今世界最为流行的电子游戏并不在当年调查设计的活动类型之中。这样的调查结果无疑证明了我国居民对体育运动的需求度仍然处于一种较低的水平。因此，激发我国公民参与体育活动的热情、调动参与健康休闲活动的积极性、提高体育消费的水平，成为我国政府促进体育事业发展的重要内容。

2002年7月，中共中央、国务院下发了《关于进一步加强和改进新时期体育工作的意见》（中发［2002］8号文件），这是我国第一次以中共中央和国务院的名义下发的关于体育工作的文件。这份文件不仅对体育在新时期我国经济、社会发展中的地位和作用进行了确定，提出了发展体育事业的指导思想、工作方针及总体要求，同时，还布置安排了今后的体育发展目标和任务。该文件中明确提出建构多元化的体育服务体系，鼓励、支持企事业单位和个人兴办面向大众的体育服务经营实体，积极引导广大群众的体育消费，大力培育体育市场。

2008年北京奥运会以后，我国体育发展开始转型，一个表述体育发展方向的词汇——"休闲体育"开始流行起来，并且逐渐成为当今体育主要形态的表述方式和发展潮流。

2011年2月，国务院印发了《全民健身计划》（2011—2015年），该计划提出的指导思想是：深入贯彻落实科学发展观，坚持体育事业公益性，逐步完善符合国情、比较完整、覆盖城乡、可持续的全民健身公共服务体系，保障公民参加体育健身活动的合法权益，促进全民健身与竞技体育协调发展，扩大竞技体育群众基础，丰富人民群众精神文化生活，形成健康文明的生活方式，提高全民族身体素质、健康水平和生活质量，促进人的全面发展，促进社会和谐和文明进步，努力奠定建设体育强国的坚实基础。在该计划中首次使用了"体育健身休闲市场"这个概念，把体育健身与休闲融为一体了。

2014年10月，国务院发布了《关于加快发展体育产业促进体育消费的若干意见》（以下简称《意见》）。《意见》指出："发展体育事业和产业是提高中华民族身体素质和健康水平的必然要求，有利于满足人民群众多样化的体育需求、保障和改善民生，有利于扩大内需、增加就业、培育新的经济增长点，有利于弘扬民族精神、增强国家凝聚力和文化竞争力。"《意见》还提出"倡导健康生活。树立文明健康生活方式，推进健康关口前移，延长健康寿命，提高生活品质，激发群众参与体育活动热情，推动形成投资健康的消费理念和充满活力的体育消费市场"。在《意见》中，再次使用并多次提及"健身休闲"这个概念，说明决策部门已经明确了体育的现代发展态势，同时也看到了体育运动对于提倡大众文明与健康的生活方式、提高公民的生活品质有着不可忽视和替代的作用。

由国家旅游局综合协调司委托中国社会科学院财经战略研究院进行的科研项目结题后以《2012年中国休闲发展报告》发表。该报告从消遣旅游类休闲消费、文化娱乐类休闲消费、体育健身类休闲消费、休闲餐饮类消费等方面，结合其他领域的休闲消费，进行了统计、估算。在消遣旅游类休闲消费上，2011年我国居民国内旅游休闲的总人数约为22.53亿人次，国内旅游休闲的总花费约为16200.54亿元人民币。在文化娱乐类休闲消费上，2010年我国城乡居民家庭文化娱乐类休闲消费支出为3485亿元，2011年我国城乡居民家庭文化娱乐类的休闲消费支出为4081亿元。在体育健身类休闲消费上，2010年城乡居民全年休闲体育消费总额约为2543亿元，2011年城乡居民全年休闲体育消费总额约为2874亿元。在休闲餐饮消费上，2011年我国休闲餐饮消费大致为4127亿元。在沐浴保健类休闲消费上，2011年全国沐浴企业收入达到1285亿元。该报告认为，2011年，我国居民休闲消费中最核心部分的规模大致在28568亿元，相当于社会消费品零售总额的15.53%，相当于GDP的6.05%。[①] 从这个研究报告中我们可以看出，体育健身类休闲已经成为我国社会休闲的重要方式。

当今中国，社会经济快速发展，至2014年，我国的经济总量已经位居世界第二。李克强总理在第十二届全国人民代表大会第三次会议上的政府工作报告中明确指出：2014年我国的社会消费对经济增长的贡献率上升3个百分点，达到51.2%，服务业增加值比重由46.9%提高到48.2%。人民生活有新的改善，全国居民人均可支配收入实际增长8%，快于经济增长。出境旅游超过1亿人次。李克强总理在对2015年的总体部署中，提出了"在2015年加快培育消费增长点。鼓励大众消费，控制'三公'消费。促进养老家政健康消费，壮大信息消费，提升旅游休闲消费，推动绿色消费，稳定住房消费，扩大教育文化体育消费"。显然，在这些促进社会消费发展的目标中，休闲消费、体育消费都被作为消费增长点提出来。

20世纪末，法国休闲学家罗歇·苏根据法国的发展趋势认为，到2000年后，几乎全体法国人都具有一种城市生活方式。他认为，城市强加于人的生活方式会使大多数居民感觉紧张、拥挤、繁杂和精神疲劳。城市生活提供了许多种休闲方式，但却限制了运动性休闲活动的可能性，"身体娱乐，包括最简单的散步，在大城市里都成了难事"。在

---

① 刘德谦、唐兵、宋瑞：《休闲绿皮书：2012年中国休闲发展报告》，社会科学文献出版社2012年版。

这样的生活状态下，城市中将出现一种补偿性娱乐的追求，"周末大逃亡，是忍受了整整一周压迫的心理和生理要求解放的信号"。因此，"短期旅游形式会大幅度上升；户外娱乐要求不断地增长；自然环境中娱乐区域的使用大大提高；户外的体育娱乐活动将有所变化，徒步远足或其他形式的出游比过去会有更大的飞跃；大多数体育联合会、体育协会中，有参赛资格的新成员的汇聚，证明体育运动将在稳定的基础上得以进一步发展。"① 今天，罗歇·苏对法国休闲发展趋势的预判不仅在法国和其他发达国家中得以实现，在我国，"周末大逃亡"已经成为各个城市中的普遍现象，走向大自然、走向山河湖海的人越来越多，一些新型的户外运动吸引了越来越多的人参与。同时，一些体育比赛活动也成为大众积极参与的体育活动形式。近年来，全国各地举办的马拉松赛，成为大众积极参加的休闲体育活动。在各地举办的马拉松的比赛中，参与者动辄就有万人之多。各地的马拉松比赛几乎成为当地最为壮观的大型活动。可见，在现代社会的今天，体育运动作为一种最为积极、健康的休闲方式，已经被现代人广泛认同，成为人类社会共同接受的社会活动。

四、现代休闲体育活动——一种需要实时开发和创新的活动

休闲体育活动是现代社会大众在自己的余暇时间自愿选择和参与的各种类型的、以身体运动为主要方式的社会活动。满足各自特殊的兴趣爱好和需要是人们把体育活动作为休闲方式并且积极参与的重要动因。

随着小康社会建设的加快进行，我国社会物质文明和精神文明的建设也进入了一个全新阶段，人们的社会需求出现了一些新的趋势。就人们对体育健身休闲的需求而言，现阶段人们对体育活动的参与情况，与过去相比发生了很大的变化，过去那种以奥运会比赛项目的活动为主要活动方式的状况已经大幅度减退，人们似乎更愿意参加那些能够表现自我、发挥自我和满足自我的身体运动方式。很显然，那种规则严密、约束性太强的活动方式并不是现代社会人们自主选择的休闲运动的主要方式。因此，各种各样的新兴体育活动逐渐取代了那些奥运项目，成为大众参与体育活动的主要内容。

2016年10月，中共中央、国务院印发了《"健康中国2030"规划纲要》，明确提出："发展群众健身休闲活动，丰富和完善全民健身体系。大力发展群众喜闻乐见的运动项目，鼓励开发适合不同人群、不同地域特点的特色运动项目。……鼓励发展多种形式的体育健身俱乐部，丰富业余体育赛事，积极培育冰雪、山地、水上、汽摩、航空、极限、马术等具有消费引领特征的时尚休闲运动项目，打造具有区域特色的健身休闲示范区、健身休闲产业带。"

在这里，开发特色运动项目的基本涵义就是要求对体育运动的项目体系进行改造和创新，以适应现代社会发展过程中人们不断变化的健身休闲需求。社会发展是一种全方位的发展，各行各业、各个领域都必须跟进发展主流，体育运动也应如此。今天，休闲体育已经开始引导整个体育运动发展的潮流。因此，休闲体育活动项目的创新一定会在今后乃至很长一段时期中成为我国体育健身休闲发展的一项重要任务。

---

① ［法］罗歇·苏：《休闲》，姜依群译，商务印书馆1996年版，第39、40、109页。

第一章 休闲体育活动的项目构建与设立

休闲体育活动项目是人们参与体育活动的主要形式，通过活动项目中设置的运动方式（或者叫运动项目），人们实现了对体育运动的参与。在这里，我们使用的项目一词是指在一定的约束条件下（主要是限定时间、限定资源），具有明确目标的一次性任务。也就是说，项目是一系列具有特定目标，有明确开始或终止日期，资金有限，消耗资源的活动或任务。从这个意义上讲，休闲体育活动项目实际上就是指在一定条件下，设置和组织的体育活动，活动的内容是由各种运动项目构成的。在一个休闲体育活动项目中，可能只有一个运动项目，也可能包含有多个运动项目。因此，所谓休闲体育活动项目，是一种具有特定目的、特定目标并且需要耗费一定资源的活动或者任务。那么，要设置和组织这样的活动，预先的设计、策划，以及对活动过程进行必要的管理是形成到完成这种任务的必要程序。

第一节 休闲体育活动的基本范畴

随着我国全面建设小康社会目标的达成，人们对生活质量将会有更高的要求，而身心健康的愿望将成为人们普遍的需要。在这样的前提下，体育运动作为一种健康积极的社会活动必将成为广大民众自愿选择的一种休闲方式。

一、休闲体育活动的基本含义

体育运动是一种多功能的社会活动，可以满足人们的多种需求，因此，体育运动才会成为现代社会人们参与度最高的活动。在当今社会条件下，体育运动通常存在3种形态：一种是以体育运动为其职业，叫做职业体育；另一种是将体育运动作为人才培养内容，包括军警体育和学校体育；第三种则是广大民众出于各种目的、自愿选择并参与的体育运动，叫做大众体育或者休闲体育。本书主要对体育运动的第三种形态进行讨论，即休闲语境下的体育活动。我们把第三种体育形态称之为休闲体育活动。

按今天普遍认同的说法，休闲体育是指人们在空闲时间里、自愿选择并参与体育活动的社会现象。换句话说，在这种情况下，体育运动是人们自愿选择并参与的休闲活动。因此，我们可以说作为休闲方式的体育活动就是休闲体育活动。

从本质上讲，在现存的体育形态中，除了前面两种形态所包含的体育现象外，其他任何在当今社会所出现的体育现象都可以称之为休闲体育。其实，在我国的体育概念体系中，对体育的这种形态进行描述的词汇有许多，如休闲体育、社会体育、大众体育、群众体育、社区体育、娱乐体育以及少数民族体育等,这些词汇都是描述社会公众利用空闲时间,自愿参与体育活动这样的体育现象。但在这些词汇里,多数词汇的内涵中,都对体育活动参与者的主体身份或者范围进行了划定,如社会体育确定其活动主体为企事业单位职工、城镇居民和农村居民。群众体育和大众体育从词义上看似乎所涉及的活动主体范围较广,但哪些人属于群众或者大众似乎需要进行解释和界定,因为"群众"一词在我国是一个政治学词汇,意指非干部或非共产党员的人群。而目前有人认为,群众体育和大众体育如今已经被社会体育所替代,或者说其内涵基本与社会体育一致。这样看来,群众体育或者大众体育所确定的活动主体也就是企事业单位职工、城镇居民和农村居民等。社区体育所涉及的活动主体更加具有局限性,因为社区这个概念是指"聚居在一定地域范围内的人们所组成的社会生活共同体",本身具有局限性;少数民族体育则从名称上就显现出了它的参与主体所具有的属性,即其主体为相对于汉民族的其他民族。这样一来,我们就很难用这样的词汇来作为这类体育形态的代表性词汇,因为,在这样的词汇中,没有哪一个词汇所表述的体育活动主体可以代表全体公民。

对具有主体含义的体育词汇进行定义时通常会出现一个共同的现象,那就是将活动的目的纳入定义的内容之中,比如,"社会体育"一词通常是这样定义的:企、事业单位职工,以及城镇居民与农民,为达到健身、健心、健美、娱乐、医疗等目的而进行的内容丰富、形式多样的身体锻炼活动。从这个定义中,我们看到这样两种现象,一是要对活动主体进行划定,一是要对活动目的进行描述。这样做的结果,就将一些参与活动的人群排除在外了。

看来,只有那种既属于公民自愿参与体育活动,又不明确指定参与主体的体育概念才更加符合、代表这类现象的全部特质和全部内涵,休闲体育便是这样一个概念。由此,我们可以认定,休闲体育这个概念是一切非专业、非职业体育活动的代表性概念,所有非专业、非职业的体育活动都可以纳入休闲体育活动的范畴。它包括了很多种形式,如健身塑身、比赛娱乐、探寻刺激、消遣交际等。

休闲体育活动有3种社会状态,一种是自发的,个人或者一个熟人群体独自约定进行的体育活动。这种类型的活动内容通常是不需要什么开销的;同时,这也是一种圈子内产生的活动,通常不与圈子外交流。

另一种就是由政府、社会组织或者个人策划举办的、有一定规模的、公众可以自愿参与的体育活动。这种类型的活动以两种形式出现,一种是经常性进行的,如广场舞、广场健身操等;另一种以比赛的形式出现,只是对参赛者没有太多的要求,追逐的目标也不是比赛成绩,如全国各地举办的马拉松赛就是这类形式的典型形态。

第三种是由一定的社会组织或者个人投资建造的、以体育设施和场地为主体的休闲度假健身服务中心或者俱乐部,这种中心或俱乐部通常提供给大众的是有偿服务,公众在付出一定费用后就可以参加相应的体育活动并可以得到一定的服务。这种中心或俱乐部的规模有大有小,能够为大众提供的活动项目有多有少。

上述三种休闲体育活动的基本状态实际上就是现代休闲体育活动的3种基本组织形式。在这三种组织形式的基础上,完成了所有休闲体育活动的各种内容。

二、休闲体育活动的基本结构

体育运动是人类社会的一种特殊形式的活动,这种活动不仅体现人类身体的基本运动能力,如人的跑、跳、投掷能力,还表现人体运动的技术技巧,同时还要表现人与物的控制关系及其人与人的对抗关系。因此,体育运动通常包含了这样几个组成部分:一是参与运动的主体;二是运动的环境;三是运动的方式;四是运动的契约;五是运动的物质基础。

运动的主体是指运动活动的参与者。参与者是体育运动的主体,体育运动的产生就是人对自身的身体运动进行社会化改造的结果。因此,体育运动本质上就是人主动地促使自己的身体参与运动,没有运动的人也就没有体育运动。

体育运动总是发生在一定的空间里,这种空间可以称之为运动的环境。运动的环境有3类:人造环境、人造自然环境和自然环境。体育运动总是发生在这3类环境中。绝大部分的球类项目都是人为设计的,通常也在人造环境中进行的;而大部分户外运动项目则是在人造自然环境和自然环境中进行的。

运动的方式是指人在参与体育运动时所采用的动作方式,除了跑、跳、投掷这些人的基本活动方式外,还有人控制器具情况下完成的动作方式,另外还有人与人在身体对抗下完成动作的方式,以及对抗自然物和利用自然法则的动作方式,等等。

运动的契约是指对活动规范的约定、制定。这里包括了两种契约形式,一种是对人的行为规范和活动方式的预约,表现形式如运动项目的规则和各种项目的基本活动方式方法等;另一种是人与自然的契约,当然,这种契约是人根据自然法则对活动参与者提出的基本要求和注意事项等。

运动的物质基础是指参与体育运动所需要的一些基本的物质条件。它包括运动器材和运动设备以及运动者的基本装备。体育运动是人类根据自身的条件设计造就出来的一种社会活动方式,基本功能就是促使人进行身体运动。因此,运动的物质基础也是在运动项目的设计中形成的,如球类项目。如今,球类项目已经是一个庞大的家族,但我们可以看到,每一个项目所用的球却是完全不一样的;同时,对于不同的球又设计了相应的活动方式,一切活动都是围绕球来进行的。所以,运动的物质基础往往会决定运动的方式。

休闲体育活动是体育运动这个大系统的子系统之一,是体育运动中最能够显示出运动主体自由度的一部分。因此,从本质上讲,休闲体育活动的结构与体育运动这个母系统的结构是一致的,同样也是由运动的主体、运动的环境、运动的方式、运动的契约和运动的物质基础这5个部分构成,只是从体育运动参与者的角度来看,休闲体育活动的参与者的自由度更大。

这是因为:首先,人们是在众多的活动方式中选择了体育运动作为其休闲方式。其次,人们可以根据自己的能力及其兴趣爱好来决定选择参加哪一种运动;同时,还可以根据自己的状况,选择是否将活动进行到底还是半途退出。另外,休闲体育活动参与者的自由度还表现在人们对运动契约修订的自由性,在共同参与某种休闲体育活动时,活动参与者可以临时根据共同的要求,改变活动的方式方法及其相应的规则,一旦形成共识，活动就可以进行了。

三、休闲体育活动的主要类型

从广义的分类学（systematic）的角度来看，我们可以把休闲体育活动视为一个系统，这样一来，我们便按照系统的理念，对休闲体育活动这样一个系统进行分类。根据系统分类的基本方式，我们可以从系统的结构要素角度进行分类，亦可从系统功能的角度进行分类。在这里，我们从系统要素的角度对休闲体育活动进行分类。

根据前面的要素分析，我们知道休闲体育活动系统是由五大要素建构而成，从理论上讲，每一种要素都可以作为一个分类角度，但是否需要从每一种要素的角度进行分类，完全决定于我们进行分类的目的和我们对某种要素在系统中的位置的认识。就休闲体育活动而言，我们进行分类的目的实际上是对活动的内容进行区分。因此，从运动主体的要素维度进行分类显然不符合分类的目的。与活动内容联系的要素主要有运动环境要素和运动方式要素，这两个要素决定了活动在什么地方进行、是什么样的活动。所以，我们在下面的活动类型划分中，是以这两个要素作为分类的维度。

（一）以运动环境为划分类型的依据

如前所述，体育运动总是会在一定的空间环境中进行，而体育运动的环境大体可以分为3类，即人造环境、人造自然环境、自然环境。总体而言，体育运动项目可以根据其活动的环境性质划分为下面3类。

1. 人造环境类

所谓人造环境，是指人们为体育运动项目专门设计和制造的活动空间。由于许多体育运动项目都是人们为自身的身体运动所专门设计的活动方式，在设计活动方式的同时，必然要考虑选择或者制造这种活动方式适宜的、与之相匹配的活动环境。因此，这种设计出来的体育项目，大多是在人造环境中进行的，如现代夏季奥林匹克运动会的绝大多数项目都是在人造环境中进行的。

2. 人造自然环境类

所谓人造自然环境，是指人们按照体育项目活动的需要对自然环境进行仿制和改造的运动环境。在这类环境中进行的体育运动项目通常都与自然物质有关，如水、雪、冰、沙等，冬季奥运会的大多数雪类项目都是在这一类环境中进行的。另外，夏季奥运会里的一些水上项目，如赛艇、皮划艇等以及高尔夫球这样的项目也是在人造自然环境中进行的。

3. 自然环境类

在当代的技术条件下，许多体育运动项目完全可以在自然环境中进行。特别是在当今世界性的城市化发展趋势下，居住在城市里面的人纷纷把自己的活动环境转向自然环境之中。于是，大量新兴野外活动项目蓬勃发展起来。这些项目的共同特点就是直接与大自然接触，在完全自然的环境中进行各种身体运动。在自然环境中进行的体育活动还可以根据活动环境的特点分为滨海类、沙原类、山水类以及空域类等。

（二）以运动方式进行分类

以人们参加体育活动时需要使用并完成的身体运动方式进行分类，大体可以分为以下几种类型：动力机器驾驭类（汽车、摩托车、船、艇、飞机）、自然力利用类（冲浪、风帆类、速降、冰雪类、无动力跳伞类）、器械控制类（球类项目）、自身运动力发挥类（跑、跳、投、掷、游、攀、爬、划、骑、翻腾）、身体抗衡类（各种身体直接对抗项目）。不同类型的活动不仅在运动方式上有所差异，对活动参与者的身体能力和运动技术能力的要求也有不同。

1. 动力机器驾驭类

在机器时代，这类运动项目被发掘了很多。从天空到海洋，从平原到山区，甚至一些人迹罕至的地域（如沙漠、戈壁滩等）都能够看到人驾驶着某种机器在驰骋。这类项目需要人熟练地操控机器进行运动，因此，通常也需要操控者对机器的性能、结构、状态、操控方式等有较为全面的认识。这类运动项目典型的有汽车和摩托车（场地赛、拉力赛）、摩托艇、动力伞、游艇等。

2. 自然力利用类

该类运动项目主要是利用自然环境中的坡度、气流、水流等形成的能量使人体能在一定空间中进行运动，如通过从上往下这种位能转换为势能来获得运动的动能，就能开展这类项目。而借用自然力来获得动能也就是这类项目最为特殊之处。于是，地形地势、气流水流等都是人们用来获得动能的自然条件。滑雪、漂流、帆船、帆板、冲浪、滑翔、跳伞等就是这类项目的代表。

3. 器械控制类

该类运动项目的主要运动方式就是人们利用自己身体的某些部位对特制的器械进行控制，各种球类运动项目基本上属于这个范畴。对器械的有效控制是球类项目的关键技术和基本运动方式，当然，用什么方式控制器械则取决于人们的运动契约。比如足球，契约约定参加者可以用除手部之外的身体其他任何部位去触控球。

4. 自身运动力发挥类

这类运动项目主要体现人类自身身体所具有的运动能力，往往以人的各种基本活动方式为主要的运动方式，如跑、跳、投掷等。由于这类运动项目大多与人的运动本能以及运动基本技能有关，同时，还没有十分精细的运动技术要求。因此，绝大多数人都可以加入到由这些项目建构起来的活动中去，如田径类、武术类、舞蹈类以及划游类、登攀类等。时下流行的"铁人三项"（游泳、骑自行车、跑步）便是这类项目的代表。

5. 身体抗衡类

该类项目通常是人与人之间进行直接身体对抗的活动，典型项目如摔跤类、击打类等。这类活动通常是两两进行，分持器械对抗和徒手对抗。一般来讲，能力、技术弱一点的人就会在对抗中居于下风。拳击、散打、摔跤、柔道、跆拳道、自由搏击、击剑以及推杆、拔河等都属于这类项目。

对体育活动进行分类，有利于我们了解各种运动项目所具有的基本特征和相互关系，其根本目的在于更加合理地利用这些运动项目进行休闲体育活动项目的设计。

第二节　休闲体育活动的项目运行模式构建与分析

一、休闲体育活动项目的基本概念

在这里,"项目"(project)这个词汇是一个管理学意义上的词汇,英文 project 这个词汇有规划、方案、计划、设计等方面的含义。在这里,一般是指有着一个明确的目标或目的,并且必须在特定的时间、预算、资源限定之内,依其规范完成的活动。在不同文化中,对项目的定义是不一样的。例如,美国著名项目管理专家克利福德·格雷等人就把项目(project)定义为:"一种复杂的、非常规的一次性努力,受到时间、预算、资源以及满足客户需要的性能规格的限制。"[1] 在他们看来,项目通常是一次性活动,活动结束,项目就完成了。

在我国,相关方面的专家如殷焕武等人则认为,所谓项目是一种"面向需要资源和努力的、事先界定的目标或目的所做的有组织工作,一种具有预算和时间进度的独特事业"。[2] 在他们的定义中,项目是一种对资源或者活动进行事先有目标的组织工作,一种要进行预算和设置时间进度的独特事业。

从本质上看,这两种定义有不同侧重,前者倾向于把项目看作是一次性的活动,后者则认为项目是一种工作或者事业。但无论是哪一种定义,基本都认同"项目"是需要事先进行策划和组织的一种行为模式,它可能是安排一次活动,也可能是开发和推广一种新产品,亦有可能是对某种设施进行改造,还有可能是对一种资源进行开发和利用,等等。

一般认为,作为一个项目,主要有这样几个特征:具有明确的目标;具有起点和终点的确定周期;通常涉及多个部门和专业;可能要做以往没有做过的事情;有特定的时间、成本和性能要求;有客户的特殊目标。因此,项目就是以一系列独特而又相互联系的任务为前提,经过事先策划,在有效利用资源的情况下,完成系列任务并达到预定目标的活动。

根据这样的分析,我们可以把休闲体育活动的项目概括为:专门策划和组织起来的、面向大众的体育比赛或者体育活动。很显然,这里所说的项目与体育运动项目不是同样含义的事物,体育运动项目是指体育活动的、被命名的具体方式,如篮球、田径、攀岩、溯流、跳水等。在后面的表述中,我们把这些具体的体育活动方式称之为运动项目,以区别于休闲体育活动项目。

二、休闲体育活动项目的基本类型

如果我们把休闲体育活动项目定义为专门策划和组织起来的、面向大众的体育比赛或者体育活动的话,休闲体育活动项目就是一种预先设计和规划的、有一定规模的,并

---

[1] [美]克利福德·格雷、埃里克·拉森:《项目管理》,郝金星、袁胜南等译,人民邮电出版社 2013 年版。
[2] 殷焕武、王振林:《项目管理——系统化方法》,机械工业出版社 2013 年版。

且需要一定人力、物力和财力的体育活动。在这里，我们力图排除那种由几个人相互约定而进行的体育活动，如几个钓鱼爱好者相互约定周末去钓鱼，或者某人在互联网上发帖征求"驴友"一起去徒步穿越某个峡谷，等等。从某种意义上讲，这样的活动也许可以算作一种合作行动，它也需要事先进行策划，也需要预定目标，但不能把控和有效地利用资源，也不能够确定活动的效果是否能够达到预定目标，比如钓到鱼或者成功地穿越并且平安地返回。因为，这样的合作行动更加重视的是活动的过程，忽视活动的结果。这种状况可能正是休闲体育活动项目与休闲体育合作行动之间最大的区别。

由此区别我们还可以认定：休闲体育活动项目必须有明确的结构性目标（不同的环节有不同的工作目标），各项任务都是围绕着如何达成这些目标进行的。基于这样的认识，前面我们所描述的休闲体育活动3种组织形式中，自发并自由组合的这种组织形式就不属于我们建构休闲体育活动项目的基本组织形式了。

由此，我们可以确定，休闲体育活动项目的基本类型与其活动的组织形式相关，我们可以把这两种类型称之为旅游参与型和竞赛参与型。旅游参与型通常是由拥有实际资源（自然的和人工的）的度假村、休闲中心等实体企业进行管理并开展活动，在这里，体育运动项目可能是所开展的主要活动，但围绕这些活动还会设置有更多的配套设施和服务，还会设置更多的活动方式和内容。如果能够将活动设置到不分旺季、淡季，这才是旅游参与型期望达到的最佳状态。

竞赛参与型则不同，这种类型通常是以一个或者一些体育运动项目为桥梁、以竞赛的方式为导向，建立起来的一个一次性的休闲体育活动项目。在竞赛参与型中，所参与的人群通常是该运动项目的爱好者、尝试者和专门练习者。竞赛活动的组织者一般有政府机构、运动项目协会、企业。尽管有的竞赛参与型项目通常只是一次性项目，但也有的形成了一种比较固定的活动项目，会在每年的同期，在同一个地方由同一个组织者组织进行。于是，这样的比赛活动便逐渐成为所谓经典赛事，如以波士顿马拉松为代表的世界马拉松比赛就是一个典型例子。

三、休闲体育活动的项目建构的基本条件

正如前述，休闲体育活动项目实际上存在着旅游参与型和竞赛参与型两种组织类型，这两种类型的项目建构的基本条件同样也存在一定的差异。

旅游参与型项目建构的一个重要条件就是对一定的资源的控制，这种资源通常与体育运动各类项目的开发有关。在讨论这个话题之前，我们先介绍一个休闲体育项目的开发计划案例。

案例1

项目名称：长白山国际旅游度假区

开发者：万达集团、泛海集团、一方集团、亿利集团、联想集团、用友集团等六家企业。项目总投资200亿元人民币。

开发理念：生态、冰雪、运动。

目标：世界一流山地度假体验地。

区位交通：位于吉林省白山市抚松县松江河镇，紧邻营抚高速和松江河镇火车站，

距长白山机场 10 公里，距天池 20 公里。

项目定位：以冰雪运动为品牌，以运动休闲、度假疗养、商务会议和自然观光为主导，突出长白山森林生态魅力和北国冰雪风光。

目标：世界级水平的生态、文化、时尚、创新高度融合的旅游目的地。

功能分区：项目集旅游、会议、休闲、商业、娱乐等功能于一体，规划滑雪场、高尔夫、高端度假酒店群、旅游小镇、森林别墅等五个主要功能区。

规划布局：略。

开发进程：略。

资料来源：http：//wenku.baidu.com/view/f37b572abd64783e09122bd9.html。

这是一个典型的休闲体育的旅游参与型项目，项目的主题词是"生态、冰雪、运动"。从该主题词中，我们看到了这个项目建构的主要条件：一是基本资源，包括山地、气候等自然条件；二是体育运动项目的确定。该项目根据山地资源条件提出了两大运动项目：滑雪和高尔夫，一个在冬季进行，一个在夏季进行。这种冬雪夏草的项目配置方式与世界著名的加拿大惠斯勒滑雪场有极大的相似性。但是，如果只是设计这样两个运动项目，显然是对如此优质的自然资源的浪费。因此，这个项目除了滑雪和高尔夫这两个主要项目外，还根据自然资源条件设置了山地户外运动、狩猎和漂流等运动项目，使该项目的运动内涵变得更加丰富起来。这样，有限的山地资源可以被充分利用，同时，也彰显了"生态、运动"的主题。

从这个案例中我们可以看到，在这样一种自然资源开发建设的项目设计时，首先必须全面了解这种自然资源的基本状况、基本特征以及当地的季节气候特点，并根据这些条件选择与之相适应的运动项目，从而形成以体育运动为特色的旅游参与型项目。这已经成为我们可以称之为休闲体育活动项目的旅游参与型项目设计的基本套路。概括旅游参与型项目的基本建构条件大体有 3 个部分，一是形成运动环境的自然资源；二是相应的运动项目；三是相关项目的设备器材。

竞赛参与型项目是将体育竞赛作为一种组织形式，把某个或者某些体育运动项目组合在一起进行比赛，以此聚集相关人群参与。于光远先生认为："竞赛能引起人们的兴趣，而且不会像观光一样，去了第二次就不那么想去第三次，人们会一次又一次地去搞自己有兴趣的竞赛活动。"[①] 这样的大众心理倾向就是建立休闲体育的竞赛参与型项目的心理基础。

竞赛参与型项目建构的基本条件主要还是体育运动项目和相应的运动环境，以当下最具有休闲意味又是赛事活动的项目——马拉松比赛为例。

案例 2

2013 和 2014 重庆国际马拉松

主办单位：中国田径协会、重庆市人民政府。

承办单位：重庆市体育局、重庆南岸区人民政府等。

---

① 于光远：《吃·喝·玩——生活与经济》，华东师范大学出版社 2001 年版。

协办单位：重庆市田径协会、重庆市南岸区体育局等。

主题：中国西部第一个全程马拉松赛，以"母亲河畔的奔跑"为主题。

媒体：中央电视台 CCTV-5、重庆电视台、重庆日报、重庆晨报、重庆晚报、重庆商报、重庆时报、新华网、大渝网、华龙网。

2013年：重庆国际马拉松赛（升级为国际赛事）。

项目设置：男、女全程马拉松（42.195公里），男、女半程马拉松（21.0975公里），5公里迷你马拉松、9公里马拉松等；另外，还打造了酷跑马拉松、情侣马拉松、亲子马拉松、团队马拉松等项目，征集由情侣、家庭、团队组成的马拉松参与队伍。

参赛者约3万余人。参加全程马拉松者约2500人。

其它活动：参赛选手将比赛照片发送至官网，评选前三名。

2014年：参赛者约3万余人，外籍运动员45人，国内专业运动员57人。

项目设置：男、女马拉松（42.195公里）；男、女半程马拉松（21.0975公里）；迷你马拉松。

配套活动：马拉松嘉年华。

重庆国际马拉松赛吉祥物征集方案。

资料来源：http：//baike. baidu. com/link？url=zJIbrdAWkjtl5SwlnOyZoDlAZLakLwxcO9 _ ufUUxm9gdzIvgmachGlmgvq0XXJqR _ rO7TSPDDbOInUQmOQayQa。

从重庆国际马拉松赛的设计宗旨来看，一是提升城市形象，丰富城市内涵，扩大城市知名度；二是为了宣传和保护母亲河长江；三是为了进一步推进"健康重庆"建设，掀起全民健身热潮。

跑步是一种大众参与性非常高的运动形式，几乎不需要任何装备。因此，重庆国际马拉松赛的参与者绝大多数是重庆市民以及来自全国各地的马拉松跑爱好者，2013年参加全程跑的选手仅2500人左右；2014年的3万名参加者中，只有102名来自国内外的专业运动员。

重庆国际马拉松赛在跑项的设计上同样也考虑了大多数普通参与者的特点，除男、女全程马拉松（42.195公里）外，2013年还打造了男、女半程马拉松（21.0975公里）、5公里迷你马拉松、9公里马拉松，以及酷跑马拉松、情侣马拉松、亲子马拉松、团队马拉松等项目。由此可见，重庆国际马拉松赛更像一个马拉松节，让更多的人来参与，也更加具有休闲健身娱乐的特点。

从这个案例中，我们可以发现，竞赛参与型项目建构的基本条件其实也只有3个：一个条件是选定的运动项目（马拉松跑）；再一个条件就是活动的场地（3万人跑步的路径和几十万人可以助威观看的场所）；还有一个条件就是运动项目开展所需的设备器材。

通过上述两个例子，我们可以发现，休闲体育活动项目的基本建构条件是非常简单的，无论是哪一种类型的休闲体育活动项目，其基本建构条件无非就是运动项目和与之相应的运动环境、设备器材，而就是这样的条件构成了任何一种休闲体育活动项目的基本框架。整个项目的运行都是建立在这样的看上去非常简单的条件之上的。

四、休闲体育活动的项目的运行系统

休闲体育活动项目的建构条件是非常简单明了的。但在实践中,我们必须将所设计的这个活动项目通过运行才能实现项目设计的意义。所谓运行,就是要将所策划设计的这个活动项目的各种建构条件有机结合起来,以实现项目的设计目标。这如同造车一样,从基本建构的特征和关键要素去考察,一辆车最为基础的建构要素只有3个:运动系统、动力系统和控制系统。运动系统即车轮部分,动力系统即驱动车轮转动部分,控制系统则是运动方向的调控部分。如果我们要让车运行起来,就必须将这三个部分有机结合起来,成为一辆可以运动起来的车。

尽管休闲体育活动项目的建构条件是非常简单的,但真正让这个项目运行起来,却需要把握运动项目与运动环境这两个建构条件的本质特征和目标需求,并纳入项目的运行系统内进行运行,休闲体育活动项目的设计目标方能达成。

我们知道,休闲体育活动项目分为两类,一类叫做竞赛参与型项目,另一类叫做旅游参与型项目,两类项目的主要建构条件是一样的。但从活动项目的运行模式来看,这两种类型的活动项目又有各自的系统结构。

下面,我们分别进行简要的分析。

一般意义上讲,一个有一定规模的竞赛参与型项目的运行系统大体由这样几个部分构成:①运动项目(一个或者几个);②活动环境(场地);③活动设备器材;④活动组织团队(活动领导团队、活动运行团队、活动评判团队、活动保障服务团队等);⑤合作支持伙伴(赞助单位、活动环境提供者、卫生安全保障机构、媒体宣传机构等)。其中,活动环境和活动器材设备都是所选定的运动项目开展的建构条件,而活动组织团队和合作支持伙伴既是休闲体育活动项目的运行组织体系,也是项目运行的动力性机制,项目目标的达成有赖于这两个人文系统协调、合作、完善的工作。

一个旅游参与型项目的运行系统相对比较简单,当活动项目经设计到施工完成之后,运动项目的活动场地、设备器材到位,这个活动项目的运行就可以进行了。而且,这个活动项目可以长期以一种方式不断地重复运行。因此,一个旅游参与型项目一旦形成,其后的运行系统大体只需要一个管理团队,这个团队的主要职能包括:策划新的活动形式、对外宣传广告、活动参与者组织安排、活动安全保障、活动设备器材的管理,等等。

比较两个不同类型项目的运行系统后可以得知,竞赛参与型项目的运行系统与其项目的建构条件密切相关,而建构条件的三要素——运动项目(一个或者几个)、活动环境(场地)和活动设备器材,均为该项目一次性使用权。因此,在运行过程中,这些要素很可能会在运行过程中出现不可预知的状况。从某个角度来看,竞赛参与型项目是典型的一次性活动项目,通常具有所有的项目都具备的几个基本特征:①具有明确的目标;②具有起点到终点的确定生命周期;③通常涉及多个部门和专业;④特定的时间、成本和性能要求。首先,竞赛参与型项目是一次目标性极其明确的活动,成功举办、圆满结束可能就是这种项目的主要目标;其次,从项目的策划、设计到前期条件的准备,从竞赛活动参加者的组织报名到所有参加者完成活动,比赛活动结束,该项目周期也就画上句号。竞赛参与型项目一般都会涉及多个管理部门和专门机构，或者说是在多个部门和机构共同支持下，该项目才可能顺利地运行和完成。其涉及面视项目的规模、活动内容的多少以及对场地、设备的需求状况而定。

第三节　休闲体育活动的项目设计

一、关于设计的概述

什么是设计？按照汉语辞典的解释，可以分为名词和动词解。作为名词解，设计是指按任务的目的和要求，预先定出工作方案和计划这种行为，如舞台设计、服装设计、建筑设计等；作为动词解，设计则是指将一种计划、规划、设想通过某种形式传达出来这样一个活动过程，如设计一个方案、设计一种项目、设计一台机器，等等。但无论是作为名词还是动词，"设计"这个词汇应该具有如下属性。

（一）设计是一种预定性行为

设计是一种行为，一种对未来的事物进行预先规划、处理并提出解决方案的行为。由于在进行设计之时，这个未来事物并不存在，因此，设计者必须对这个事物未来的状态和特征有一个预定的模式，并且预先确定该事物将要达成的目标或者结果。预定性行为是设计者成竹在胸的一种外在表现，也就是说，设计者应该对所设计事物的未来状态和效果有一个预先的判断。

（二）设计是一种创造性活动

一般来说，需要设计的事物都具有与已有事物不完全相同的特征，已经存在的事物只需要模仿，不需要设计。因此，设计过程可以说是一个求异的过程，也是一个创造的过程。设计的结果一定与同类事物存在着差异和独特性，这种差异和独特性就是创造的结果。当然，设计的事物也不是无中生有，它应该是对现存事物的改造、重组和潜在功能的发掘。从某种层面上看，设计者应该把握一类事物的本质属性，应该掌握并熟悉这类事物的结构、要素、功能等，应该有一种敢于突破的勇气和认知力。

（三）设计是一项系统工程

由于设计的事物是一个未来的事物，要达到预定的目标或者结果，在设计过程中就必须了解该事物全部的结构、要素及功能，同时还要确定会对该事物产生影响的内外部所有的因素。因为，事物本身的结构要素体系是其成为此而非彼的本体要素，缺一不可。其结构发生变化，功能也会随之而改变。所谓内外影响因素，则是指可能对事物的结构或者运行产生良性的或者恶性的作用。因此，在设计中必须对其进行分析和考虑。由此看来，任何一种设计都可以说是一项系统工程，要求设计者对所设计事物有全面、深入地了解和认识，要有全局观，能够把握事物的内在联系和外部关系。

（四）设计是一种重组再造过程

美国著名管理学家贾姆希德·格哈拉杰达基认为：设计就是"从不可用的部件中创

建出可用的整体"。① 在他看来，对某种社会活动的设计就是对一些看似无关或者无用的社会部件进行重组和再造，使其成为一种有价值的社会活动的过程。他认为，设计的思维应该"同时具备分化和整合能力。设计是整合的最有效工具：设计就是从各个分化的部分创建出一个有机的整体"。很显然，作为设计的这种整合不是胡乱将几个分化的部分凑在一起，而是在了解各部分的结构与功能的基础上，明确相互之间的关系，并充分地利用这种关系将各部分有机地联系起来，形成一个全新的整体；同时，将各部分的功能在整体中有效地发挥出来，产生更大的社会动能。

二、设计的基本过程

（一）前期调查

前期调查的目的是全面了解影响所设计事物的各种内外要素。对于一种企业产品的设计，必须进行市场调查、行业调查、产品背景调查、受众调查等。对于一种活动来讲，前期调查的内容包括：活动举办的环境状况（包括人文环境和自然环境）、参与者状况、场地条件、活动设备器材情况、活动期间的气候情况、参与人员住宿情况，等等。调查是设计的开始和基础，只有通过这种前期的调查，在充分了解所设计事物的所有情况之后，才能够确定相应的定位和表现方式。

（二）设计理念

所谓理念，通常是指人类的思想、看法或者上升到理性高度的观念。设计的理念是指人们对要设计的事物所持有的理性的思想、观念或主要法则。在实践中，无论设计什么样的事或物，构思立意都是第一步。而设计者的理念就是设计构思过程中所确立的主导思想，它赋予所设计的事或物具有特殊的文化内涵和风格特点。因此，好的设计理念是至关重要的，它不仅是设计的精髓所在，而且能令所设计的事物具有个性化、专业化和与众不同的效果。

（三）设计内容

设计的内容包括主题和具体内容两个部分。所谓主题，一般是指艺术作品中所表现出来的中心思想，在这里主要指设计的核心内容或者主要题材。具体内容是指为实现和突出核心内容的各种基本材料、构件。主题和具体内容就是所设计项目的全部实质性材料，这些材料构成了该项目的主体成份，形成了项目的基质。

（四）表现形式

所谓形式，通常指事物的外部形态和构造，而设计的表现形式就是指所设计项目的外部表现形态和项目的构造特征。任何设计都必须以形式示人，也就是说，所设计的项目都必须表现出一种可认知的外部形态。它可以是一个物体，也可以是一种活动形式或者是一种活动方法。总之，它可以某种方式和形态展示于世。

---

① ［美］Jamshid Gharajedaghi：《系统思维——复杂商业系统的设计之道》，王彪等译，机械工业出版社 2014 年版，第 110 页。

三、休闲体育活动项目的设计

休闲体育活动项目的设计也是一种预定性的活动。因为，所要设计的休闲体育活动项目本身是一个现实中实际还不存在的项目，但这并不意味在现实社会中，建构该项目的各种要素和条件不存在，只是这些建构材料被搁置它处，需要我们在活动项目设计中进行重新组合和改造利用。

（一）休闲体育活动项目的建构材料

1. 运动项目

休闲体育活动项目是在一个或者若干个运动项目的基础上建立起来的。因此，运动项目的活动方式会成为休闲体育活动项目的主要特征。从本质上讲，任何运动项目都是人们创造出来的游戏方式，但由于竞技体育的程式化观念，让许多人顽固地忠诚于某个运动项目的国际性玩法，或者说按照所谓国际规则来进行这个运动项目的活动。作为休闲体育活动项目的建构材料之一，运动项目应该采用什么样的玩法，完全取决于活动项目设计者根据其他因素所进行的设计要求。

2. 活动场景

人的任何活动都是在一定空间进行的，休闲体育活动项目也不例外。体育活动的空间一般依运动项目的特点和活动的需求而定。休闲体育活动大体有 3 类：一类运动项目被设计成在人造环境中进行，也有一类体育活动完全是依据自然环境而创作出来的，还有一类则是在人类改造过的自然环境中的活动。

3. 活动契约

所谓活动契约，是指根据活动项目创设的包括活动方式、活动规范、基本权利、基本义务和要求等的一种社会协议。这种协议对于所有参与活动者而言具有同等意义。换句话说，这种协议相当于活动规则，规定了每一个参与此项目的活动者都以某种身份进入，并按照事先约定的方式方法参与活动，活动中应该注意和遵守什么样的规矩，违反这些规矩可能有什么惩罚，顺利完成活动可能会有什么样的奖励，等等。活动契约是活动顺利进行的保障。

（二）活动项目设计的基本程序

尽管休闲体育活动项目的设计是一种创作活动，但与其他的创造性活动一样，总是会有基本的步骤和过程。就一般的设计程序而言，大体有如下步骤。

1. 选题

选题是设计的开始，选题意味着我们准备选择和完成什么样的活动项目的设计。就项目选题的来源而言，通常有这样几个方面：一是活动相关的行政管理部门的年度规划任务；二是社团和公司的委托；三是自主选题。

2. 条件准备

任何活动项目都必须具备一些基本条件，这些条件包括：项目建构条件（运动项目、相关场地器材设备、相关附属设施等）、项目运行实施条件（活动规程、活动管理组织）、项目保障条件（安保设施、安保措施、医疗措施、应急设备和措施等）。在项目选定之后，这些与之相关的各方面条件都必须事先落实，并在设计中体现出来。

3. 文案准备

对休闲体育活动项目的设计是对未来的选择，它尚未发生，并且可能还没有形成一个有机的整体。因此，我们通常只能将这个项目的设计以文案的方式表现出来。从这个角度来看，我们所设计的活动项目实际上就是一个文案形式的活动方案，它以图文的形式将未来实施的活动项目进行全方位的描述、演绎。

（三）设计案例

按照上述要件，我们来设计一个马拉松比赛活动方案。

1. 选题

某地政府主管部门为开发本地特色资源，利用本地地形地貌和气候特点，促进地方体育健身休闲产业、旅游产业等相关产业的发展，为地方经济建设服务，特选择有较强的群众基础、有一定规模和社会影响的马拉松比赛作为产业开发的启动活动。此次活动由某公司进行活动设计。

2. 条件设计

由前得知，对活动的设计主要是条件设计，就休闲体育活动项目的设计而言，主要是以下三个方面的设计。

（1）项目建构条件的考虑

本设计活动项目为马拉松比赛。作为一种规模大的长距离跑步项目，需要一条能够容纳成千上万的人一起奔跑的跑道。一般来讲，当地有多条修建完善、路况良好的公路可以作为该项运动开展的最佳场地。设计时需要确定在该地的哪一条公路上进行，起始点在什么地方，转折点在什么地方。另外，如果除了全程马拉松外，还要有半程马拉松以及其他的短程跑。那么，还需要对这些跑程的起始点进行设定。这要根据该项目活动组织者的需要而定。

（2）项目运行实施条件的考虑

尽管马拉松跑是一种活动形式相对单一的运动项目，但这种活动的规模大、影响大、牵涉面广。因此，其运行实施的条件应该考虑得更加全面。

作为体育运动的竞赛活动，首先要考虑的是活动契约的确定，即竞赛规程的制定。竞赛规程是一个庞大活动运行实施的指令性文件，它包括了如下内容：①比赛名称和宗旨；②主办、承办、协办单位；③比赛时间（年月日）；④比赛地点；⑤比赛项目设置（如男、女全程马拉松，男、女半程马拉松等）；⑥比赛路线设置；⑦竞赛办法（该部分涉及内容很多，如采用规则、报名资格、比赛检录方式、起跑顺序、发令方式、关门时间，选手兴奋剂检测和感应计时芯片、号码布的佩戴，以及各种注意事项和要求）；⑧奖励办法；⑨参加办法（年龄、身体条件要求等）；⑩报名时间和办法；⑪其它注意事项和要求。

其次，在确定活动契约之后，还要对活动运行实施的组织体系进行设计。活动运行实施的主要组织有：活动组织团队、裁判团队、服务队伍。除了这些组织外，还有活动保障系统的组织团队，如交通管理团队、安全保卫团队、医疗服务团队等。这些团队的设计规模视活动规模而定。

其他还要考虑的组织团队有：应急事件处理方案和相应的处理团队、气象服务团队等相关组织团队的设计。

（3）活动项目设计文案制作

活动项目设计文案制作是活动设计的成品模式，也是休闲体育活动项目设计的基本表现方式。一个完整的活动过程、活动内容、活动方式；活动的宗旨、活动主题；活动的主办单位、协办单位、承办单位；活动的时间、地点；活动参与者的资格要求、报名条件、报名方式、报名时间、资格认定方式；活动规程、奖励办法、注意事项等内容，都必须从文案中清晰地反映出来。

从某种意义上讲，文案不仅是对所设计的休闲体育活动项目的全面的描述性文字方案，也是这个项目活动的实施预案，或者说这个文案就是后期进行活动策划和实施的重要指导性文件。

文案案例

2014西昌邛海湿地国际马拉松赛

2014西昌邛海湿地国际马拉松赛，是四川首次举办的国际马拉松赛事。本届马拉松赛以"奔跑美丽西昌，追梦五彩凉山"为主题，比赛设男子、女子马拉松（42.195公里）、半程男子、女子马拉松（21.0975公里）和迷你马拉松（5公里）3个项目。比赛总人数拟定20000人，其中马拉松约2000人、半程马拉松约3000人、迷你马拉松约15000人。参加西昌马拉松全程和半程项目比赛的外籍优秀选手会达到40名左右。

1. 主办单位

中国田径协会　四川省体育局　凉山州人民政府

2. 承办单位

四川省田径协会　凉山州体育局　西昌市人民政府

3. 协办单位

四川搏乐体育文化传播有限公司

4. 时间地点

（1）时间：2014年11月9日（星期日）上午8：00。

（2）地点：凉山州西昌市火把广场。

5. 比赛设项

（1）男子、女子马拉松（42.195公里）。

（2）男子、女子半程马拉松（21.0975公里）。

（3）迷你马拉松（5公里）。

6. 比赛路线

（1）马拉松：

西昌火把广场起跑—航天大道（名仁大酒店折返）—航天大道—风情园路—海河天街—海滨北路—海滨中路—缸窑村—青龙寺—小渔村（湿地三期路口）—湿地生态公园—西昌火把广场（终点）。

（2）半程马拉松：

西昌火把广场起跑—航天大道（名仁大酒店折返）—航天大道—风情园路—海河天

街—海滨北路—海滨中路—缸窑路口（折返）—海滨中路—海滨北路—邛海宾馆—海口路—观海路—西昌火把广场（终点）。

（3）迷你马拉松：

西昌火把广场起跑—航天大道（名仁大酒店折返）—凉山民族体育场（终点）。

7. 竞赛办法

（1）采用中国田径协会审定的最新田径竞赛规则。

（2）中国田径协会注册的运动员必须持注册证方可参加比赛。

（3）比赛检录：按竞赛项目分别于赛前40分钟在规定地点进行检录，注册和特邀运动员在指定的区域进行检录。

（4）起跑顺序：按马拉松（特邀、注册、业余）、半程马拉松、迷你马拉松项目的先后顺序排列，各项间隔20米距离。

（5）本次比赛采取一枪发令，各项目同时出发。马拉松、半程马拉松均采用净计时记取参赛者比赛成绩。

（6）关门时间：

为了保证参赛者比赛安全、顺利，比赛期间比赛路线各段设关门时间，限时对交通封闭。起跑至关门时间到后，各路段恢复社会交通。在规定的关门时间后，未跑完竞赛项目对应距离者须立即停止比赛，退出赛道，以免发生危险。退出比赛者可乘坐组委会提供的援助车到相应项目的终点处。

注：发生突发和特殊情况时，组委会可决定提前关门，参赛者须服从指挥。

（7）将按有关规定对参赛选手进行兴奋剂检查。

（8）马拉松和半程马拉松比赛采用感应计时芯片，各参赛者必须按要求正确佩戴计时芯片。在起终点、折返点及关键路点设有计时传感器感应带，参赛者行进中必须逐一通过地面的计时感应带，参赛者缺少任何一个计时点的成绩，将取消该参赛者的比赛成绩。除起点外，两个计时芯片在其他计时点的误差少于0.1秒，也将取消相关者的成绩。

感应计时芯片（一次性纪念芯片，不回收）将在赛前与号码布（共3块，2块大号码布、1块小号码布）同时发放，佩戴方法见《参赛指南》。

（9）在各项目关门时间内跑完马拉松、半程马拉松的选手，完成比赛后凭两块齐全的号码布到组委会物品领取处领取纪念品（详情请参阅《参赛指南》）。

（10）马拉松、半程马拉松项目选手须按照规定到相应的存放点存放个人物品，贵重物品不要存放在包内（如手机、有效证件、现金、各种钥匙、信用卡、掌上电脑等）。选手可在比赛当日15：00前到指定存衣处领取个人存放物品。如超过领取时间没有领取的，可于第二天到赛事组委会领取；如规定时间之内不领取，组委会将按无人领取处理。

（11）饮料站、饮用水站以及医疗救护点，按中国田径协会规定进行设置。

（12）组委会将对起点、终点、转折点及关键路点进行录像监控，出现以下违反比赛规定的参赛者将被取消参赛成绩，其个人资料录入报名识别系统，两年内不准参加西昌邛海湿地国际马拉松赛，并报请中国田径协会追加处罚；情节严重的，终身禁赛：

①运动员携带他人感应计时芯片或一名运动员同时携带两枚或两枚以上（包括男运动员携带女运动员）感应计时芯片参加比赛；

②不按规定的起跑顺序在非本人报名项目区起跑的；

③起跑有违反规则、规程行为的；

④关门时间到后不停止比赛或退出比赛后又插入赛道；

⑤没有沿规定路线跑完各项目的全程，绕近道或乘交通工具途中插入；

⑥在终点不按规定要求重复通过终点领取纪念品；

⑦未跑完全程私自通过终点领取纪念品；

⑧没有按规定携带自己的两块号码布通过终点的；

⑨私自伪造号码布，多人交替替跑的；

⑩不服从工作人员指挥，干扰赛事，聚众闹事、打架斗殴的；

⑪其他违反规则行为的。

（13）在比赛中，因参赛者利用虚假信息获取参赛资格或者报名后由他人代跑等原因所发生的一切责任后果，均由参赛者本人承担。

（14）有关竞赛的具体要求和安排，请详细阅读《参赛指南》。

8. 名次奖励

（1）马拉松：

①男、女分别录取前8名，前8名分别获得奖金（略），前三名颁发奖杯一座，领奖服一套。

注：中国运动员获上述奖励均发等值的人民币。

②四川籍选手组：本次比赛组委会特设立四川籍选手组，按户籍是四川省的所有参加马拉松选手的成绩进行排名，分别录取男、女选手前8名给予奖金（略）和证书。

（a）此奖项仅限四川籍选手（以居民身份证住址为准）。

（b）获得国际马拉松赛名次奖的四川籍选手名次证书照发，但所得奖励按选手获得赛会的最高一项奖励颁发奖金，不重复累加奖励。

（c）获奖者名单将于赛后一周内在官网上公布。公示一周后，如无疑义，将按获奖选手留给组委会的联系方式，通知选手办理领奖事宜，按规定程序支付奖金（领奖时须出示身份证原件，暂住证和复印件无效）。

③在规定时间内跑完马拉松者发给纪念牌和浴巾。

④马拉松完赛选手于赛后登陆西昌邛海湿地国际马拉松官方网站进行成绩查询及证书打印。

⑤按照中国的税法，奖金由组委会代扣20%的个人所得税。

（2）半程马拉松：

①半程马拉松组：男、女分别录取前8名，分别获得奖金（略），前三名颁发奖杯一座，领奖服一套。

注：中国运动员获上述奖励均发等值的人民币。

②四川籍选手组，本次比赛组委会特设立四川籍选手组，按户籍是四川省的所有参加半程马拉松选手的成绩进行排名，分别录取男、女选手前8名给予奖金（略）和

证书。

(a) 此奖项仅限四川籍选手（以居民身份证住址为准）。

(b) 获得半程马拉松赛名次奖的四川籍选手名次证书照发，但所得奖励按运动员获得赛会的最高一项奖励颁发奖金，不重复累加奖励。

(c) 获奖者名单将于赛后一周内在官网上公布。公示一周后，如无疑义，将按获奖选手留给组委会的联系方式，通知选手办理领奖事宜，按规定程序支付奖金（领奖时须出示身份证原件，暂住证和复印件无效）。

③在规定时间内跑完半程马拉松者发给纪念牌和浴巾。

④半程马拉松完赛选手于赛后登陆西昌邛海湿地国际马拉松官方网站进行成绩查询及证书打印。

⑤按照中国的税法，奖金由组委会代扣20%的个人所得税。

(3) 迷你马拉松：

凡参加者均发参赛服装、号码布（1块）、存衣包、参赛证书（不提供计时芯片和存衣处，参赛者根据终点处计时器显示的时间填写比赛成绩）。

9. 参加办法

(1) 参赛者年龄要求：

①马拉松参赛者年龄限20周岁以上（1994年当年出生），65周岁以下（1949年当年出生）。

②半程马拉松参赛者年龄限16周岁以上（1998年当年出生），65周岁以下（1949年当年出生）。

③迷你马拉松参赛者不限年龄。

(2) 参赛者身体状况要求：马拉松赛是一项大强度、长距离的竞技运动，也是一项高风险的竞技项目，对参赛者身体状况有较高的要求，参赛者应身体健康，有长期参加跑步锻炼的基础。参赛者可根据自己的身体状况和能力，选择马拉松、半程马拉松和迷你马拉松其中的一个项目报名参加。

有以下疾病患者不宜参加比赛：

①先天性心脏病和风湿性心脏病患者；

②高血压和脑血管疾病患者；

③心肌炎和其他心脏病患者；

④冠状动脉病患者和严重心律不齐者；

⑤血糖过高或过少的糖尿病患者；

⑥其他不适合运动的疾病患者。

在比赛中，因个人身体及其他个人原因导致的人身损害和财产损失，由参赛者个人承担责任。组委会要求每一位参赛者去正规医疗机构进行体检，并结合体检报告进行自我评估，确认自己的身体状况能够适应长跑运动，方可报名参赛。

(3) 报名时间：

①网上报名：2014年9月25日至2014年10月8日。各项目报满为止。

②现场报名：2014年9月25日至2014年10月8日。个人和团体报名时间：周一

至周日上午 9：00—11：30，下午 14：30—17：30。各项目报满为止。

（4）报名费及物品发放。

①报名收费标准：

（a）马拉松、半程马拉松国内（包括港、澳、台地区）参赛者，每人 100 元人民币；国外参赛者每人 40 美元（其中含一次性纪念计时芯片和钥匙链）。特邀选手、中国田协注册选手免收报名费。

（b）迷你马拉松国内（包括港、澳、台地区）参赛者，每人 30 元人民币；国外参赛者每人 20 美元。

（c）团体报名（只限国内）人数在 20 人以上，马拉松、半程马拉松每人 70 元人民币。

②缴费方法。

网上在线支付：个人和团体在网上报名后，可以通过在线支付的方式将报名费打入组委会指定帐户。

银行汇款：个人和团体在网上报名后，可以通过银行汇款的方式将报名费打入组委会指定帐户

现场缴纳：个人和团体在现场报名，现场缴纳报名费，并与组委会签署参赛承诺书。

③物品发放。

所有参赛选手均发参赛服装、存衣包、号码布、参赛须知。

参赛者请于赛前持个人身份证、军官证、护照的原件或复印件于 2014 年 11 月 6 日至 8 日，9：00——17：00 在组委会办公地点：四川省西昌市风情园北路 4 号凉山州体育局网球中心领取参赛物品。

（5）参赛个人和参赛队交通、食宿、保险等费用自理。

（6）中国田协注册运动员及特邀运动员由组委会提供 3 天食宿，其他费用自理。

第二章 休闲体育活动项目的创新型设计理念

休闲大时代的到来，加快了休闲体育的发展速度，休闲体育逐渐成为大众进行休闲活动的重要方式。特别是在"全民健身"的大潮中，我国的休闲体育活动项目如雨后春笋般地涌现出来，如攀岩、网球、高尔夫、游泳、广场舞、跑步、漂流、登山等等。虽然休闲体育运动项目类型丰富，但目前我国针对休闲体育活动项目的设计多集中于运动项目本身，一般的设计方案都将重点放在带领消费者进行某项或某几项具有休闲性的运动项目上，再没有对其他方面的设计考虑了。这导致当前的休闲体育活动设计多呈现出一种单调的状况，缺乏对活动项目的整体性设计，无法吸引更多消费者的关注。

因此，要真正提高休闲体育活动的普及度、扩大休闲体育活动的受众面，有关休闲体育活动项目的创新型设计理念方面的问题就成为每一位设计者应该关注的焦点。应将热门社会现象与创新性思考相结合，并且融入休闲体育活动项目设计中，使休闲体育活动在符合时代潮流特征的同时，也更加切合大众的审美与消费标准。只有这样，休闲体育才能在现今众多的休闲娱乐活动中脱颖而出，占领休闲市场的主导位置，进行可持续性发展。

第一节 休闲体育活动项目设计的创新性思考

一、我国休闲体育活动项目设计的现状评价

随着社会文化的不断交融与经济、政治的持续进步，休闲体育活动的开展日趋广泛，活动内容也更具趣味性、多样性与消遣性。目前，休闲体育活动作为一种文化娱乐方式在我国飞速发展，其本身所具有的休闲性、健身性、娱乐性使之逐步成为人们生活的重要组成部分。虽然休闲体育活动在我国的开展力度逐渐增强，并受到人们的喜爱，但我国绝大多数休闲体育活动项目开展不久，活动项目设计仍处于初级设计阶段，且设计简陋，缺乏现代创新型的设计理念。

当前，我国休闲体育活动设计更加看重的是趣味性、规则性和体育活动本身所具有的健身性特征。对我国休闲体育活动的设计人员而言，趣味性主要体现在增加活动的竞赛性、运用较新颖的运动项目技巧以及适当添加一些难度较高的惊险性动作技术，普遍认为活动的竞赛性越强，活动的趣味性也就越高；将活动中某个运动项目的肢体动作与队形稍作改变，便能激发人们踊跃尝试的心理。同时，在动作方面，提高运动动作的惊险度和难度，便能使人们精神和行为上得到愉悦、满足；活动的规则性主要展现在设计

活动时要有明确的目的与规则，并考虑到活动天气、场地等实际情况；而活动的健身性则体现在活动能使消费者强身健体、提高其身体机能等功能上。

就我国现在的休闲体育活动来看，虽然有突出的设计特征与原则，但基本是围绕运动项目的游戏规则、特征及所能带来的功效而进行设计的，在重视运动的同时，却脱离了对生活、故事的模仿，活动的情节性逐渐减少，且较少将设计美学、顾客心理学、装饰学等与体育活动相结合。

例如，在休闲体育中较常开展一种名为"地滚球"的简单活动：将场地布置为一个小的足球场，以端线中点为圆心规划限制区域，游戏以挑边开始，确定进攻队后，双方分别站于距中线相等的距离位置，进攻方以手代足相互传递地滚球，并设法射门得分，规定射门高度不得高过腰部；防守一方则设法阻拦，游戏以规定时间内得分多的队获胜。

在设计这样一个休闲体育活动项目时，我国设计者多注重的是活动的规则性细节，且在布置场地方面一般仅简单地将场地设置成为足球场，而并无其他装饰、颜色、背景音乐等方面的设计考虑，更缺乏对休闲体育活动故事性与文化性的诠释。由于设计方面与一般的体育活动无太大的差异，使得消费者在接触此类休闲体育活动时，所具有的感知能力是建立在对一般性体育活动的了解基础上，由此缺乏较强的视觉冲击力与新颖性，很难在第一时间里吸引消费者的注意。而休闲体育活动一旦失去了消费者的注意力，即便活动再有趣味性、健身性，也很难吸引消费者参与其中。

二、休闲体育活动项目设计创新的环境因素

（一）社会环境

休闲体育活动创新与社会环境有着非常紧密的联系，稳定的社会环境必然能给休闲体育活动营造出良好的创新空间、促进创新项目的设计，而复杂多变的社会环境将对休闲体育活动的创新性设计起到一定程度的制约作用。社会环境所起到的这种促进或制约的双向作用主要体现在政治、经济、文化、科技等方面。

就政治环境方面而言，一个国家的政治制度、政治体制对创新设计与创新活动的开展将起到基础性作用。专制压抑的政治环境，会造成国民思想行为顺从统一、固步自封，无法产生独立的、与众不同的思想观念，创造性思维必然会受到压制。而民主、自由的政治环境，会重视个体对权利、价值、平等的追求，强调个体的自主精神与独立人格。在这种宽松的政治环境中，个人的创造力能得到充分发挥，并且产生出的新观点也能得到尊重、重视。

就经济环境来看，经济是创新活动开展的保障。经济繁荣的地区，政治环境宽松，发达的生产力水平给人们提供了越来越多的物质和精神财富，促使人们勇于形成大胆探索的创新精神，并保持较高的热情。同时，各种创新性活动的开发又进一步推动经济的快速发展。

在文化环境方面，文化是创新的关键，文化孕育并激励着创新事业的开展。兴盛的文化氛围，遵循科学技术的发展规律，鼓励人们去创新、去探究，人们能够理解失败、善待失败。因此，我们要努力创造出宽容失败的文化环境，从而真正地实现观念创新、

体制创新、技术创新与创意创新。

另外,科学技术环境的好坏与休闲体育创新息息相关,发达的科技为创造力的发挥提供了物质保证,起到不可低估的作用。

(二)体育环境

体育作为一种复杂的社会文化现象,受着政治、经济、文化、科学技术等各方面的影响,形成特殊的体育环境,体育环境的稳定与否直接影响到休闲体育活动项目设计的创新性。

良好的政治环境将为休闲体育活动的创新型发展提供条件、基础,创新是社会物质文明和精神文明建设的重要手段。

然而,在特定的历史时期,由于政治任务的需要,体育必定受政治制约,政治制度决定着体育制度,政治环境影响着体育环境,休闲体育活动项目设计的创造力因此也受到不同程度的影响。

经济环境的好坏对于休闲体育创新的可持续性开展有着不可忽视的意义。体育产业的扩张、体育市场的增大,使设计者在面对更多的消费者与更广的服务范围时,能够不断地去创造新的运动项目与规则,促进新的休闲体育活动模式的创建与完善。而强有力的体育管理环境能够从计划、组织、指挥、控制、协调方面对休闲体育活动的目标、活动形态、活动模式的创新进行科学、系统的管理。

高新科学技术将为休闲体育活动提供技术支持。此外,文化环境决定着休闲体育创新活动的行为准则,休闲体育活动在一定的文化大背景下应运而生,两者相互依存、相互促进。一方面,文化环境是休闲体育进行创新研究的基本前提;另一方面,休闲体育活动的创新反过来支持文化大环境的塑造与发展。

三、休闲体育活动项目设计创新的动力

(一)休闲需要创新

休闲是休闲体育活动的核心,人们进行休闲体育的主要目的就是要达到一种放松、休闲的状态。由于人类社会发展水平的逐步提高,文化的相互碰撞以及经济的持续增长,使得人们对休闲的感知与需求有了更加热切的渴望。休闲作为当今社会的一种重要生活方式,其发展必定与创新体系密切相关。

一方面,传统的生产型社会转变为现在的消费型社会,社会理念的变化致使人们从以前最基本的睡觉、散步等较单一的休闲方式观念,转变为以自然、人文、电子等为主的类型多样,形式丰富的新兴休闲活动观念,如购物休闲、科技休闲、体育休闲、旅游休闲、郊野休闲、艺术休闲、探亲休闲、商务休闲等。

另一方面,结构性、功能性与组合性的创新也能对休闲的发展产生强有力的推动作用。如江西省宜春市明月山泉风景名胜区就通过结构创新与组合创新相结合的形式,使产品由观光型向观光与休闲并重转变,重点发展温泉康体休闲游、农耕文化与禅宗文化体验三大特色休闲旅游产品,同时大力开发江湖游、森林游、漂流、溯溪、攀岩等休闲

体育产品①。这种创新型休闲模式的打造不但能实现跨越式的经济增长，还能进一步影响休闲的发展趋势。可见，休闲未来的势态与创新密不可分。

（二）体育需要创新

体育作为一种复杂的社会文化现象，随着社会的不断前进而变化。在计划经济时代，受政治文化影响，体育成为实现国家政治目的的一种有效手段，体育过分政治化、军事化，成为政治的产物。到20世纪80年代，我国重点推行竞技体育，强调体育的竞争性，注重成绩结果。现在，随着"休闲""消费"逐渐成为社会发展的主题，体育的发展也进一步地进行创新与演变，以娱乐性、休闲性为主要特征的体育成为大众追逐的对象。

在体育创新发展的过程中，体育功能方面由"意识形态"转向了"以人为本"，运动项目方面由"竞争"转向"竞争"与"休闲"并举，而参与人群方面由"专业"转向"大众"②。任何形式的体育成果都是时代的产物，体育的种种变化，显示了创新在时代变迁中的功效与作用。体育的发展必然会跟随社会背景的变迁，突破陈旧过时的思想理念，被赋予新的文化含义，并创造出符合时代潮流和大众需要的体育观念。

（三）科技与物质的推动

社会科学技术的进步和物质水平的提高，对休闲体育的创新性发展产生了重要的推动作用。人类社会的每一次技术革命都会促使人类文明向更高的层面发展。无疑，生产方式的改变、闲暇时间的增多、物质消费的提升等都反映了科技发展对社会各个领域引起的巨大变化。

目前，以信息技术为主导的社会正转变成为以休闲娱乐为核心的消费社会，而这一变化将对休闲体育活动项目设计提出更高的要求。面对飞速加快发展的科学技术、社会文明与不断互融的世界文化格局，如何吸引消费者的目光、如何满足消费者多变的消费心理与逐渐提升的消费品位，已经成为休闲体育活动所关注的重点问题。

不可否认，现有的休闲体育活动项目已越来越难以适应现代社会对服务、运动、休闲、文化的新需求。那么，针对社会发展特征，在符合时代发展规律的基础上，将创新思维和科技成果应用于休闲体育活动项目设计中，是社会文明、科学技术发展到一定程度的必然结果。

由此，我们发现，在当今社会中，休闲体育的发展需要融入创新，而科学技术的发达、社会文明的兴盛则进一步强化了创新在休闲体育活动中的主要地位。因此，在创新观念与创新行为相统一的基础上，根据社会实际情况，应改变休闲体育活动中单一的、注重运动技能与竞争的状态，将当今社会中受大众关注的消费文化、时尚文化、视觉营销与休闲体育活动相结合，进行创新性的项目设计思考。这样，既能扩大休闲体育活动的发展范围、丰富休闲体育活动模式，创造休闲体育活动发展的新型基调，也能增加休闲体育活动的受众群众，使休闲体育通过多文化、多元素、多范畴相结合的创新形态，

---

① 徐挺：《创新推动休闲》，旅游教育出版社2012年版，第9~12页。
② 李先国：《群众体育文化创新与体育强国构建》，上海交通大学出版社2013年版，第123~124页。

成为体育领域、休闲领域中的主导者，促进其更深层次的可持续发展。

第二节　类型原则与休闲体育活动项目设计

一、休闲体育活动项目设计的基本类型

人们参与休闲体育的主要目的是为了放松身心、提高生活质量，形成健康、有趣、文明、科学的生活方式。为此，休闲体育活动项目设计的基本类型应帮助人们消除疲劳、减轻压力、愉悦身心，达到健康、快乐的目的。尽管休闲体育项目选择范围较广，涉及各式各样的体育活动项目，但我们仍然可以将休闲体育活动项目设计分为以下类型，以区别传统体育活动项目类型。

（一）休闲健身类型

随着社会经济的不断发展、物质生活水平的持续提高以及社会观念的陆续更新，人们已经从生存需要的层次向享受需要的层次大步迈进。一方面，为了保持自身身体机能的良好状态，维持机体健康而稳定地生长、发育；另一方面，为了忘却现代都市工作、生活所带来的生理疲劳和精神层面的烦闷，人们通常会选择以休闲和健身为目的的运动项目进行体育锻炼，促使体质水平得以提升，从而使身心获得舒适的愉悦感。罗歇·苏把放松称为休闲的"第一功能"。他认为："工作不是生理和精神疲劳、紧张的唯一起源，业外的约束同样让人难以忍受。都市生活方式的这一方面，使消遣放松显得尤为必要。"[①] 毋庸置疑，对于休闲体育活动的项目设计者而言，休闲健身类型的设计显得尤为重要。休闲健身类体育活动项目设计需要更加科学地设计出符合个体差异的锻炼方法，同时，在科学健身的基础上，还应通过加入轻松、休闲的设计理念，以及时尚、前卫的运动品位，提醒人们重视锻炼，以便能够取得更好的锻炼效果，进而吸引一些健身意识淡薄、健身知识和方法较少，并认为健身枯燥的人群进行体育锻炼，以形成休闲、健康的体育生活方式。

（二）娱乐类型

人类天生就是爱游戏的"高等动物"，当面对娱乐的诱惑与冲动，人类往往会表现出最原始的需求倾向、较猛烈的娱乐欲望。随着社会经济的发展，人类社会将逐渐形成以娱乐为中心的社会氛围，音乐、电影、旅游、美食都作为人们不可忽视的娱乐产品，娱乐、休闲无处不在。运动，作为人类最古老的娱乐方式之一，它在当今的娱乐大时代里清晰地展现出不可忽视的重要地位。体育运动持续不断地激活出新的创造力与想象力，体育不仅仅是健康、教育的标志。在娱乐文化中，它通过有趣、快乐的活动方式娱乐着每一个参与者。当代社会里，体育活动更多地代表了娱乐、商业与乐趣，娱乐类休闲体育活动项目设计也成为设计者的重点。一旦失去娱乐因素，休闲体育活动项目便相应地缺乏了时尚、趣味、视觉等方面的功效。如此一来，项目就会变得枯燥乏味，不能

---

① 罗歇·苏：《休闲》，姜依群译，商务印书馆1996年版，第52~53页。

满足消费者的身体享受或者心理享受,更不能同时满足参与者身体和心灵"舒畅""愉悦"的双重享受。因此,作为一种体验式休闲活动,娱乐类休闲体育活动项目设计必不可少。

(三) 竞赛刺激类型

休闲体育活动最重要的功能之一是能够让参与者感受到体育活动中的竞争感与刺激性,竞赛刺激类休闲体育活动项目能满足参加者生理与心理的需要。竞赛刺激类休闲体育活动项目作为一种十分具有吸引力的活动,能够满足人的多样性需求。因此,休闲体育活动项目设计中,竞赛刺激类型是设计者需要十分关注的。从本质上讲,每一个个体都有展现自我的需要、炫耀的心理,而休闲体育竞赛刺激类活动项目一方面可以通过在活动中赢得胜利,或者通过与他人对抗、竞争,在其他人面前展示、表现自己,从而认知他人与自我;另一方面,诸如蹦极、滑翔伞、攀岩等具有难度和刺激性的休闲体育活动使参与者产生兴奋、紧张、激动的情绪,短暂性地脱离日常工作的压力与枯燥。于光远先生在谈到"作为玩之一种的竞赛"时,就对这种活动方式的积极作用作了较为详细的分析,他说:"人们看戏,看电影、电视,听音乐和观光旅游概括起来都是通过感觉器官,使自己轻松愉快,而竞赛则是本人进取心的实现。在竞赛中本人常常并不轻松,甚至有一种紧张的心情,而正是这种紧张的心情,给他带来欢乐。观光之类的玩,第二次的兴趣一般来说要比第一次减弱。而人们往往会一次一次地去从事自己感兴趣的竞赛活动,因为在竞争中人们的好胜心理在起作用。败了不服气,想转败为胜,胜了还想取得更大的胜利。"[①]的确,当这种竞争、获胜的欲望与探求刺激的渴望重合时,无疑会使参与者全身心地投入到活动项目过程中,拓展参与者的运动感悟能力,开阔参与者的活动见识,并且进一步加大活动项目的可持续吸引力。当然,在参加竞赛刺激类休闲体育活动项目过程中,必定会加大参与者的感官、触觉等层面的感知力,这需要设计者在设计时重视视觉元素的应用。

(四) 社会交往类型

同体育活动一样,休闲体育活动在某些情况下是进行社会交际的最好方式,但不同的是,休闲体育活动给予了人们更大、更自由的人际交往环境。因为,只有在休闲、无压力的条件下,人们才能充分获得自由感、放松感。约翰·凯利曾指出:"休闲可以是体力或精神上的努力,或是与他人的密切交往,而这一切都会产生一种社会交往上的畅 (social flow)。"[②]休闲环境中的人际交流过程才会顺利、自然,给人们的社会交际带来实用性。而对于社会交往类休闲体育活动项目设计来说,如何解构休闲体育消费的文化意义和符号价值,如何定义体育市场人群,如何通过视觉、心理暗示等形式构成或解除阶层消费圈等非常重要。这些对于是否有效地实现社会交往将起到关键性作用。

二、休闲体育活动项目设计的基本原则

休闲体育活动项目种类繁多,且具有一定的创新性与创造力。休闲与体育的有机结

[①②] 转引自卢锋、刘喜山、温晓媛:《休闲体育活动的分类研究》,《武汉体育学院学报》2006年第12期。

合，既促进了体育功能和形式的多样性发展，也标志着休闲体育成为现代文明生活方式的一种潮流。然而，即便如此，任何活动项目都应该遵循一定的规律，依照一定的原则进行设计。设计者必须缜密计划、合理安排、科学调度，才能使设计的项目活动有效、有形、有序。所以，强调休闲体育活动项目设计的基本原则就显得十分重要。

（一）主题原则

就休闲体育活动项目设计而言，围绕一个明确的主题进行活动设计、编排与管理至关重要。主题原则作为活动策划者的首要任务，可划分为时空取向和目标取向。时空取向一方面是指项目设计者在策划活动时，应紧密结合时代发展，贴近时代、把握实质，将时代发展的特色融入休闲体育活动项目中，如将电子产业与休闲体育相结合，或以放松为主的农村生活与休闲体育活动相结合；另一方面，时空取向是指通过设计的休闲体育活动将都市里被生活、工作所束缚的人们吸引出来，进入休闲、娱乐与体育的新时空，这样拓展了休闲体育发展空间，将休闲体育舞台延伸至更广阔的层面。目标取向则指设计者依据不同的休闲体育活动项目类型，进行主题目标的选择，如分为休闲娱乐、竞赛健身、探异求新、消遣交际等主题目标，主题目标间可进行相互交换和重新组合。

（二）主动原则

随着科学技术的更新换代、社会经济的飞速发展，休闲体育活动正面临着一大困境，即高科技电子技术产品的吸引。在高强度工作之余，很多人首先选择电影院、KTV、IPad、电子游戏、手机等产品进行休闲娱乐，而体育运动则作为了后备选择。因此，如何让休闲体育活动吸引人们放弃电脑、电视等电子产品；如何调动人们参加体育活动的积极性、能动性，并将休闲体育运动作为一种习惯，形成一种主要的业余生活方式，是活动设计者应该考虑的重点问题。这就要求项目设计者坚持主动原则，发挥自身的主导作用，根据文化多元化、生活多样性的实际状况，以时代敏锐性和洞察力，顺应高科技的发展潮流，尊重社会主流的取向，主动将困境变为优势来设计休闲体育活动项目。只有项目设计者调动了主动性，善于创新与发现，才能策划出与社会实际相适宜、能满足消费人群的休闲体育活动项目。这样，消费者才会乐于接受、乐于体验、乐于参与，把休闲体育活动作为闲暇时的首要消遣方式。

（三）创新原则

"创新"作为一个含义广泛的概念，应用于科学、经济、文化、技术、商业、政治等领域，它包括了整个人类社会进步在内的一切具有创造性的和超越性的活动。可以说，没有创新，就没有人类文明的进步。创新在休闲体育活动项目设计中起着决定性的作用。项目设计者如何发现休闲体育活动的弊端，将劣势转为优势？如何调节休闲体育活动的积极性？如何激发活动组织的活力？如何激发市场主体的活动？激发这些活力靠什么？靠创新，靠创造力。设计者需要发扬创新原则，透过创造力的视角观察消费者的需求，围绕满足消费者的需求，发挥消费者的积极性与主动性。由此，休闲体育活动项目设计应摒弃体育游戏的标准化设计，做到体验的多元化；让消费者参与其中，增强项目的价值感知，重视体验的个性化；不断优化产品或服务的创新方向；大力创新活动内容，打破陈旧套路。如此一来，消费者才有参与休闲体育活动的积极性、踊跃性，参与休闲体育活动才能持续激发参与者的创造力，使参与者充满活力。

（四）功能原则

休闲体育活动项目设计的基本原则之一就是要求其项目实施要服从实用功能，要能满足消费者的实际需求。设计中，功能原则往往与主题原则相结合，根据消费者的不同主题需求，设计出符合消费者的实用活动项目。在满足实用功能的基础上，再进一步增加时尚、视觉等元素，这样的休闲体育活动项目才是实用性强、开发价值大的休闲体育活动项目。

（五）美学原则

当休闲体育活动项目的功能性达到一定要求后，消费者必定会更加追求活动项目的美学效果、艺术性。由于休闲体育活动项目本身所具有的娱乐、放松、刺激等功能，消费者在参与活动过程中自然而然地从身体与心理方面进行着不同程度的体验，这些体验包含了视觉、听觉等感官体验。因此，对休闲体育活动项目设计而言，应重点关注消费者的感官体验，防止产生审美疲劳，利用美学效果吸引消费者循环消费。美学原则包括自然美、运动美、艺术美三大美学原则，应将这三大原则相结合，突出休闲体育活动中不同形式的美学特征。在设计活动时，应表现自然美和空间环境的本真美，将运动的力量美融入自然环境中，使消费者从身心体验中满足多方面的审美需求。通过自然美和运动美反映出活动中的艺术美，使休闲体育活动项目参与者能体验到意境美。

第三节　消费社会与休闲体育活动项目设计

一、消费社会与消费文化

自 20 世纪以来，伴随社会生产力的不断提高，商品摆脱了原有的使用价值属性，不再作为必需品，其被赋予的文化意义超越了日常需要。在这样的背景下，以消费为主导的社会观念逐渐形成，并以一种象征性的价值符号呈现出来。进一步说，这样一个以文化符码为诱饵、以商品为载体、以利润为目的的社会体制便构成了消费社会，在消费体制中一切事物都被市场所笼罩[1]。无疑，我们处在了"消费"控制着整个生活的境地[2]，在强调以消费为中心的社会形态中，一切都是消费品，一切都可以用于消费，我们消费着一般性的物品，消费着身体、情感、思想意识形态，消费着彼此的劳动力，等等。

从某种意义上讲，消费社会的兴起是资本主义社会延伸的必然结果，体现了人类生产力水平发展的显著变化，并进而演变成了一种特有的生活方式，导致消费成为一种文化、一种主义。这种文化有别于传统社会，最突出的表现就在于符号文化的渗透，换言之，就是人们在消费中更加关注的不是物品本身的功能，而是某种被制造出来的象征性

---

[1] 宰政：《消费社会对艺术的影响》，《郑州轻工业学院学报（社会科学版）》2009 年第 4 期。
[2] ［法］让·鲍德里亚：《消费社会》，刘成富等译，南京大学出版社 2000 年版，第 6 页。

符码意义。这种新型的消费逻辑是当今社会最重要的意识形态，它通过意象性的符码关系让人这种符号动物进入一种他们欲望深处期盼的消费游戏中[①]。因此，我们发现大批的文化力量被用来包装产品，为产品印上超出其实际效益的暗示性符号价值，吸引着消费者对商品所被赋予的文化价值的占有。消费者通过对产品的拥有，宣扬了风格的塑造、阶层的定位以及权力的掌握。当无止境的欲望被不断地刺激出来时，消费背后所隐藏的社会差异便更加不可能彻底消除了。

法国著名思想家让·鲍德里亚曾指出，消费只身取代了一切意识形态，同时担负起使整个社会一体化的重任，就像原始社会的等级或宗教礼仪所做到的那样[②]。不可否认，消费文化成为全球的主流文化，消费意识形态成为有效的统治手段，我们生活在了一个消费至死的时代。无论我们是否去批判消费主义的好与坏，消费社会都已经形成，并无时无刻地包围着我们。在这样的背景下，以休闲、享乐、健身为主的思想观念指导人们选择生活方式，休闲体系下的休闲体育必然与消费紧密联系，并且以一种文化符号的形式呈现给消费者。

二、作为符号消费文化而存在的休闲体育活动

随着经济的不断发展，我国体育已进入了一个准消费时代：体育活动日益深刻的市场化、产业化与商业化，体育机构性质的变化等，体育产业时刻受着消费社会无形之手的操控。可见，作为一种生活观念的消费文化无疑已经成为当代大众体育生活的一个重要表征。对于被包裹在消费时代里的休闲体育而言，其发展自然会受到消费文化的影响，并成为符号消费的"奴役"。

当今社会的人们生活在竞争、压力之中，人们的精神和身体长时间处于压抑、紧张的状态，人们需要休闲放松，通过选择自己喜欢的运动来松弛身体和精神，以获得一种真正舒畅的感觉，从而投入新的竞争角逐。然而，经常性地参加休闲体育活动需要充裕的时间与强有力的物质支撑。消费文化使传统的以"生产"为主的社会转向了以"消费"为主的社会，这种深刻的转变在于消费社会具有丰富的物质积淀和时间基础，休闲体育的兴起和开展离不开经济基础，休闲体育作为一种消费品与符号文化而存在。

现在的人们，已经习惯于将休闲体育活动当作日常消费的方式之一，如进行游泳、滑翔伞、蹦极等运动消费。休闲体育的根本目的是让每一个参与活动的人感受到精神的快乐、自由与身体的健康。但具有后现代意义的是，休闲体育消费所蕴含的符号意义带给人们的遐思和幻想正在超越它基本生理学基础的原始快乐[③]。人们的运动消费所涉及的对象已不仅仅只是某个物品或某项运动，还包括运动项目或物品所指代的符号，符号价值本身成为流行、时尚的商品。

由此我们发现，在进行活动项目设计时，一定要将休闲体育放置于大众消费中，并考虑到其符号意义。只有这样，才能从本质上吸引人们的消费欲望。根据马斯洛的需求

---

① ［法］让·鲍德里亚：《消费社会》，刘成富等译，南京大学出版社2000年版，第6页。
② ［法］让·鲍德里亚：《消费社会》，刘成富等译，南京大学出版社2000年版，第90页。
③ 牛晓梅：《论大众消费文化视野下的休闲体育消费》，《广州体育学院学报》2007年第7期。

层次理论,人类需求像阶梯一样从低到高按层次分为5种,分别是:生理需求、安全需求、社交需求、尊重需求和自我实现需求。消费者在参与某项休闲体育活动时,最基本的目标便是通过运动,使身体能够得以放松,满足健康的生理需求。

如果当休闲体育活动的设计突出了一种符号性价值,代表了一种休闲的生活方式与生活风格,能满足当代人渴望获得一种创造性、自由性的生活的时候,我们的休闲体育活动项目设计无疑便成功了,因为休闲体育活动能满足需求中的最高层次——自我实现的需求。那些参与到休闲体育活动中的人们,从表面上看只不过是自得其乐地进行休闲健身消费活动,可实际上,他们不仅是在进行情感宣泄或情感虚拟化的情感性消费,更深层次的是通过消费物品实现自我价值的表达性消费,同时也是对某种意义和信息的符号进行的象征性消费[①]。

例如,彩色跑(The Color Run)自2012年在美国举办以来,便以极快的速度风靡全球,成为世界最"热"的跑步活动。在距离为5公里的彩色跑活动中,每跑一公里将经过一个色彩站,从头到脚会被抛洒上不同的颜色,五彩斑斓的跑步瞬间就像不同的人生,印在了每个人的脑海里。看似简单的彩色跑背后的符号价值彰显的是快乐、自由、个性的文化色彩。与追求速度不同,在跑步过程中,不计时间、没有歧视、不嫌丢人、不分性别、不分阶层,有的只是自由洒脱的心理感受、一种积极健康的生活方式。人们在此活动中消费的不单只是跑步与健身的体验,更重要的是展示或推崇一种高层次的,以自由、开放、快乐为中心的生活态度与人生理念。而围绕彩色跑这种符号文化所进行的消费,使人们在活动中得到自我价值的实现、认同,这才是消费者参与此活动的实质意义。

三、消费异化背景下的休闲体育消费分层考虑

随着休闲体育在消费社会中的蓬勃发展,休闲体育自然而然成为一种消费品,而且符号文化意义厚重。现今,消费者参与休闲体育活动的符号价值远超过了活动本身,越来越多的人参与休闲体育的消费动机不再仅仅只是为了健身,而且通过消费某种休闲体育活动来显示其在金钱、地位方面的成就,满足其虚荣心、骄傲感的需要。

凡勃伦曾指出:"要获得尊荣并保持尊荣,仅仅保有财富或权力还是远远不够的,有了财富或权力还必须能够提供证明,因为尊荣只是通过这样的证明得来的。"[②] 的确,炫耀式体育消费推动了休闲体育消费的异化,导致消费者在休闲体育活动中的过度消费、炫耀性消费以及攀比性消费等行为。对于这样一种已经存在并且可能短期内不会改变的行为方式,我们应该在设计休闲体育活动项目时给予较多关注,并对其消费层次进行细分。

休闲体育本身的价值实现在消费社会中要依赖于它自身的符码价值,这种价值的赋予并不完全由休闲体育本身所彰显的内涵和外在形式所决定,它在很大程度上要依赖于

---

① 牛晓梅:《论大众消费文化视野下的休闲体育消费》,《广州体育学院学报》,2007年第7期。
② 罗晰文:《凡勃伦的炫耀性消费思想及其意义》,《沈阳大学学报(社会科学版)》,2014年第6期。

市场的需求[1]，而市场中的目标人群决定了消费层次的划分。各阶层的群体由于经济实力的不同，进行着不同层次的休闲体育消费。由此，应当根据市场消费水平将目标人群划分为上流阶层、中产阶层与大众阶层，并分别针对不同消费阶层进行专门的活动项目设计。

以上流阶层为例，前些年，高尔夫球运动在我国休闲体育消费中有着较好的市场，其中一个很重要的因素在于高尔夫球运动耗资不菲，一般的工薪阶层难以承受，而这就展示了参与高尔夫球运动的人群拥有较高的身份、地位和财富，通过参与高尔夫球运动，这部分自诩为上流精英阶层的人群则同其他阶层"区分"开来。"人们从来不消费物的本身，人们总是把物用来当作能够突出你的符号，或让你加入视为理想的团体，或参加一个地位更高的团体来摆脱本团体。"[2] 普遍而言，社会中的上流阶层总是希望用独特、不同物的符号来彰显自己。针对这一特征，在设计上流阶层的休闲体育活动项目时，应当选择市场未普及的"高大上"运动项目，如马球、马术、壁球等，并将这些运动项目背后的历史文化与之相联系，结合上流阶层里流行的热点话题、时尚风向与心理喜好等，使其具有故事情境特征。这样，参加这些休闲体育活动项目，就表现出有别于其他阶层、具有"上流社会"的特有符号价值。

面对中产阶层时，根据其消费能力与象征"中产"的标签文化，选择网球、游泳等具有中等或偏上消费水平的运动项目，突出中产阶层特有的文化特点。

而对于大众阶层来说，则需要选择普及性的运动项目，如跑步、广场舞、健身操、羽毛球等。

总之，根据消费水平来划分不同的阶层，依照不同阶层的需求进行休闲体育活动项目设计。可更好地服务于消费异化背景下所滋生的消费欲望与消费方式。

四、休闲体育活动项目设计的消费行为特征分析

在休闲体育活动项目设计时，对参与活动的消费者进行消费行为的特征分析是整个设计环节中至关重要的因素，只有了解了消费者行为的一般特征与心理需求，充分了解了市场机制，才能随时做出设计调整，获得利润最大化。

消费者在购买商品时，非常关键的一个步骤就是对信息的掌握。消费者一般通过公共信息（大众媒介等）、个人信息（朋友、同事等）以及商业信息（广告等）来收集并掌握信息，从而决定是否购买某项体育活动产品。因此，在设计活动项目时，应该调查消费者的信息来源点，重点建立一两个休闲体育消费信息源，其余信息源起辅助作用。比如，帮助消费者决定购买某种休闲体育活动产品的信息渠道多数为朋友间的相互介绍，那么在设计中，要重视的是消费分成、产品的新颖度、产品口碑的维持等；同时，发布信息选择大众媒体，以网络媒体和传单广告为主。

不同的消费者具有不同的性格特点与消费习惯，在不同的情境下，面对相同的休闲体育产品时，会产生不同的消费心理，从而导致不同程度的消费欲求。为了更好地满足

---

[1] 宰政：《消费社会对艺术的影响》，《郑州轻工业学院学报（社会科学版）》2009年第4期。
[2] ［法］让·鲍德里亚：《消费社会》，刘成富等译，南京大学出版社2000年版，第41页。

不同消费者的需求，对其消费行为的心理特征进行分析，成为设计休闲体育活动项目中的至关重要的步骤。

通常，消费者都会受第一印象的影响，因为第一印象往往给人留下深刻的记忆。比如，对休闲体育活动的选址、服饰的颜色、教练的形象等第一印象，一旦深入消费者脑海，即便再次接收到其他人对此服务的评价，也较难改变该消费者对于此活动的初始印象。这就要求在设计时要考虑到设计的休闲化育活动项目的每一细节、每一个消费者可能关注的点与面。

即便第一印象很重要，但消费者追求"实在"的心理仍然占据主要地位，这种消费心理在当今社会消费过程中是最常见、最普遍的。任何休闲体育活动项目的设计，都应该满足消费者追求实在的心理，保证产品质量，使消费者在参与中与参与后获得身体上的健康、快乐指数的提升、情绪的发泄、炫耀感的满足等。

当然，只有质量是不够的，消费者往往喜新厌旧、追逐时髦。在设计时，应结合消费层次的喜好，以创新性策略为指导，设计出新颖、独特的休闲体育活动。对于有张扬心理特征的消费者，需结合其社交圈的习性，设计出能体现其社会地位、满足其张扬的活动项目，也可针对需求，进行私人定制式的休闲体育活动设计。

除此之外，还应在满足消费行为心理的基础上，进行品牌策略与动态策略等方案的设计，这样才能在动态的市场环境中，维护和提高所设计的休闲体育活动品牌的知名度；面对多元化的消费行为特征，根据消费者从众的心理特点，培养其对所设计活动项目的忠诚度，以获取品牌价值。

第四节　视觉营销与休闲体育活动项目设计

一、视觉营销的概念

任何一个优秀的产品，是视觉、作用效果的内在统一。在当今科学技术发达、市场竞争激烈的社会中，视觉营销在各行业的运用已经非常普遍，并且成为重要的营销手段。对于休闲体育活动项目而言，视觉效果的设计与感知必不可少。可以说，通过视觉营销向休闲体育消费者所展示的视觉冲击力，轻松地建立起双方的有效交流渠道，加深了营销产品在消费者中的印象，可顺利实现销售目的。

目前关于视觉营销的定义有着不同的表述，大致可以分为3类观点。一类观点着重指出的是商品的陈列和展示对视觉的碰撞，认为视觉营销就是利用色彩、造型、声音等造成的冲击力吸引潜在顾客来关注产品，并以此达到促进商品销售的目的。另一类观点则是在糅合了商品展示技术、视觉呈现技术和市场营销策略的基础上，强调了商品展示技术和视觉呈现技术的运用必须与商品营销策略相结合。这类观点虽然提出了商品展示技术和视觉呈现技术的运用须与商品营销策略相结合的重要性，但仍然只将视觉营销界定在"商品的终端卖场"这一领域。

第三类观点是在综合上述两类观点的基础上，将视觉营销由"商品的终端卖场"领域扩展到其他领域,并深入到对消费者心理层面的影响方面①。

综合以上三类观点,我们认为视觉营销是指在营销活动中利用视觉传达的方式,将视觉技术与商品展示技术相结合所制定出的吸引和影响消费者进行消费的营销组合策略。其特点在于利用灯光、展品、布置、道具、色彩等准确而有魅力地提供商品信息,并在短时间里扩大商品对消费者的心理影响,从而带动商品销售。

视觉营销作为一种新式的营销策略,它结合了市场营销学、视觉设计、美学、建筑学、心理学等多学科知识。复杂的知识结构使其在实践中的应用范围较广,从服装、店铺、广告等行业延伸至企业管理、空间规划、教育教学、娱乐休闲等方面。视觉营销的传达形成了商品的形象、风格,商品形象、风格等的展示直接决定了消费者的购买力度与忠诚度。就休闲体育活动项目设计的意义而言,通过引入视觉营销,吸引顾客的"眼球"、促进消费。

二、视觉营销对休闲体育活动项目的作用

教育心理学研究表明,人类获取的外界信息中,83%来自视觉,11%来自听觉,3.5%来自嗅觉,1.5%来自触觉,1%来自味觉。这充分说明人类的视觉感受有着最丰富的感知能力。显然,就设计一项休闲体育活动而言,添加不同的色彩、设置不一样的体育设施、打造整体性的形象特征等能够更多地吸引消费者的注意力。

然而,任何视觉形象给消费者的第一印象非常重要,如果第一印象是单调的、无特色的,那么消费者的注意力就会转向其他地方。根据 AIDMA 消费心理模式分析,消费者在购买产品前的心理过程首先是注意产品及其广告,接着判断出对感兴趣的产品,并根据兴趣产生出一种需求,最后是记忆和采取购买行动〔Attention(注意)、Interest(兴趣)、Desire(消费欲望)、Memory(记忆)、Action(行动),AIDMA〕。

因此,在宣传、展示休闲体育活动项目时,吸引消费者的注意力至关重要,而消费者的第一印象往往是通过视觉获得的。通过大量运用能吸引视觉感知力的颜色、装饰、摆设,使之能"跳出"背景布局,吸引消费者的注意,应成为休闲体育活动项目设计的关注中心。

可重新设计休闲体育运动项目,或将此次休闲体育活动的文化宗旨、产品的标志、口号打印在活动设施上面,并根据活动的主题特点设计出相对应的运动服饰、装饰,与整体色彩等相结合,以此吸引消费者的兴趣、激活其参与欲望。

利用整个休闲体育活动中呈现的色彩、布局等美感与运动项目相结合,设计出新颖的休闲体育活动,使体育产品能够从繁复多姿的景象中脱颖而出,引起消费者的审美愉悦感,更有效地激发消费者的参与欲望、参与冲动,从而产生消费行为。

在休闲体育活动中,如果仅仅展示运动技能时,这不过是一种体育活动,所能表达的内涵非常有限,但是如果将休闲运动技能展示和视觉形象有机结合在一起,形成一个整体,那么就会营造出一种意想不到的体育文化意境。

比如,各种色彩组合起来能够使休闲体育活动看起来更加明快,充满了"好心情"

---

① 刘建堤:《视觉营销及其演进探析》,《经济研究导刊》,2013年第3期。

的心理暗示，而配合运动项目而专门打造的体育设施、装饰等细节，能够展示出健康或带有某种主题性特征的信息。将这些局部细节融合在一起，即能彰显出体育活动的休闲、运动、文化生活等特征。可以说，视觉形象能更加清晰地传递出休闲体育活动项目的体育文化、风格特征、流行品位甚至生活方式。

无疑，视觉营销相较于体育活动本身，既可以更容易地表达出运动项目所要传达的运动理念与生活态度，也可以进一步使消费者在脑海中将传统的体育活动与现今融入了视觉效果的新式体育活动进行对比，产生出巨大的反差感。这种反差心理可刺激消费者的感知器官，形成视觉冲击力，牢牢地吸引消费者的好奇心、关注，使人们在进行休闲体育活动的时候，感受到休闲体育活动的深刻内涵，形成愉快的休闲心理体验。

三、视觉营销在休闲体育活动项目设计中的表现特点

（一）活动场地的陈列布置重点在于创新

在设计休闲体育活动项目时，视觉效果的营造是设计的基础，而休闲体育活动场地陈列布置的创新性是吸引消费者的重要因素，展现为对顾客的视觉冲击力。设计中，围绕运动项目的"游戏规则"进行主题设置，常见的主题是运动与社会、自然、季节、文化等方面相结合的内容，其中包含了艺术、科学、技巧等方面的设计理念。

比如，根据消费者的需要，将主题设置为"大众流行"，那么在陈列布置时，将运动项目与主题结合，着重展示某个或几个流行的要素，突出色彩、运动道具的装饰、流行的符号等元素，强调明快的大众风格。又如，将主题设置为"清新文艺风"，那么应选择暖色调、文艺范儿的运动设施进行陈列布置。这些陈列并不是刻意地制造喧闹的气氛或盲目地摆放，而是进行精心地选择、归纳、集中陈列，根据运动项目的"游戏规则"进行不同色彩、不同形状、不同组合的设置，采用对比式设计，突出活动规则的中心指向或活动要旨等，从而达到相互衬托，突出运动休闲的重点、主题。

设计时从美学、心理学、运动学角度凸显休闲体育活动的"新"，便会使消费者更加明晰、愉悦地感受到休闲体育不再仅仅只是运动项目，还是更具视觉冲击力的综合性活动。

（二）活动设计中视觉细节的展现

消费者对休闲体育活动的评价往往体现在视觉的细节方面，精美的细节才能真正展示活动的魅力，赢得长久性的顾客资源。以下就活动设计中需要注意的视觉细节进行分析讨论。

1. 标语的运用

在休闲体育活动中，标语的运用旨在向大众传递活动中所要表达的休闲与运动的精神理念、生活态度，并推动活动的深入进行。标语的运用起到了植入文化理念、引起消费者关注等，但是标语的处理并不简单，需要注意使标语和整个活动体系融为一体，将动态与静态相结合。可用贴纸式标语，将标语贴在活动器材、设施、服饰等上面；也可用悬挂式标语，更好地烘托气氛；还可用落地式标语、动态标语等。标语的运用形式多样，方式新颖。科学、合理地使用标语，可以造成声势较大的视觉冲击力，给人一种心

理暗示作用。

2. 色彩的运用

休闲体育活动项目中的色彩展示往往是视觉营销的关键细节，能达到意想不到的效果。在活动设计中，应充分考虑消费者对颜色的偏好，切忌将各种颜色不分层次、不按规律的任意组合。应按照美学原理，将不同的颜色与运动主题协调搭配，不同的颜色会给人不同的心理感受，暖色调给人以柔和、热情的感觉，是"前进色"；冷色调则会让人产生安静、稳重的感觉，是"后退色"。如红色、黄色给人明快、活泼、兴奋的感受，而青色、灰色则有一种镇静、收缩的意味。因此，在活动设计中，应考虑到颜色带给消费者的心理作用，将不同的颜色有机组合，在色彩过于单一时，进行补色组合，避免大量使用高彩度的颜色。在设计中，对色彩方面的细节考究，能使消费者产生轻松的心情，从而释放压力，获得快乐。

3. 指挥人员的仪表举止

在休闲体育活动项目设计中，指挥整个活动项目的人员的仪表举止是设计中要考虑的必不可少的细节因素。指挥人员作为活动解说、引导和服务的主体，展示着活动参与者的精神面貌，是活动形象的代表，直接影响消费者对休闲体育产品的第一印象。指挥人员需要按照设计的规定，进行得体、干净的统一着装打扮，不得有任何不雅的行为举止，必须表现出休闲体育活动的朝气、活力。

四、我国休闲体育活动视觉营销存在的问题

随着市场经济的不断发展，视觉营销被提升到了一个全新的高度，然而，就休闲体育活动项目而言，目前，无论是在理念层面还是实际操作上，都没有真正地将视觉营销融入休闲体育活动项目设计中。目前，我国休闲体育活动项目的视觉营销中存在着不少问题。

（一）缺乏对视觉营销的清晰认识与重视

目前，国内休闲体育设计行业对于视觉营销还没有清晰、明确的认识，很多设计者仍旧简单地认为，设计一个好的休闲体育活动就是将运动项目进行休闲化、游戏化设计。这一味地强调运动项目，而忽视了整个活动项目在视觉方面的整体呈现。大部分的休闲体育活动设计者对色彩、陈列、服饰等视觉因素不重视，认为只要对运动项目设计好就可以了，运动项目与风格传达、文化内涵、品牌定位等相脱节，忽略了休闲体育活动的整体性。

目前的休闲体育活动项目普遍缺少视觉营销设计，休闲体育活动的设施、器材等仅按照"游戏规则"进行摆放，不考虑陈列布局、颜色搭配，没有美感。这影响到休闲体育活动要表达的文化信息，还会使消费者体验不到视觉愉悦。

当今人们对图像的崇拜已经成为一种盛景，在以电子媒介为主的视觉文化时代，人们对网络、图像的依赖成为一种新的消费方式。那么，如何利用休闲体育活动，让人们在空闲时间脱离这个充斥着网络霸权的视觉媒介时代？仅仅只是体育活动远远不能吸引人们。显然，人们更期望消费的是运动、休闲、创新、美学等相结合的视觉型休闲体育活动。

设计者只有真正地了解、重视视觉营销对休闲体育活动的作用后，才能够在以媒介为主的视觉文化时代成功地吸引消费者的注意。

(二) 缺乏专业的视觉营销战略

虽然有的设计者已经意识到视觉营销的重要性，但由于休闲体育行业在视觉营销方面起步较晚，视觉营销知识不够丰富，没有专业化、系统化的视觉营销战略。很多设计者设计休闲体育活动，忽略了市场调研，缺乏体育产品的受众分析、产品定位、特色营销等，这致使某些休闲体育活动项目推向市场后，在陈列布置、信息传达、视觉引导、吸引消费者等方面做得不好。很多休闲体育活动内容雷同，难以吸引消费者，无法形成具有特色的设计风格与视觉效果。

对于视觉营销来讲，关键点恰恰在于如何形成自己的产品特色。任何一个休闲体育活动项目要有系统的视觉营销战略，能够留得住顾客、得到更好发展。这就要依靠特色，如以色彩营销为特色、用鲜明统一的陈列营造体育活动特色，以广告为特色吸引消费者的注意。"奔跑吧，兄弟"作为以休闲体育活动为主的综艺节目，能够获得大众如此狂热的关注，就在于其有特色的视觉营销策略。这个节目通过以明星为中心的视觉营销战略，突出了"娱乐""阳光""健康"的文化理念和生活态度，更形成了一种特殊的"跑男"文化，打造出了独一无二的视觉营销战略。

(三) 人才的不足

当前，我国休闲体育行业缺乏专门的视觉营销人才，大部分的休闲体育活动项目的设计由体育"出身"的人员担任，没有相关专业的人才参与、指导。单一化的人才结构导致在设计休闲体育活动时，普遍从体育的角度进行考虑，使活动设计局限在运动的范围内，较为狭隘，不能满足视觉化的市场需求。

五、改善我国休闲体育活动视觉营销现状的建议

(一) 增强休闲体育视觉营销理念

在休闲体育活动的发展中，视觉营销将发挥越来越关键的作用。因此，增强休闲体育视觉营销理念，建立科学规范的视觉营销管理体系显得尤为重要。尽快在休闲体育活动项目设计中引入具有相关专业资质的人才，建立严谨的管理机制，为设计休闲体育活动提供专业的理论和实践方面的服务，在休闲体育活动中推行视觉营销，传播休闲体育视觉营销理念，进一步提高休闲体育活动项目的设计水平。

(二) 打造具有特色的视觉营销策略，突出文化理念

在市场竞争日益激烈的时代，要使设计出的休闲体育活动项目获得成功，必须从整体出发打造具有自身特色的视觉营销策略，将运动项目与活动设施、服饰风格等结合起来，用鲜明统一的视觉策略打造独特的活动品牌，使活动所要表达的文化理念通过空间布局、色彩、灯光等方式准确而清晰地传达给消费者，突出活动的差异性与文化理念。只有这样才能使设计出的休闲体育活动项目具有竞争力，站稳市场，扩大影响力。

第五节　时尚与休闲体育活动项目设计

一、时尚的本质

时尚作为一种在现代社会中应运而生的现象，最早起源于14—17世纪的欧洲文艺复兴时期。随着社会物质文明与经济、科技的高度发展，时尚在人类生活中的影响力越来越大，逐渐摆脱了贵族化倾向，日益朝着大众化方向发展，并作为一种现代生活方式而存在。在当今社会，人们的价值观与行为方式都离不开时尚。我们经常看到媒体为我们的着装、住行等生活细节提供着最前沿的时尚资讯，也经常听说人们要去感受时尚的运动，如在山间攀岩、蹦极，在高空驾驭热气球、滑翔伞，在水中冲浪、潜水等。作为时代审美风潮的时尚而言，不同时代与不同领域的人们对它有着不同的理解，其定义的延展性较广，越来越多的人开始对时尚的本质进行关注。

19世纪末，学者们对时尚这一现象进行了研究。1890年，加布里尔·塔尔德在其《模仿律》一书中指出，模仿是人类的天性，时尚的本质是建立在人们相互模仿的基础上的[1]。德国社会学家韦伯强调了构成时尚的三大要素，即常规（大众性）、创新与区分。

1908年，美国社会心理学家E. A. 罗斯主张将时尚看作一种动态的社会心理现象，认为时尚是"某一个人类群体中某种现象周而复始的变化"[2]。然而，仅仅将时尚看作是一种心理状态显得较为狭窄。

在众说纷纭的讨论中，德国著名社会学家格奥尔格·齐美尔从现代性体验这一角度对时尚的研究或许最为经典。齐美尔发现，时尚可以通过模仿来展现人类群体"求同"的归属心理，同时，时尚又进行身份构建，满足人们对差异性的需求，"时尚是既定模式的模仿，它满足了社会调适的需要，它把个人引向每个人都在行进的道路，它提供了一种把个人行为变成样板的普通准则，但同时它又满足了对差异性、变化、个性化的要求。"[3]

在等级制的社会中，社会精英们往往是时尚的发起者，希望通过时尚与其他阶层划分开来，较低阶层则通过模仿精英阶层的时尚来提升自己的社会地位，展现着"示异"的愿望。

在谈到时尚的差异化需求时，齐美尔指出："一方面是凭借内容上非常活跃的变动——这种变动赋予今天的时尚一种区别于昨天、明天的时尚的个性化标记，另一方面是凭借时尚总是具有等级性这样一个事实，社会较高阶层利用时尚把他们和较低阶层区分开来，而当较低阶层开始模仿较高阶层的时尚时，较高阶层就会抛弃这种时尚，重新创造另外的时尚。"[4]

---

[1] 程建强、黄恒学：《时尚学》，中国经济出版社2010年版，第4页。
[2] 程建强、黄恒学：《时尚学》，中国经济出版社2010年版，第6页。
[3] ［德］齐奥尔格·西美尔：《时尚的哲学》，费勇等译，文化艺术出版社2001年版，第76页。
[4] 程建强、黄恒学：《时尚学》，中国经济出版社2010年版，第7页。

在不同阶层间的模仿与区分的反复过程中,旧的时尚被抛弃,新时尚不断产生。由此,时尚的本质存在于这样的事实中,时尚总是被特定人群中的一部分人所运用,大多数人只是在接受它的路上。① 然而,随着时代的发展与变迁,时尚也在发生着一定程度的变化,它反映着不同时期的生活方式与文化现象②。但是,无论何时,时尚本身所具有的模仿性、差异性与阶层性是存在的。

二、时尚对休闲体育活动项目的发展意义

(一)时尚的运动思维引发了人们参与休闲体育的热情

在以前,人们过多地参与体育运动,会被认为是从事与体育有关的工作,而过度健身则会被看作是四肢发达、头脑简单的象征。但是如今,参与体育活动不再像以前那样,体育运动,特别是休闲体育活动已经升华为一种品位、一种态度或一种人生哲理。人们每天利用闲暇时间参与体育活动,被看作是一种新的时尚。在紧张而快节奏的生活中,人们不再仅仅热衷于在闲暇时间里去唱歌、去美容院、去请客吃饭,人们更希望选择自己喜欢的运动方式进行发泄、放松,用体育活动代替美容。如何塑造自己的身体、如何改善自己的形象已成为一种时尚,而"大汗淋漓,挑战极限"已成为新的运动口号,休闲体育越来越受到现代人的青睐。

在这样的背景下,人们"求同"的归属心态体现到了极致,人们争相模仿彼此。特别是人们将运动后的形态以及运动中的场景拍摄下来,放在网络上,使更多人模仿进行休闲体育活动。人们不再局限于强身健体,人们更深刻的感触是参与休闲体育活动项目后的满足感和时尚的自豪感。例如跑步,以前的跑步较多展现的是竞技性,现在的跑步体现了一种年轻人的时尚、坚持与梦想。越来越多的休闲体育活动设计将跑步作为主要运动项目,人们参与此活动,传递的是一种时尚健康的能量,而这种时尚的运动思维感染了更多的人投入休闲体育活动之中。

(二)时尚扩大了休闲体育活动项目的参与人群

就女性而言,参与休闲体育活动能够使自己的身体更加匀称、优美,减少皱纹,降低了女性去美容院美容失败的风险。而在休闲体育活动设计中,运用以体现女性美为主的时尚运动项目,如瑜伽、舞蹈等,将时尚元素、时尚场景相结合,会成功地吸引女性的注意。通过参与休闲体育活动,进一步激发女性美感、自我意识以及生活的情趣。当女性参与休闲体育活动后,会将其他家庭成员逐渐带入活动中,使时尚的运动思维慢慢影响其他人,扩大参与人的范围,形成固定的参与人群。

时尚本身具有阶层性特征,休闲体育活动的设计必然会考虑到不同阶层的项目,且各个阶层参与的运动项目与设计理念不同,体现出阶层特性、区分度,从而增加不同阶层的参与人。

(三)时尚为休闲体育活动项目注入了新的血液,使之成为一种生活方式

从运动项目来看,众多带有"时尚"符号的运动项目应运而生,如壁球、马术、赛

---

① [德]齐奥尔格·西美尔:《时尚的哲学》,费勇等译,文化艺术出版社2001年版。
② 程建强、黄恒学:《时尚学》,中国经济出版社2010年版。

艇、帆船、攀岩等。这些项目所具有的健身、休闲、娱乐、时尚的多重性，促使休闲体育活动的设计具备了多元化因素与创新性。时尚为休闲体育活动增添了"美"的享受。人们在参与休闲体育活动时，激发了人们对自己身体的关注，使人们感受到了人体美。同时，休闲体育活动中所运用的时尚元素、主题特色、音乐旋律，将参与者包裹在了艺术作品中，使他们进行着运动与艺术的鉴赏，使他们感受到时尚与生活的融合，感受到体育美与生活美。

时尚的运动思维和运动方式，使休闲体育活动已经作为一种时尚的生活方式被大众所接受。人们在完成充满压力、束缚的工作后，会不由自主地投入到休闲体育活动中来，追求一种自由放松的舒畅状态，实现身与心的全面自由。这样，渐渐养成每日进行休闲体育活动的习惯。时尚使休闲与体育深入地相融，休闲体育不再只是简单的体育活动，它富涵了更高层次的意义、人生态度。休闲体育由以前的可有可无，转变成现代人类的必需品，成为人类生活方式的重要组成部分，作为休闲时代的一种不可忽视的文化力量而存在。

三、休闲体育活动项目设计中的时尚特征

在当今社会新的变化和发展中，休闲体育活动摒弃了竞技体育中过于重视运动技术的特点，更多地融入了休闲、时尚的设计理念。不同的设计风格将体现出不同的时尚理念，但是，围绕休闲和体育所进行的设计是相同的。休闲体育活动项目设计中的时尚特征主要有以下几点。

（一）新颖性

新颖性无疑是休闲体育活动项目设计中最为典型的时尚特征。休闲体育作为一种在休闲时间里进行的体育活动，人们对它的基本要求是放松娱乐，然而更高的层次则在于设计中是否含有"新"的成分，是否能给人们带来惊喜，使人们体验到与工作、生活所不一样的感觉。这种新颖性不仅仅指运动项目本身的新颖，还指赋予传统的运动项目以新的意义。设计者在此基础上结合主题创作出新颖的休闲体育活动项目。

将传统的跑步运动赋予新的文化与时尚意义，围绕跑步设计了很多主题活动，如电视节目《奔跑吧，兄弟》中的体现。新颖性与价值往往是休闲体育与时尚相结合的生命力所在。在设计休闲体育活动项目时，对原来的运动项目通过设计，被不断地重新定义与颠覆后呈现出一种新的体育活动状态。这样的活动项目可能形成很大的吸引力，容易引起人们的关注，形成独特的时尚潮流与规模。

（二）短暂性

一个成功的休闲体育活动项目设计，其时尚特征离不开短暂性。时尚源于对个性化的追求，但是由于时尚所具有的被模仿性，使得时尚很容易被大众追随。然而，一旦时尚流行，便意味着大众化了，也就不再称之为时尚。

然而，休闲体育活动项目的时尚设计具有短暂性，要长久就需要不断地发现新的时尚元素，但整个休闲体育活动项目应具备流行、广泛传播的特点。由于时尚的短暂性特征，在传媒高度发展的今天，设计时考虑整个活动项目对时尚的可替换性是非常必

要的。

当休闲体育活动中的时尚部分在短时间内迅速兴起，又快速消退时，应用引领社会潮流的新的时尚元素将其替换，同时不改变活动项目原有的主题、风格及运动特点等，使休闲体育活动项目本身保持着时尚的效果。

（三）差异性

就休闲体育活动项目的时尚设计而言，差异性是最为显著的特征，这与时尚自身的历史与演变特性是分不开的。在活动设计中，不同阶层、不同地区、不同性别、不同种族、不同职业的人群都应有一定差异的时尚设计。无疑，时尚是阶层的时尚，是代表社会地位的符号。休闲体育活动中的时尚应不易被模仿、独一无二；而女性所喜欢的色彩、运动项目、主题与男性有所不同。正是由于有如此的差异，才形成了休闲体育活动的丰富性。

（四）开放性

在设计休闲体育活动项目时，应保持时尚的开放性。设计时不能局限于体育运动，应跳出体育圈，将体育运动与社会文化、服饰潮流、休闲娱乐等方方面面相结合，而不是封闭守旧、一成不变的。开放性的重点在于融合，应该将时下最热门的音乐、生活态度、服饰打扮、言语行为与休闲体育相互结合，将活动项目进行多角度、多领域的设计，体现其多元、开放的时尚特征。

（五）商业性

商业性是休闲体育活动时尚设计的重要特征，任何休闲体育活动的时尚设计都应当关注其市场需求与消费诉求，以取得盈利为最终目的。在选择运动项目时，即便某些运动项目非常符合设计的主题，但它们没有较好的消费市场、无法取得盈利，也应当放弃。

四、休闲体育活动项目的时尚风格设计

时尚作为人类的一种生活方式，与人们生活的各个领域相联系，时尚风格正在被人们用混搭、融合等方式展现。就休闲体育活动而言，现代人对其要求已经远远超出了单纯的强身健体，追逐时尚渐渐成为设计休闲体育活动项目时的关注热点，而不同的时尚风格，使不同的休闲体育活动项目表现出不同的形式、特点。下面我们将对之进行分析。

（一）豪华风格

豪华时尚是最高层次的风格形式，同时也是时尚的表现形式的开端。由于豪华风格在社会上一直处于高端的位置，所以其受众人群多属上流阶层。

在休闲体育活动项目设计中，豪华风格首先体现在运动项目的选择方面。从豪华的特点来看，普及于大众的运动项目不是重点选择。比如，可选择马术。一直以来受到英国皇室青睐的马术运动，不但有着"英国皇室"的标签，而且它还承载着厚重的历史文化底蕴，同时，马在欧洲本身也是贵族的象征。因此，选择马术作为豪华休闲体育活动项目，能使消费者感受到新奇与特别，可使他们享受到贵族般的尊贵感、皇室般的心理

感受。

在确定了运动项目的基础上选择场地。场地并非一定要在参与者所在地区，可以跨地域选择。以高尔夫球为例，可将活动地址定在远离市区数十公里的乡村。另外，根据参与者的年龄特征与爱好设计出有品质、有创新意义的服饰，根据活动主题定制美观、有趣的场地设施等。

（二）简约大众风格

少即多，符合大众的时尚审美标准是对简约大众风格最好的诠释。作为一种对生活品质高层次的追求，设计简约大众风格的休闲体育活动项目在于使用少而新颖的运动设施、适合大众的消费水平。

简约大众这一时尚适用范围广，在社会中的影响力大。此风格的市场人群多为中下层社会人群。就简约大众风格而言，运动项目的选择就要面向大众，选择大众喜爱的运动，如网球、游泳、羽毛球、舞蹈等。简约大众这种时尚风格的特点是形式简单但新颖，活动项目使用简单的道具、运动设施、参加者服饰不复杂，但需要能吸引人的创新性题材。

比如，可选择流行于大众的拳击或跆拳道作为休闲运动项目，主题采用角斗士争取自由的典故，将参与者的服饰、场地设施简单地布置成为奴隶们打斗时的场景，将参与者带入古罗马的情境，使他们扮演角色、进行抗争。简约大众的时尚风格无疑将吸引众多的人参与休闲体育活动，具有较大的传播力度。

（三）另类独特风格

另类独特风格是指休闲体育活动项目时尚设计中展现的较为新潮的风格，体现了休闲体育时尚风格与社会文化发展的紧密联系。另类独特风格的休闲体育运动项目是指以目前社会流行的小清新、哥特、英伦、萝莉范儿等时尚潮流为主题风格打造的休闲体育运动项目。其风格本质上是一种亚文化的反映，这种亚文化不同于主流文化，对主流文化提出挑战与怀疑，参与者多为有着某种亚文化情结的年轻人。他们往往通过对这种亚文化的表现，来表达对现实生活的憧憬，借此展示自己的内心精神世界。

而这样的风格设计重点在于围绕运动项目，如设计出某种格调的奇特服装、悬挂印有代表此风格的标语、设置代表此风格标志的活动设施等，来展现某种格调，将这种风格深深渗入活动项目。年轻人在参与亚文化的休闲体育活动项目时，展示与平日不同的精神，来表达自我、释放真实的思想。随着时代的发展与文化的交流，人们对这种亚文化的认同度在不断提高，为另类独特的时尚风格提供了更大的发展空间。

第三章　休闲体育的活动项目策划

本章主要介绍休闲体育活动的项目策划理念、原则、原理、方法、程序和内容。理念主要解决活动项目的观念和概念的问题，原则主要解决活动项目的标准和准则问题，原理主要解决活动项目的理论和依据问题，方法主要解决活动项目的途径和手段问题，程序主要解决活动项目的步骤和流程问题，内容主要解决活动项目的基本要素问题。

第一节　休闲体育的活动项目策划概述

休闲体育的活动项目具有游戏、娱乐特征，多是自愿参加而非专业组织，比赛是挖掘潜能而非展示技能。尽管有活动规则，但并不是一项正式的休闲体育比赛。从其活动的性质来看，这些群体性、参与性的休闲体育活动我们一般归类为"趣味活动"项目，即通过休闲运动项目来放松身心、发掘潜能、实现自我。休闲体育本身是丰富人们业余生活的活动，休闲体育活动策划主要表现在设计一份完整的活动项目策划方案上。

游戏是人类的天性，休闲体育与工作（学习）相辅相成，健身娱乐更是现代人不可或缺的生活方式。休闲体育可伴随着人的一生，每个人都会经历或参加很多休闲体育活动，每天都有很多休闲体育活动项目在我们周围进行。重视休闲体育活动项目的策划，让现代人的业余生活变得更加丰富多彩，对休闲体育服务、场所的提供者来说十分重要。休闲体育体育活动必须经过事先周密计划，才能达到预期的效果。策划是办好休闲体育活动项目不可缺少的基本工作，也是学习本课程需要掌握的最为重要的基础知识之一。

古语说"凡事预则立，不预则废"，又说"未雨绸缪"，也就是要进行预先计划、事先谋划的意思。这种"预先计划、事先谋划"就是策划。中国古代军事策划非常注重"运筹于帷幄之中，决胜于千里之外"，可见"预先计划、事先谋划"的重要性。

一、策划的起源

策划就是围绕主题与创意灵感进行一系列的资源整合，并把整合到的资源通过一种机制组合成一个载体，然后释放出这些资源的能量，以最终实现或超越最初的创意灵感。

我国最早的策划多用在军事谋略方面，如被西方国家社会精英人士奉为商战经典的《孙子兵法》，可以说是中国古代军事谋略的集大成。策划一词最早出现在《后汉书·隗嚣传》中，"是以功名终申，策画复得"。其中"画"与"划"相通互代，"策画"即

"策划",意思是计划、打算。"策"最主要的意思是指计谋,如决策、献策、下策、束手无策。"划"指设计,如工作计划、筹划、谋划,意思为处置、安排。策划在日本称做"企画",我国台湾地区称做"企划",在英语国家则统称"plan"。

二、策划的含义

策划(strategy plan)是指人们为了达成某种特定的目标,借助一定的科学方法,为决策、计划而构思、设计、制作策划方案的过程。策划在《辞源》一书中作"策书、筹谋、计划、谋略"解,在英语中近似"strategy"加"plan"(战略、策略)。《孙子兵法》云:"凡战者,以正和,以奇胜。""正"就是艰苦奋斗,"奇"就是锐意创新。这里的"奇"就是策划,"奇"上面一个"大"字底下一个"可"字,"大"就是要超出常人的想象,"可"就是要在常人的情理之中。所以,策划就是想到常人想不到的地方,说出来的道理又能让常人理解。简单来说,策划就是策略、谋划,即为了达到一定的目标,在调查、分析有关材料的基础上,遵循一定的程序,对未来某项工作或事件事先进行系统、全面地构思、谋划,制订和选择合理可行的执行方案,并根据目标要求和环境变化对方案进行修改、调整的一种创造性的社会活动过程。

三、策划的"程序"说

策划是一种程序,本质上是一种运用脑力的理性思维行为。策划是针对未来要发生的事情作出当前的决策,即:找出事物的因果关系,衡量或者度量未来的途径有哪些,作为目前决策的依据。根据策划内容的不同,可以分为企业策划、社会策划、军事策划和活动策划等。

四、策划的"管理"说

管理的基本职能,是指计划、组织、领导、控制,其中领导职能又可以分解为指挥和用人。在管理的四项或五项职能中,策划贯穿管理活动始终。策划是以科学方法对信息进行处理,对所有资源进行整合,最后实现效益优化的一种管理职能。

五、策划的"系统"说

根据《中华大词典》的解释,系统是指同类事物按一定的关系组成的整体,如组织系统、循环系统等。按照"系统"的观点,就是要把决策的事物作为一个整体来研究,从系统论出发,对事物进行系统研究、整合研究。其基本步骤是:首先确定目标,然后通过市场调查、环境分析,形成基本创意,拟订方案,最后进行评价筛选、方案选优,并在实施过程中不断进行反馈和调整。

六、策划、规划和计划的联系与区别

(一)策划

策划是根据现实的情况、信息进行系统谋划,具有明确的目的性、选择性和灵活性,如会议策划、展览策划、活动策划、营销策划等。

(二)规划

规划多针对比较全面而长远的发展,通常与全国或者特定地区的社会、经济、文化等发展相关,可以分为产业规划、区域规划等,如文化产业发展规划、休闲体育产业发展规划、城市发展规划、旅游区域规划等。

(三)计划

根据《现代汉语词典》的解释,计划是指工作或行动以前预先拟定的具体内容和步骤,做计划就是要制订行动的组织实施方案,如五年计划、三年计划、年度计划、月度计划、进度计划等。

(四)策划、规划、计划之间的关系

策划、规划和计划既有联系又有区别。策划、规划和计划都是对未来事情的预先安排或筹划,规划主要解决做什么的问题,策划主要解决怎么做的问题,而计划则主要解决什么时候做什么的问题。策划重创意、规划重选择、计划重内容,策划、规划、计划三者之间是从宏观、中观、微观不断深化、细化的过程。

第二节 休闲体育的活动项目策划理念

休闲体育活动项目策划,是指以一定的资源条件和社会需要为基础,以娱乐身心和丰富业余生活为目的,对休闲体育活动项目的主题、内容、形式进行事先分析研究,并作出谋划和决策的一个理性思维过程。

一、策划理念与表现

(一)策划理念

策划理念,就是策划过程中所要追求的"理性的念头""抽象的信念"。休闲体育活动策划理念,就是休闲体育活动策划过程中所要追求的理想目标和思考方向,是指导我们进行休闲体育活动策划的指针、纲领和理论基础。休闲体育活动策划理念是整个休闲体育活动的灵魂,也是决定休闲体育活动高雅、通俗、庸俗、恶搞的基础。休闲体育活动理念的形成,一方面基于休闲体育活动策划者对休闲体育文化的深刻理解,对当地历史文脉的准确把握;另一方面基于休闲体育活动策划者对现实生活和休闲体育文化发展趋势的准确判断。休闲体育活动策划理念最终表现在对休闲体育活动的价值追求和目的上。

(二)休闲体育活动策划理念

休闲体育活动项目策划理念贯穿于休闲体育活动的主题、形式、内容等全过程,也贯穿于休闲体育活动的项目组织、实施和善后工作,体现在休闲体育活动策划的主题选择、模式选择、组织设计、内容编排、效果评估等各个环节。休闲体育活动策划理念按照一定的规则把各种"念头""想法""创意""点子"等有机地组合起来,理念就是休闲体育活动策划的纲,"纲举目张",策划理念因而使休闲体育活动成为浑然一体的项目。

二、休闲体育活动的项目策划基本理念

（一）和谐的理念

1. 和谐与和谐社会

和谐一般理解为和睦、谐调，就是相处融洽友爱、相互配合得当、行动协调一致。现在我们说打造和谐社会，包括5个层面的含义：一是个人自身的和谐；二是人与人之间的和谐；三是社会各系统、各阶层之间的和谐；四是个人、社会与自然之间的和谐；五是整个国家与外部世界的和谐。在上述五层含义中，最重要的应是人与人之间的和谐相处。这是因为，个人自身的和谐只有在集体和社会中才能实现；社会各系统、各阶层之间的和谐必须以个人之间的和谐为基础，并通过这种和谐体现出来；个人和社会与自然之间的和谐是人与人之间和谐的特殊表现；国家与外部世界之间的和谐首先有赖于社会整体的和谐，而社会整体的和谐又离不开人与人之间的和谐。因此，实现人与人之间的和谐相处应当成为构建社会主义和谐社会的工作重心。

2. 休闲体育活动中的和谐理念

和谐的理念体现在休闲体育活动策划上，就是要体现健康自由、幸福快乐的休闲体育活动本质，尤其是表现在休闲体育的社会性方面，"独乐乐不如众乐乐"，在项目设计上必须体现和衷共济、团队合作、群策群力等人文精神。

中国传统文化提倡"天人合一""和为贵"，本质上就是和谐。我国正致力于和谐社会建设，反映生活品质的休闲体育活动应该成为体现地方文化、风土人情、人与自然和谐相处、人与人和谐相处的重要载体。从休闲体育活动的本意来说，要求大家在一起玩，本身就包括和谐的含义。休闲体育赛事、文体活动等多种形式的休闲体育活动，完全是为社会公众服务的参与性活动，许多休闲体育体育活动的对象就是群体本身，活动提供幸福与快乐供人们分享，使大家团结一致，培养一种群体的自豪感。可见，休闲体育活动强调了个人与群体、个人与自然、群体与自然的和谐关系。

3. 休闲体育活动的和谐目标

和谐是一切休闲体育活动追求的目标。休闲体育活动策划的和谐理念，包括休闲体育活动主题的和谐、内容的和谐、形式的和谐、过程的和谐等。主题的和谐是指活动主题要与当地文化传统和地域特色相协调，活动主题要与当今时代潮流和消费趋势相和谐。内容与形式的和谐是指活动内容安排和表现形式上要与活动主题相呼应，倡导一种团体合作、积极健康的生活方式。过程的和谐是指活动策划中合理计划、统筹安排，达到活动举办过程的顺畅和无事故，未雨绸缪，对活动危机进行事先防范和控制。

（二）人本的理念

1. "人本"与人性

"人本"就是"以人为本"，人本的理念首先基于人性的假设。按《辞海》的解释，人性是指人们所具有的正常的感情和理性，人性是人类社会最主要、最本质的特征。休闲体育活动策划主要是为了丰富人们的业余生活，因此，活动项目本身的自由、快乐、幸福成为我们策划的最基本诉求。例如，2008年北京奥运会的主题口号"同一个世界、

同一个梦想"，就体现了"天地之性，人为贵"的人性关怀与广泛参与性。

2. 休闲体育活动中的人性关怀

休闲体育活动的目的是要体现对人性的关怀。人是活动举办过程中最活跃的因素。围绕"人"来进行策划，按照"人"的特长和能力来安排休闲体育活动，并在休闲体育活动过程中注重人性化设计，这样的休闲体育活动策划就是一个好的策划。休闲体育活动的形式和内容安排，要以提高人尤其是普通人的参与性为目标。

第三节　休闲体育的活动项目策划原理

一、原理与策划原理

原理，是指自然科学和社会科学中具有普遍意义的基本规律。原理是在大量观察、实践的基础上，经过归纳、概括、演绎而得出的，是来源于实践又高于实践的经验总结。原理作为一种理论，既能指导实践，又必须经受实践的检验。

策划原理，是指策划原理与方法具有普遍意义的基本规律。策划的方法有点、线、面、体四个维度。我们所说的"点子""创意""策划""整合"基本上代表策划原理与方法的点、线、面、体等四个方面的维度，平常人们所说的"出点子"，只是点式策划的一种形态而已，我们更需要创意（线型）、策划（平面）和整合（立体），即把好的点子、创意连贯起来进行思考，最后进行系统、整合研究。

二、休闲体育活动策划基础知识

休闲体育活动无处不在，休闲体育活动需要点子策划、创意策划、整合策划。

（一）点子策划

点子策划就是"点"式策划，就是把策划的要义集中在某一点上，抓住事物的本质和关键。点子是策划人思想的火花和思维的结晶。点子就像贵妇佩戴的项链上最耀眼、最名贵的钻石，夺人眼球，熠熠生辉。

1. 点子的含义

（1）点子的来源

点子的名称源自一种乐器。点子是土家族、布依族的一种敲击乐器，流行于湖北、贵州、湖南、广西等省区。它用响铜制作，形似小锣，锣面平坦无脐，锣面直径9.5~10.5厘米、锣边宽2.3~3厘米，锣边钻有3个小孔，用细绳系于带有三条腿的圆形竹圈中，锣面悬空朝上，竹圈接有长柄，柄长37厘米。演奏时，左手持竹圈长柄或将点子置于桌面上，右手执头部弯曲的竹片敲击，发音清脆明亮。点子是佛教和道教的重要法器之一，常用于宗教仪式、传统节日或婚丧喜庆等场合，是吹打乐合奏或为孝歌伴奏的乐器。它经常与冬子锣、溜子锣、棋子鼓和钹等乐器一起演奏。

（2）点子是知识与智慧的结晶

我们把对某事物进行改造或实施的各种计谋、策略、方法、经验、创意、信息等称为点子。在现实生活中，许多人常常灵机一动就会产生许多点子。

我们所说的点子，就是指经过思维产生的解决问题的主意和办法。企业要销售产品实现利润，如何销售产品是关键。为了解决这个问题，企业策划部员工绞尽脑汁出谋划策，这个为销售产品而出谋划策的内容就是点子。同样，企业为了满足市场的需求，需要改进自身的产品，如何改进自身的产品是企业的问题。为了解决这个问题，企业产品开发部的员工集思广益提出了产品的改进方案，这个产品改进方案的内容也是点子。它们的共同之处在于都是为了解决某一个问题而通过思维产生的主意、办法。

2. 点子的分类

按照点子内容的属性，可以分为策划类、发明创新类和信息概念类。

按照点子商业的属性，可以分为售卖点子、免费点子，商业点子、公益点子，生活点子、学习点子等。其中，售卖点子是指：点子是可以售卖的商业点子，得付出一定报酬给创造者才告知实施步骤。免费点子是指：点子创造者公开点子的实施步骤以供使用者参考、借鉴，也可以是点子创造者认为点子商业价值不大或不够完善，免费供大家分享。

3. 点子的作用

（1）点子共享

这是指把自己的点子贡献出来或共享他人的点子。许多人希望在点子平台向他人传播自己的点子的同时希望得到他人的点子，以共同提高自己的职业技能。

（2）提升名望

点子的卖方通常想让其他人把他当做拥有知识和经验、乐于与他人共享的人。这种名望是无形的，可以提高卖方在行业内的知名度。

（3）点子交易

每个人都有不同程度的表现欲，并且希望能拥有更多的观众。一个交易活跃的点子市场可以让点子的卖方充分表现自己，而在现实生活中往往很难有这种机会。

（4）获得回报

所有的卖方都希望点子的交易能获得回报，只不过，这种回报不一定体现为现金收入，也有可能是为了获得认同、赞赏，或者期望职位的提升、获得更多的朋友。

（二）创意策划

创意策划就是把点子策划（包括各种各样的点子）连贯起来的思索，把各种好点子、金点子、"歪"点子等串成贵妇脖子上的"项链"，让人有一种崭新的观感或体验。

1. 创意的含义

创意就是具有新颖性和创造性的想法，是在传统思维和常规思考基础上的奇思与妙想、创新与发展，属于智能（而非体能）、潜能拓展（超水平发挥）和对历史文化底蕴中休闲体育活动本质属性的准确把握与升华。好的创意是思想库、智囊团的巨大能量释放，是对事物感性认识和理性思考与社会实践相结合的结果。创意是创造性的系统工程，是立足现实、影响未来的过程。

2. 产生创意的途径

有这样一则寓言：上帝为人间制造了一个怪结，被称为"高尔丁"死结，并许下承诺：谁能解开奇异的"高尔丁"死结，谁就将成为欧洲王。所有试图解开这个怪结的人都失败了，最后轮到亚历山大，他说："我要创建我自己的解法规则。"他抽出宝剑，一剑将"高尔丁"死结劈为两半，于是他就成了欧洲王。这个寓言深入浅出地道出了"创意"二字的真谛。也许创意本身就是个怪结，没有人能把它解开，它没有一个大家都认可的解释或定义。但可以肯定的是，创意绝不是一般意义上的模仿、重复、循规蹈矩、似曾相识，大多数人都能想到的绝不是好的创意，实际上根本就谈不上创意。好的创意必须是新奇的、惊人的、震撼的、实效的。"物以稀为贵"是事物不变的通则。死结就意味着根本无法解开，既然上帝跟我们开了个玩笑，那么，就必须采取超乎寻常的非凡手段。亚历山大的言行给了我们一个很好的启示，今天的创意人是否也应思考：他用剑劈，我们为什么不能用火烧呢？

3. 创意飘忽不定需要随时捕捉

创意似一缕若有若无的轻烟，随时随地都会出现，能将其撷取，再将其深思熟虑后加以延伸，即可说成功了一半。在日常生活中，对工作或其他事情，突如神来一笔的看法或意见，可能是在公车上，可能是在浴室里，亦有可能是在半梦半醒之间，但大部分转瞬即逝，再费力地思考，即使抓破了脑袋却再也想不出刚才的念头！如能为创意常出现的时间、地点做好准备，则捕捉创意成功的几率就比别人高出许多。一个好的策划人必须随时随地留意创意并记录创意。

有些人在床边放了笔和纸，以便随时记录在恍惚入睡前或起床时半清醒状况所突然出现的创意，你可在自己的衣服口袋甚至浴室里准备纸笔，可能两三个月都用不着，但一有机会用上了，带给你的效益功能也许会超乎想象。尝试改变既有模式，与儿童的对话常会引人发噱，因为童言童语的回答常会超出我们设定的答案范畴，也可以说是另一种创意表现。同理，若是我们依循固定模式处理事情，以前无啥创意，相信以后出现创意的机会也不会太多。

人有五觉（听觉、视觉、嗅觉、味觉、触觉），可不可以尝试一下：自己在何种状况下接受刺激比较容易得到创意？也许在一个舒适的环境，轻柔的音乐旋律中，喝上一杯香醇咖啡，利用各种香味的刺激引导自身的七情六欲，达到健康舒爽的目的。这或多或少运用了刺激的原理，更有利于涌现创意。

4. 激发创意潜能的途径

（1）身心放松

紧绷的神经不易产生随兴而至的创意，因此，适度的放松是有必要的，目前较流行的坐禅打坐、闭目冥想、运动健身、休闲体育旅游等都是很好的方式。

（2）不要设限

谨记一点，世上没有不可能的事。几十年前谁也没有想到阿姆斯特朗能登上月球"会嫦娥"。凡事不要先预设立场：这个不可能或那个状况不会发生。如果凡事依循固定模式，预先设定立场、做法，虽不敢说创意绝对不会出现，但是其出现的几率的确会很低。

（3）勇于创新

浸满水的海绵，要再吸收一滴水相当困难。如能时时将自己视为干燥的海绵去吸收大量的资讯，撷取别人的长处，以外来的刺激为自身学养"充电"，自然会比其他人有更多出现创意的机会，亦代表了你比别人有更多成功的机会。

总之，点子是思想的火花，是思维的高度抽象化；创意则是点子的具体化，是点子的形象化；只有可以具体化、形象化的点子，才可以叫创意。

（三）整合策划

整合策划就是把点子、创意、内容、形式等进行系统思维、立体思考，从点、线、面策划，上升到平面立体"复合"的策划，事无巨细，面面俱到。点子是想法，创意是思路，策划则主要针对整合而言，指的是方案策划、文案编制。整合策划的标志是必须形成详尽的策划书（方案）。

三、休闲体育活动的项目策划原则

（一）系统运作原则

系统化的策划过程包括：调查研究、目标定位、理念设计、资源整合、运作切入、形象塑造、文化底蕴、政治糅合，以及实战操作、过程监理、微调修整、总结提高等。

（二）联合作战原则

策划要破译复杂社会现象的"密码"，就需要多学科的结合，形成新的方法，找到认识问题的最佳切入点。多"兵种"协同作战的战术运作是策划成功的保证。

（三）创新开放原则

不管是企业还是个人，策划最主要的是为自己定位，即找出自己的优势。要做到人无我有，人有我先，人先我变，人变我奇，人奇我特……突出自己的优势，才能以最小的投入，取得最大的收获。首先是要大胆设想，然后是小心求证。求证是对客观规律的深刻把握和认识，使主观愿望和客观实际有机结合起来。策划要变传统的量入为出为量出为入，变封闭性思维为开放性思维，凡是可以为我所用的资源都可以大胆发掘，尽量为我所用，将单线思维变为复合性思维。

（四）审时度势原则

精确的市场定位是成功策划的核心。对社会大趋势的精妙把握是策划能否定位准确的前提。策划要讲究审时度势，太超前不会被市场接受，太滞后则没有效益，与市场同步又没有新意，不能很快"引爆"市场。适度超前是策划的精妙之处。策划要防止"左"倾，即冒险主义；同时要防止右倾，即机会主义。

（五）战略至上原则

策划最讲究的是战略，把战略和战术完美结合可以无往不胜。解放战争时期，毛泽东同志把握的就是战略问题，各野战军首长主要是把握战术问题。在战略方向没有确定之前，任何战术都无所谓好坏。正如英国一句谚语所说：对于一艘盲目航行的船来说，任何方向的风都是逆风。

四、休闲体育活动策划原理

（一）点式效应原理

以点带面，抓住最吸引参与者的某个兴奋点，带动整个活动的展开。这在商业竞争中运用最多，如突出某一产品的优惠价格来吸引消费人群，以带动别的商品销售，实际上可能只是某几件商品或某个柜台打折而不是全部商品打折。与点式效应原理相对应的就是面式效应原理，用在商场那里就是全场优惠（打折）的概念。

（二）偏好效应原理

社会节奏很快、工作压力很大，这个时候如果有人提议出去 HAPPY 一下肯定会得到大家的响应，如春游、秋游、郊游、远足……现代商业竞争非常普遍，大家都在不断地迎合消费者的需求，投其所好，引进一些别人没有的产品、设施、技术等，来达到自己鹤立鸡群、与众不同的效果。

（三）全局效应原理

活动效果是指活动本身产生的效应，活动效益指的是活动过程中所得到的好处。在休闲体育活动策划过程中，大多数情况下活动效果与活动效益并不完全一致，在休闲体育活动策划中必须坚持效果优先、兼顾效益的原理，做到活动效果与活动效益的完美结合。

（四）联动效应原理

追求活动的联动效应，即强调活动的配合和呼应，运用活动产生的整体效果，在活动过程中产生联动影响，主题活动、辅助活动、配套活动、外围活动、热场活动之间各有亮点，高潮迭起，不断激发参与者的兴趣和热情。休闲体育娱乐场所此起彼伏的欢叫声本身就是一道风景，也是休闲体育活动策划联动效应的真实写照。

（五）互动效应原理

互动效应是指休闲体育活动过程中，通过互动来最大限度地发扬自由、幸福、快乐的精神以及由此带来的休闲体育活动的良好效果和体验，是实现休闲体育活动的目的和体现活动主题的动态过程，一项成功的活动策划必然是互动良好的、让人回味无穷的过程。互动效应就像活动的"气场"或"磁场"，所有参与者的情趣和热烈的气氛都可以通过互动环节调动起来。这里所说的互动，包括主持人与主持人的互动、主持人与观众的互动、观众与观众的互动、台上与台下的互动、场内与场外的互动、现实场景与虚拟世界的互动等。任何一项休闲体育活动，只要能互动起来就是成功的保障。

（六）轰动效应原理

大型活动、节庆活动、赛事活动等社会公众参与性活动，更要重视轰动效应原理，通过媒体放大焦点让社会认同、公众认知，产生轰动性效应。在休闲体育活动策划与组织实施过程中，可通过广告策略、媒体组合策略、市场推广与整合营销策略的运用等来制造轰动效应。利用新闻媒体的传播作用可以极大地扩大活动的轰动效应。休闲体育活动策划要善于运用轰动效应原理，借助广告、媒体、网络、人脉关系、社会机构、行业团体、国际组织等各种载体，扩大活动的社会影响，提升活动的知名度和美誉度。

（七）乘数效应原理

乘数效应原理又叫"倍数效应原理"，是指一个变量的变化以乘数加速度方式引起最终量的增加。乘数效应是制定宏观政策要考虑的因素，如一个货币政策或者税收政策的出台所引起的乘数加速度变化就是乘数效应。休闲体育活动策划引入乘数效应原理，主要是从活动初期到最后期望的效果之间，从活动不为社会公众认知到社会公众蜂拥参加之间有着不容忽视的乘数效应，活动策划者事先应当考虑到这种"乘数效应"。

（八）心理效应原理

休闲体育活动具有体验性，是一件值得回忆的美好的事情，要让人津津乐道、回味无穷，必须运用美好心理效应原理，在休闲体育活动过程中尽量减少或避免不愉快的事情发生。人们从泸沽湖旅游回来，在摩梭人家里近距离的体验活动，包括泸沽湖的美景、摩梭姑娘小伙的舞蹈、烈火熊熊的篝火晚会……给人留下了美好而深刻印象。但美好心理是需要精心培养、呵护的，比如旅游应该使人高兴，但是如果在旅游购物环节被"宰"，游客的美好心理就会大打折扣。

心理效应原理的具体运用主要表现在以下几方面。

1. 印象加深心理

这主要通过广告宣传、新闻报道等，让现实参与者和潜在参与者不断加深印象，广告或新闻播出的次数越多，受众对该事件的印象就会越深刻。这一原理尤其适合于活动营销与推广。

2. 潜移默化心理

有时候，休闲体育消费行为并不是发生在本人，而是发生在周围的人群或特定人群，因为好奇心或者下意识，时间长了也会慢慢受到影响，我们称之为"潜意识的觉醒"，从而产生自觉或不自觉的消费行为。

3. 叛逆减压心理

现代人生活压力很大，尤其是年轻人学习、就业压力很大，需要通过休闲体育活动进行释放压力、减轻压力。尽管有些事物可能引起人们的反感让人不舒服，但是如果休闲体育活动项目本身具有一定的叛逆效果，并且还在人们尤其是年轻人忍受的限度之内，那么叛逆心理运用得当也可以扩大活动的知名度和影响力。如 2008 年杭州西湖国际博览会期间有一项活动叫"小丑嘉年华"，利用各类小丑形象大做特做广告，就取得了很好的效果。

4. 品牌铸造心理

休闲体育活动消费的产品或服务，同样需要品牌，休闲体育活动策划要注重打造品牌。人们在休闲体育消费时并不完全是因为产品或服务的特性、价格、质量等，还因为是对品牌的信任、崇拜，品牌其实是一种消费心理的长期积淀、认同。巴西狂欢节、西班牙奔牛节、德国慕尼黑啤酒节等都是经过几十年甚至几百年的长期积累，世界各国的游客会不远万里前去体验，这说明品牌效应的重要性。休闲体育活动策划也需要"铸造品牌""百年老店"，力争把休闲体育活动打造成为当地或一个地区甚至全国性、国际性盛事。

品牌铸造、品牌认知、品牌消费的一般过程为：品牌宣传—品牌影响—品牌形成—品牌认知—品牌意识—品牌印象—品牌购买—品牌消费—品牌忠诚。

5. 色彩缤纷心理

五彩缤纷的色彩是烘托休闲体育活动场所的重要载体。休闲体育活动本身属于"注意力经济"，色彩缤纷的世界具有吸引注意力的功能，了解色彩的一些特点并自觉运用到活动策划中非常重要。色彩由暖色调至冷色调的顺序一般为：红—橙—黄—灰—紫—白—绿—蓝—黑。白色一般为中性色调，以白色调为界，前面的为暖色调，后面的为冷色调。冷色调的亮度越高越偏暖，暖色调的亮度越高越偏冷。不同的色彩可以使人产生不同的心理感受：红色、橙色、黄色为暖色，象征着太阳、火焰、热烈。绿色、蓝色、黑色为冷色，象征着森林、大海、蓝天。灰色、紫色、白色为中间色，象征着建筑、彩霞、白云。红色和明亮的黄色调成的橙色给人活泼、愉快、兴奋的感受。青色、青绿色、青紫色让人感到安静、沉稳、踏实。色彩还可以使人有距离上的心理感觉。暖色为前进色，有膨胀、亲近、依偎的感觉，色彩明亮——前进！冷色为后退色，有镇静、收缩、遥远的感觉，色彩暗——后退！暖色感觉柔和、柔软，冷色给人坚实、强硬的感觉，中性则为过渡色。

6. 消费差异心理

不同的消费人群的情感、知觉、文化素质等的各不相同，休闲体育消费也存在不同的心理差异。休闲体育活动策划要善于分析不同人群的消费特征，通过分析顾客心理进行市场细分，找出自己的消费人群，开展针对性、有效性策划才会取得好的效果。要不断营造活动的新意、亮点，激发参与者的好奇心和参与欲，有效分散消费者的注意力而达到自己的目的。

（九）名人效应原理

韩国前总统金大中在"金融风暴"后，亲自为韩国做广告；美国前总统克林顿在访华期间前往桂林领略了美不胜收的桂林山水，赞不绝口，以至于推迟了其他预先安排的计划，而在此后的数月里，桂林旅游强势不减，这正是借名人之势营销策略的最好证明。篮球巨人姚明到了临安太湖源拍结婚写真集，结果太湖源旅游一下子火了。运用名人效应当然要根据活动性质和项目特色邀请合适的名人来做宣传。比如，一个公益性活动可以邀请那些有爱心的亲善大使（名人）来做宣传，而名人参加公益活动本身也是公益活动，名人不仅不收取出场费用，可能还会捐赠捐款等。

第四节　休闲体育的活动项目策划方法

"工欲善其事，必先利其器。"如果说休闲体育活动策划的理念和原则事关活动性质和方向，那么休闲体育活动策划的原理和方法就是要对休闲体育活动的内容和形式进行一系列推演，休闲体育活动的策划程序和步骤则是把按照策划原理与方法推演出来的形式和内容进一步落到实处。

一、休闲体育活动创意思维训练

创意无极限,创意无过错。对策划人而言,难能可贵的就是源源不断的创意。如果策划人无创意,就像画家没有灵感、诗人没有激情一样,"江郎才尽",策划人的职业生涯也就终止了。因此,如何捕捉创意并激发创意潜能,是策划人一直努力的方向。

（一）脑力激荡法

脑力激荡法（又称"头脑风暴法"）是最为人所熟悉的创意思维策略,该方法由奥斯本（Osborn）于1937年所倡导。此法强调集体思考,着重互相激发思考,鼓励参加者于指定时间内构想出大量的意念,并从中引发新颖的构思。脑力激荡法虽然主要以团体方式进行,但个人思考问题和探索解决方法时,也可运用此法激发思考。该法的基本原理是：只专心提出构想而不加以评价；不局限思考的空间,给予欣赏不予否定,鼓励想出越多主意越好。运用脑力激荡法的精神或原则,可以激发设计者的创意。

（二）三三两两讨论法

此法可归纳为每两人或三人自由组合,在3分钟时限内,就讨论的主题互相交流意见及分享,3分钟后再回到团体中做汇报交流。如此反复几次即可形成真知灼见的创意。

（三）六六讨论法

六六讨论法是以脑力激荡法为基础的团体式讨论法。其方法是在团体中将6人分为一组,只进行6分钟的小组讨论,每人1分钟。然后再回到大团体中分享并做最终的评估。

（四）心智图法

这是一种刺激思维并帮助整合思想观念与信息的思考方法,也可说是一种观念图像化的思考策略。此法主要采用图志式的概念,将意念和信息快速地以线条、图形、符号、颜色、文字、数字等表示出来,形成为一幅心智图。其结构具备开放性及系统性的特点,让使用者能自由地激发扩散性思维、发挥想象力,又能有层次地将各类想法组织起来,以刺激大脑作出相应的反应,从而得以发挥大脑思维的多元功能。

（五）曼荼罗法

曼荼罗法是一种有助扩散性思维的思考策略,利用一幅像九宫格的图,将主题写在中央,然后把由主题所引发的各种想法或联想写在其余的8个圈内,此法也可配合"六何法"从多方面进行思考。

（六）逆向思考法

这是相对于顺向思维法的一种创意训练方法,通过逆向思考可获得创造性构想,如能充分加以运用,创造性就可加倍提高。

（七）分合法

戈登（Gordon）于1961年在《分合法：创造能力的发展》（*Synectics: the Development of Creativity*）一书中提出了一种新的创意方法。此法主要是将原不相同亦无关联的元素加以整合,产生新的理念。分合法利用模拟与隐喻的作用,协助思考者分析问题以产生各种不同的观点。

(八) 属性列举法

这是由克劳福德(Crawford)于1954年提出的一种著名的创意思维策略。此法强调使用者在创意的过程中观察和分析事物或问题的特性或属性,然后针对每项特性提出改良或改变的构想。比如,项目活动SWOT分析模型,可以把优势、劣势、机会、威胁进行属性列举,最后决策是否举办、如何举办本次活动。

(九) 希望点列举法

这是一种不断提出"希望""怎样才能更好"的理想或愿望,进而探求解决问题和改善对策的技法。比如,节庆活动举办方和赞助方的期望值、希望点是不尽相同的,主办方关注资金或实物赞助以利于活动顺利进行,赞助方则关注赞助回报有利于扩大产品知名度,从而进一步扩大销售。

(十) 优点列举法

这是一种逐一列出事物优点的方法,进而探求解决问题和改善对策。

(十一) 缺点列举法

这是一种不断针对一项事物,检讨它的各种缺点、缺漏,进而探求解决问题和改善对策的技法。

(十二) 检核表法

检核表法是指在考虑某一个问题时,先制成一览表,对每项检核方向逐一进行检查,以避免有所遗漏。此法可用来训练员工思考周密,并有助于构想出新的意念。

(十三) 七何检讨法(5W2H检讨法)

此法是"六何检讨法"的延伸,此法的优点即提示讨论者从不同的层面去思考和解决问题。所谓"5W",是指:为何(Why)、何事(What)、何人(Who)、何时(When)、何地(Where);"2H"是指:如何(How)、何价(How Much)。

(十四) 目录法

目录法又称"强制关联法",意指在考虑解决某一个问题时,一边翻阅资料性的目录,一边强迫性地把在眼前出现的信息和正在思考的主题联系起来,从中得到构想。

(十五) 创意解难法

美国学者帕纳斯(Parnes,1967)提出的"创意解难"教学模式,是发展自奥斯本所倡导的脑力激荡法及其他思考策略。此模式重点在于解决问题的过程中,问题解决者应以有系统、有步骤的方法,找出解决问题的方案。

(十六) KJ法

KJ法是由日本人川喜二郎提出的,"KJ"取的是川喜的英文名字姓名(KAWA JI)的首个字母。这一方法是指从错综复杂的现象中,用一定的方式来整理思路、抓住思考实质、找出解决问题的新途径的方法。该方法比较适合会展活动项目的主题策划或者主题思想、主题口号的提炼。

KJ法的原理是把个别或分散的资料进行整理，以一定标准分别评价，并对资料相互关联性进行系统性探讨。其基本步骤如下：

①团体思考：资料收集，建立卡片，进行排列；

②归类整理：卡片集合；

③简洁提示：浓缩集合；

④．相似卡片：中度集合，循环反复；

⑤制作相关图或构造图，再贴上各自所属的卡片，形成体系图、关系图，发现问题的本质所在。

二、休闲体育活动策划创新方法

创新是策划的生命，也是创意、创造的源泉。技术创新只有通过理念创新、体制创新、管理创新、形式创新、产品创新、服务创新等才能实现。不断创新是休闲体育活动常办常新的关键，是休闲体育活动的吸引力、魅力的所在。休闲体育活动以满足人的个性化体验为主，要能够提供独特享受，就要求能超越常规，打破行业界限、思维局限，实现技术创新、理念创新、体制创新、管理创新、形式创新、产品创新、服务创新等。通过以下方法可以达到创新的目的。

（一）深入挖掘法

这是指首先分析当地各种各样的休闲体育活动，对其重新进行名称、理念、内容等的定位。利用传统资源，策划和开发满足客源市场需求的休闲体育活动，既保护传统资源，又赋予休闲体育活动的开发理念，并富有时代气息。进行这类休闲体育活动策划一定要注意对传统资源进行合理、适度的包装和开发，防止出现因深度挖掘不足而导致的缺乏内涵和市场吸引力低下等问题，反对因为开发、包装过度而导致的对传统资源的滥用。

（二）外部借鉴法

这是指直接引进或者模仿其他国家和地区的活动名称、形式、内容而为我所用的一种休闲体育活动策划方法。这种方法应该注意的是，要与所借鉴的休闲体育活动进行差异化定位，要在借鉴的同时求发展，要体现当地特色。

（三）理性预测法

具有一定的预见能力，有对未来趋势的分析和判断能力，创新才能够成为可能。通过分析社会、经济、文化等综合信息，预测消费心理和消费趋势、经济发展前景和潜力、营销理念的转变、技术发展趋势等，与时俱进，顺势而动，来策划全新的休闲体育活动。这种休闲体育活动由于形式、内容新颖，更能吸引公众和赞助商的眼球。因为创意是立足于对未来趋势的判断，所以好的活动往往并不是人云亦云，而是出乎意料，但又在情理之中。

（四）规划整合法

对多个休闲体育活动进行整合，是提高举办效率、取长补短、实现新思维的重要途径。做好一个地方的活动规划，要整合所有优势资源打造精品。整合是各种优势资源的集中与互补，是各种市场要素协调配置的有机重组，通过整合才能够推陈出新。同类的休闲体育活动进行主题整合、内容整合、市场整合、组织运作整合，不仅可使内容丰富、市场更加集中，还会大大提高组织运作效率，减少本地区内举办休闲体育活动之间的不必要竞争，避免重复举办而造成的浪费，也有利于推行统一的形象、品牌。

（五）抽样调查法

这是市场调查的重要方法之一，是指按照一定方式从调查总体中抽取部分样本，用样本结论说明总体情况的一种调查方法。抽样调查可以分为随机抽样和非随机抽样两大类，常用的抽样方法有：简单随机抽样法、分层抽样法、等距抽样法、配额抽样法等。抽样调查法是目前国际上公认和普遍采用的科学的调查手段，调查的理论基础是概率论。

（六）网络调查法

这是通过网络进行系统的、有计划的、有组织的市场数据的收集、调查、记录、整理和分析，进行客观地测定和评价。具体来说，网络调查可以分为网络访谈法、电子邮件问卷调查法、BBS电子公告板、QQ群联动调查等。网络调查具有及时、共享、便捷、无时空限制、低成本等优点，但也存在随意性较大、只反映一部分网民意见等明显的缺点。

（七）头脑风暴法

头脑风暴法与我国的"诸葛亮会"类似。这是一种思考者考虑多种可能的解决方案，从而提升思维创造力的集体训练法。头脑风暴法可分为直接头脑风暴法（通常所指的头脑风暴法）和质疑头脑风暴法（也称反头脑风暴法）。一般采用会议的形式进行，前者是尽可能地激发创造性，专家们"自由"地提出尽可能多的方案，后者则是对提出的设想、方案逐一质疑，并分析其现实可行性的方法。一般由5~13个专家参与为宜，主持人要熟悉所讨论的问题及其相关的知识，并要善于引导。参加人员既要有内部的人员，也要有外部的人员。

头脑风暴法有4条规则：①不互相指责；②鼓励自由地提出想法；③欢迎提出大量方案；④欢迎完善别人提出的方案。在会议上对表达的设想不必追求全面系统，但记录工作一定要认真。国外经验证明，采用头脑风暴法提出方案比同样的人单独提方案的效率要提高65%~93%。

（八）德尔菲法

德尔菲法也称"专家调查法"，是指采用问卷、电话、网络等方式，反复征求多个专家意见，作出统计，如果结果不一致，就再进行征询，直至得出比较统一的方案。这种方法的优点在于专家是背对背，没有权威压力，表达意见自由充分，结论相对客观。作为一种主观、定性的方法，该方法不仅用于预测领域，还广泛应用于具体指标、内容等的确定过程。1946年，兰德公司首次用这种方法进行预测，后来该方法被迅速广泛采用。

（九）过程决策程序图法

过程决策程序图法是指在制订计划阶段或进行系统设计时，事先预测可能发生的障碍（不理想事态或结果），从而设计出一系列对策措施以最大的可能引向最终目标（达到理想结果）。该法可用于防止重大事故的发生，因此也称之为"重大事故预测图法"。

1. 顺向思维法

顺向思维法是指定好一个理想的目标，然后按顺序考虑实现目标的手段和方法。这个目标可以是任何东西，如一项大的工程、一项具体的革新、一个技术改造方案等。为了能够稳步达到目标，需要设想很多条路线。

总而言之，无论怎样走，一定要走到目的地；但行走的方案，并不需要真正等到碰得头破血流以后才去解决，而事先就已经讨论过，所有的问题应该预先都预测到了，这样在计划的实施过程中就不会害怕突发性事件的发生。

2. 逆向思维法

当 Z 为理想状态（或非理想状态）时，从 Z 出发，逆向而上，从大量的观点中展开构思，使其和初始状态 A 连接起来，详细研究其过程并作出决策，这就是逆向思维法。

逆向思维应该从理想状态或最坏结果去考虑：实现这个目标的前提是什么，为了满足这个前提应该具备什么条件？一步一步退回来，一直退到出发点。通过顺向、逆向两个方面的思考，找到可以走得通的路径，这就是过程决策程序图法正确的思考办法。

（十）系统分析策划法

这是指把要策划研究的目标当作一个统一的整体，并把这个整体分解为若干子系统，在揭示影响子系统的环境、社会、经济、文化等各项因素及相互关系并对获取的信息进行综合整理、分析、判断和加工的基础上，选择出最优方案的策划分析方法。兰德公司对系统分析所下的定义是：系统分析是一种研究方略，它能在不确定的情况下，通过对问题的充分调查，找出其目标和各种可行方案，并通过直觉和判断，对这些方案的结果进行比较，帮助策划者在复杂情况中作出最佳的科学策划，如 PDCA 管理过程循环在系统分析策划法中的运用。

系统分析策划法的主要特征就是从整体的角度揭示出整体下各局部所产生的影响和相互关系，从而找出系统整体的运动规律，并分析达到目的的途径。它是通过明确一切与问题有关的要素（目的、方案、模型、费用、效果、评价）同实现目标之间的关系，提供完整的信息和资料，以便策划者选择最为合理的解决方法。

系统分析策划法的步骤如下。

1. 确定策划目标

从系统整体出发提出需要解决的中心问题。确定目标有 4 个条件：唯一性、具体性、标准性和综合性。目标的确定包括精简目标（去除不现实目标和子目标）和合并目标。

2. 拟订合理方案

提供两个以上备选方案，各个方案互相排斥。

3. 评价各种方案

对各个方案进行比较和评估，以区分各自的优缺点，包括掌握策划方案的价值标准、满意程度和最优标准。

（1）策划方案的价值标准

这是指一个方案的作用、意义和收效，策划要受客观条件的限制，也要受一定的主观因素的影响。

（2）策划方案的满意程度和最优标准的条件

这包括策划目标的量化程度、策划方案的完整性与实用性、策划方案的准确性、策划方案的可行性。

（3）策划方案的评价方法

A．经验判断法：淘汰法、排队法、归类法等，适用于策划目标多、方案多、变量多、标准不一的情况。

B．数学量化法：运用数学方法、运筹学方法等进行定量分析和测算，提出数据结果，供策划者加以权衡、选择。

C．场景模拟法：通过设立模型来揭示事物的性质、特点和功能，并进行模拟，以寻找最佳方案或对方案进行修订或调整。

4. 系统选择，方案选优

按照局部利益与整体利益相结合、多级优化和满意性原则等选出最优方案。

5. 跟踪实施，调整方案

这包括预测性策划、实践性检验、适时性调整、务实性修订。

第五节　休闲体育的活动项目策划程序

一、休闲体育活动的项目策划程序

休闲体育活动策划是一项系统性的工作，是遵照休闲体育活动的项目规律，按照一定的科学合理的流程开展的策划。休闲体育活动策划程序要明确先做什么、后做什么，按照一定的步骤、章法去思考问题，并且要符合事物发展的客观规律。

休闲体育活动的策划程序受休闲体育活动类型、休闲体育活动主体等多个因素的影响。大到大型活动、休闲体育赛事策划，小到企业文体活动，都是达到休闲体育目的的专门活动，更是参与各方皆大欢喜的健身休闲活动。因此，休闲体育活动策划过程更要重视社会公众的广泛参与和认同。

（一）休闲体育活动策划的基本流程

休闲体育活动策划程序是指在休闲体育活动策划过程中必须遵循的相对规范的过程或者步骤。休闲体育活动策划的基本流程包括：

①准确确定活动名称；

②书面呈报上级领导或主管部门审批；

③组建活动工作班子；

④编制活动总体框架方案；
⑤制定活动实施方案和细则；
⑥筹备工作安排；
⑦经费来源安排；
⑧监督检查安排；
⑨活动现场协调与管理；
⑩活动总结与评估。

(二) 休闲体育活动的利益相关者

管理学意义上的利益相关者是指组织外部环境中受组织决策和行动影响的任何相关的个人和团体。利益相关者包括股东、雇员、顾客、供应商、债权人和团体。利益相关者理论常被应用于公司治理结构，其基本思想起源于19世纪。1963年，斯坦福研究所 (Stanford Research Institute) 首次使用了利益相关者这一术语，经历了由利益相关者影响到利益相关者参与的发展过程。休闲体育活动尤其是大型活动、节庆活动、会展活动的多产业关联、多头管理、多方面影响等特性决定了应用利益相关者理论的可能性。

利益相关者能够影响组织，他们的意见一般要作为决策时需要考虑的因素。但是，所有利益相关者不可能对所有问题保持一致意见，其中一些群体要比另一些群体的影响力更大，这时，如何平衡各方利益成为策划考虑的关键问题。

休闲体育活动的利益相关者，一般包括以下几个方面：
①举办方：目标/管理；
②当地社区：影响/环境；
③赞助者：致谢/金钱或实物；
④媒体：评论或广告/促销；
⑤合作者：报酬或其他支付/劳动力或其他支持；
⑥参与者和观光者：娱乐和报酬/参与或支持。

其中举办方包括主办方、协办方、承办方、支持方、执行方等，是休闲体育活动策划过程中最核心的利益相关者。

休闲体育活动涉及多个利益相关者，而且利益相关者之间的利益预期和定位也存在相互冲突的地方。主办方关注社会效益，承办方可能更关心经济效益，赞助方则希望赞助得到更多回报。因此，在休闲体育活动策划过程中既要保证利益相关者自始至终参与，又要保证利益相关者综合平衡后实现利益最大化。在活动策划过程中必须整合各利益相关者的资源，及时协调各方利益相关者关心的利益，充分发挥各利益相关者的积极性和创造性。

二、休闲体育活动策划的流程设计

(一) 策划准备阶段

策划准备阶段主要做好调查研究，充分听取内部、外部意见，必要时还可以通过社会征集的方式进行。对休闲体育活动的基础条件和外部环境分析，是休闲体育活动尤其是大型活动策划的起点。

策划准备阶段的内容主要包括以下方面。

1. 休闲体育活动资源与开发条件分析

休闲体育活动资源与开发条件分析包括对本地区自然资源、人文历史、风土人情、品牌物产、传统节日等休闲体育活动资源进行分析评判，找出当地的资源优势和产业优势，并对开发条件进行深入分析，寻找休闲体育活动的"引爆点"和"发端"。

2. 休闲体育活动客源市场需求分析

休闲体育活动客源市场需求分析包括本地休闲体育与外来旅游的目标客户、顾客心理和市场细分、消费特征分析，合理测算休闲体育活动的市场规模、观众人数、客户容量等。

3. 休闲体育活动的经济基础与社会分析

休闲体育活动的经济基础与社会环境分析包括一定社会阶段和特定条件下的物质基础与社会背景分析。

4. 休闲体育活动时间、空间分布与竞争状态分析

休闲体育活动时间、空间分布与竞争状态分析包括了解本地纵向时间上和横向空间上是否曾经或已经举办过的类似的休闲体育活动，对周边地区乃至国内外知名活动的举办状况进行资料搜集和分类。比如同样是"龙舟节"，就要把本地和区域内外相关的"端午节""龙舟赛"等相关资料搜集齐全，并摸清相关活动的竞争状况，期望把本届"龙舟节"举办成为本地影响最大、外地无法比拟的盛大节日。

（二）主题策划阶段

主题是活动理念和企业文化的高度概括、总结，是一个项目的核心、关键，在活动项目中起到"画龙点睛"的作用。

1. 明确举办的目的、意义、宗旨、方向

在内部基础条件和外部环境分析的基础上，分析研究休闲体育活动举办的目的、意义、宗旨和方向。

2. 选择活动主题策划所用方法

在明确活动的举办目的和宗旨后，选择活动主题策划所要选用的方法，如采用内部推荐还是社会征集，是单位领导决定还是咨询专家意见。

3. 确定主题

分析目标观众和市场的构成及兴趣，确定具有"唯一性"、"特殊性"的活动主题。

4. 进行主题定位

"定位"（positioning）一词是由著名广告经理人 A. 里斯（A. Lries）和 J. 屈特（Jack Trout）于 1972 年在《广告时代》杂志上首先提出的。定位包括目标定位、主题定位、形象定位、广告定位、文化定位等。对于一个活动策划，主题定位尤为重要，主题定位反映了活动规模、目标市场、类型特色等诸多方面的要素，是活动主题策划的关键环节，主题定位直接影响活动内容的选择和安排。

活动主题要反映当地历史文化和弘扬当地人文精神，符合当地整体形象定位。活动主题要能够顺应时代潮流。主题应简洁明了，要对主题思想适当阐述。例如，杭州世界

休闲体育博览会的主题为:"休闲体育,改变人类生活!"这说明,进入新世纪,随着人民生活水平的显著改善,反映生活品质提高的休闲体育方式与我们的日常生活联系越来越密切。主办方在提出活动主题时还对该主题思想进行了阐述:引进先进的休闲体育理念,倡导健康的休闲体育方式,提高休闲体育的服务水平,丰富人们的休闲体育体验,享受美好的品质生活!世界休闲体育博览会是在杭州举办,因此,世界休闲体育博览会的目标定位、主题定位,与杭州"东方休闲之都、品质生活之城"的城市定位可谓珠联璧合、相得益彰!

(三)内容策划阶段

休闲体育活动的内容是休闲体育活动的重要组成部分,休闲体育活动的主体内容和辅助内容,都要根据目标观众和市场细分的要求进行合理安排。

第一,对活动所要面对的目标观众进行市场细分,确定活动目标市场,并明确目标市场尚未满足的需求特征。

第二,明确休闲体育活动的利益相关者,并明确各利益相关者对活动的职责分工和利益预期。

第三,根据客源市场的特征和利益相关者的合理要求,确定活动的规模、地点、时间、过程、吸引力、主体内容、辅助内容、配套活动等。

第四,确定休闲体育活动的形式,大到奥运会、亚运会,小到企业联欢会、家庭聚会,休闲体育活动的形式丰富多彩。但形成规模、影响深远的市民休闲体育活动一般以节、展、会、演、赛等形式出现,或者是节、展、会、演、赛等有机结合的综合形式,如"节中展""展中会""会中赛""赛中演"等多样化并存的形式,节中有会、会中有展、展中有演,演中有赛……

第五,确定活动的标志、吉祥物、主题口号、宣传画以及会旗、会歌等,通过市场化运作积极开发活动配套商品等。

第六,对活动成本收益进行分析,制定活动财务目标。对经济上不可行的休闲体育活动,要在主题和内容上作出相应的调整。

(四)策划实施阶段

根据休闲体育活动策划方案实施进度,适时进行反馈、调整和修改。

第一,根据活动总体方案,编制活动实施计划和时间进度计划(利用甘特图),确定利益相关者,召开新闻发布会,启动市场开发计划,开展宣传推广和招商、招展,落实赞助商、广告商、服务商,开展商品销售、门票预订等。

第二,对活动实施过程中的人员、资金、物资、设备进行合理调度,对活动项目、程序进行衔接,现场次序和安全管理等进行预先安排。

第三,编制应急方案,对活动组织实施过程中的突发事件进行控制和防范,加强对活动现场的协调和管理。

(五)活动总结与评估阶段

根据休闲体育活动策划实施情况和影响,对活动策划与组织实施情况进行总结和评估。

第一，从活动组织的各环节进行分析，对休闲体育活动进行总结。

第二，从经济效益角度进行分析，由主办方、参与方和第三方对休闲体育活动进行客观评价。

第三，从社会效果、活动知名度、品牌影响力等方面进行调研，评估休闲体育活动策划与组织的效果。

以上是休闲体育活动策划的一般程序，由于现实生活中休闲体育活动种类繁多、形态各异，目的各有侧重，休闲体育活动策划的重点、环节和程序也应有所不同，应结合实际灵活掌握。

第六节 休闲体育的活动项目内容策划

根据休闲体育活动策划的程序和步骤，休闲体育活动项目策划的主要内容包括休闲体育活动项目主题策划、休闲体育活动项目主体内容策划、休闲体育活动项目辅助内容策划、休闲体育活动项目营销推广策划、休闲体育活动项目组织实施策划等。

一、休闲体育活动内容要素组成

（一）休闲体育活动的基本要素

休闲体育活动的基本要素有：①时间；②地点；③规模；④类型；⑤主题；⑥宗旨；⑦目的；⑧程序；⑨日程；⑩主办单位；⑪承办单位；⑫协办单位；⑬赞助单位；⑭主体内容；⑮配套活动；⑯邀请名单；⑰参加人员；⑱形象定位；⑲商业模式；⑳宣传促销计划；㉑新闻发布会；㉒海报、广告、吉祥物、主题口号；㉓开幕式；㉔组织机构和人员分工；㉕行动计划（财务计划、安全计划、接待计划）；㉖现场布置；㉗紧急事件处理；㉘新闻转播和报道；㉙闭幕式；㉚效果评价。

（二）休闲体育活动的名称组成

休闲体育活动的名称由3部分内容组成：基本部分（性质和特征）、限定部分（时间、地点、规模、行业范围）、补充部分（具体时间、地点、行业、单位）。其中基本部分和限定部分是活动名称不可缺少的部分。

二、休闲体育的活动项目内容组合策划

休闲体育活动主体内容策划和休闲体育活动辅助内容策划，在休闲体育活动策划流程中占有十分重要的地位。在休闲体育活动策划实施阶段之前，大量的工作都是休闲体育活动的内容策划，策划准备阶段主要是开展主题策划，而配套会议、相关活动、推广计划、营销策划等则是休闲体育活动内容策划的重要组成部分。

（一）休闲体育活动主题策划

第一，通过内外部充分讨论和不断筛选、论证，选择最佳的活动主题。休闲体育活动主题要反映当地休闲体育文化资源的独特性。目前，国内健身休闲体育类文体活动发展态势较好，活动主题的选择余地和运作空间都很大。

第二，确定活动主题的内涵，阐述活动主题思想，并与当地城市定位、目标定位、形象定位相符合，与相关活动内容相协调。

第三，确定活动的宗旨、目的、意义和开发方向。

第四，确定活动的名称。活动名称要有新意，要准确、贴切地概括活动内容，切忌采用表达含糊的活动名称。

第五，确定活动的特征、时间、地点、规模、范围。比如，是体育赛事活动，健身休闲体育活动？是社会公众活动还是特定群体参加的活动？什么人，什么时间，在什么地方，做什么活动？为什么做，如何做？

(二) 休闲体育活动主体内容策划

1. 活动开幕式策划

"良好的开端是成功的一半"。大型活动一般都非常重视开幕式策划。大型活动的开幕式通常采用大型文体表演、彩车游行、盛装狂欢和文艺晚会等形式，这是休闲体育活动的亮点。策划的重点是做好文体表演节目的编排和表演形式的创新。活动开幕式也可以"独辟蹊径、逆向思维"，通过创新设计达到意想不到的效果。

2. 展示演示活动策

对休闲体育活动主要从参与者"玩"的角度来进行策划，要让参与者"玩"得高雅，"玩"得有文化。作为主办方，则要想方设法提供"玩"的内容、"玩"的氛围。无论是正式的休闲体育活动，还是非正式的市民参与活动，都是为市民提供休闲体育的方式、载体，为参与者提供美好的享受。主办方尤其要做好活动现场的装潢、布置、陈列、灯光等策划，让参与者留下深刻而难忘的印象。

3. 演艺活动策划

做好演艺活动的入场、退场、票务预订、销售、交通管制等策划，重视大型演出现场活动的组织与管理，必要时可以委托专业的演出公司进行管理。

4. 配套会议策划

会议策划包括策划高峰会、协会、年会、研讨会、论坛、座谈会等。配套会议是很多休闲体育活动必不可少的内容。策划包括嘉宾人选、会议内容、会议形式、会议旅游等，采取大型会议还是小型专题讨论，或者采取同台交流，举办国内会议还是国际会议，何时与媒体见面，等等。

5. 亮点、热点、卖点策划

休闲体育活动主体内容策划要有亮点、热点、卖点。亮点是指新颖独特性，引起大家的关注；热点是指社会关注的焦点，切合大众心理，激发社会的共鸣；卖点是指活动有足够的"噱头"，经济效益或社会效果明显。

(三) 休闲体育活动辅助内容策划

1. 热场活动策划

开幕式期间的军乐团、铜管乐队、时装模特秀、COSPLAY秀、舞龙舞狮等，主要为开幕式服务。热场活动策划还包括活动开始的欢迎宴会和活动结束时的答谢酒会策划等。

2. 配套活动策划

这主要包括活动期间群众文体活动和社会公益活动策划，如群众性体育健身和趣味运动会策划、群众性文化艺术活动策划，举办登山比赛、秧歌比赛、健身舞比赛、戏曲大赛、歌咏大赛、围棋赛、麻将赛、桥牌赛等，通过这些活动增加节日气氛；策划义诊、义卖、义演、义工、科普等公益活动，做好活动宣传，维护良好的公共关系和企业形象。

（四）活动宣传与市场营销推广策划

1. 造势活动策划

利用新闻报道、广告宣传、公益活动等，大造舆论和声势，开好新闻发布会、记者招待会、媒体见面会，利用媒体放大焦点进行宣传。主办方要善于借势发力、借势宣传，利用对方的平台和渠道进行宣传。

2. 营销活动策划

这主要为招商招展服务，如新闻发布会（产品推介会）策划、合作伙伴签约仪式策划、招商招展活动策划、市场开发启动仪式策划、电子显示屏倒计时活动策划、徽标吉祥物评选揭晓活动策划等。

3. 征集活动策划

对活动会徽、吉祥物、主题口号、宣传画、会歌、会旗、指定产品、纪念品等进行公开征集，扩大社会影响，提高活动的知名度和美誉度；也可以通过定向征集的方式，把当地具有代表性的歌曲作为活动主题歌，或者邀请著名人士谱写新歌，并邀请知名歌星演唱；邀请著名人士创作、修改会徽、吉祥物，委托著名广告策划公司制作活动海报、广告词、主题口号等。2008年北京奥运会吉祥物"福娃"最后邀请著名画家韩美林修改定稿，借助"名人效应"，大大促进了"福娃"的传播。

4. 项目管理策划

组织项目管理小组实行项目经理（主管）负责制，明确相关工作职责和分工，编制工作实施计划并及时检查、协调和落实。

5. 活动接待策划

拟定VIP名单，设计寄发（送）邀请函，指定专人负责跟踪联系和现场接待，安排对相关领导接机送机，重要来宾要做到"一对一"服务。设计制作贵宾证、嘉宾证、代表证、记者证、工作证、通行证、指路牌、席签，妥善安排来宾座席等。

（五）活动组织实施和现场管理策划

1. 组织管理策划

确定活动主办单位、协办单位、支持单位、承办单位、执行单位、赞助单位等。实行活动主体内容板块化分工，分工落实活动目标和任务。

2. 现场管理策划

明确活动组织实施程序、步骤、衔接。实行联席会议、协调会议制度，信息反馈制度等。

3. 预算管理策划

编制财务预算计划，实行财务预算管理，按照量本利要求实行项目自求平衡，尽可能减少支出，增加收入，实现营利。

4. 安全管理策划

编制交通管制、现场维安、消防安全计划，编制应急方案和对应措施，对突发事件进行事先防范和演练。

5. 后勤保障策划

根据活动实际需要，确保人、财、物方面的供应，满足活动人员吃、住、行、游、购、娱的基本需要。

第四章　休闲体育活动的项目管理

项目管理是指在项目活动中运用专门的知识、技能、工具和方法，使项目能够在资源限定的条件下，实现或超过设定的需求和期望的过程。休闲体育活动项目管理就是将项目管理的原理和方法运用到休闲体育活动的运作过程之中，对实现休闲体育活动项目目标的相关活动进行监测和管控，以保证休闲体育活动高效地、顺利地完成。休闲体育活动项目管理的内容涉及现场管理、质量管理、营销管理、风险管理、财务管理、信息技术管理、人力资源管理等。在本章中我们着重讨论现场管理、质量管理、营销管理和风险管理四个方面。

第一节　休闲体育活动项目的现场管理

休闲体育活动没有"彩排"，只有"直播"，所以一旦出现失误将无法弥补。现场管理是休闲体育活动项目管理的核心。要缜密地安排、有效地指挥，做到活动举办现场忙而不乱、有条不紊，从而保证整个项目顺利进行。在现代管理学中，现场管理是指用科学的标准和方法对生产现场各生产要素，包括人、财、物、时间、信息等进行合理有效的计划、组织、协调和控制，使其处于良好的结合状态，达到优质、高效、低耗、均衡、安全、文明的生产目的。所谓现场，是指为顾客设计、生产、销售产品，以及与顾客交流的地方。要做好休闲体育活动项目的现场管理，就是说从项目设计到销售的整个过程都要抓好管理。但在此，我们主要探讨现场管理的中心环节——制造现场，即休闲体育活动项目举行的事前、事中和事后管理。

一、筹备管理

（一）时间安排

许多休闲体育活动都是先确定举办日期，再倒推分配各项筹备工作的时间，如此不得不把各项任务时间压缩到最短，以便保证项目如期举行。科学的做法应该是先分析各项筹备工作时间，然后再确定活动举办日期，并在时间安排上留有余地，即预留20％的工作时间。特别是对一些关键环节，需要预留充分的时间。如果这些关键环节无法落实，还需要立即启动应急方案。

组织一场休闲体育活动需要几个月甚至几年的筹备时间，筹备事项千头万绪。为了保证活动按期成功举行，需要有系统的管理思维，制定详细的日程表，写明各阶段或时点需要完成的事宜。比如，活动开幕前第一阶段需要设立组委会，设计活动主题标志与标语，制定活动组织计划，编制预算，选择与确认场地/场馆。第二阶段，需要获取审批或是进行报备（即与安全、交通等政府机构建立联系），招募志愿者，寻找赞助商，联系住宿，联系餐饮供应商，联系医疗服务。第三阶段，需要向各界人士发出邀请或是发动报名，与媒体取得联系做好宣传工作。第四阶段，需要做好现场布置，确认最后事项。

（二）人员分工

休闲体育活动的完成必须依靠团队协作。首先，将工作人员分成 5~10 人组成的若干小组，每组邀请一名专家参加，在各小组中设立议题，运用头脑风暴法讨论即将举办的休闲体育活动的若干事项。然后，把收集到的讨论结果进行统筹，将每项工作的目标、内容、步骤、完成的时间等撰写在工作任务卡上。比如，建立现场布置、市场营销、财务管理、人员培训、安保控制、后勤保障等不同工作性质的任务卡。最后，根据工作性质确立参与人员，组建各工作小组。此外，为了弥补工作中的疏漏，或处理紧急情况，还要设立应急小组。

（三）过程控制

过程控制是指对活动筹备过程中的人和事进行指导和监督。一来通过跟踪与检查工作，可以及时纠正休闲体育活动筹备过程中与计划相偏离的现象，保证项目进度，清除安全隐患。二来通过监督工作人员，可以使项目总指挥全面了解工作进度，纠正下属人员的错误，从而提高整个筹备组的工作能力。过程控制虽然讲求事无巨细，但在时间和精力有限的前提下不可能面面俱到，有的放矢地控制筹备过程更为切合实际，也就是说，重点控制比全面控制更加有效。可以利用 ABC 分析法和例外原则等工具，找出项目筹备过程中的关键环节、关键因素，并据此在相关环节上设立控制点，进行重点控制。

（四）交流平台

一次休闲体育活动的举办效果要获得社会的肯定，必须加强对外宣传，使社会得以了解活动的价值，所以，与社会的沟通交流十分重要。随着智慧城市的建设，云计算、社交平台、移动网络等频频出现在人们的生活中，人们对彼此之间的交流方式有了新的认知。现代大型休闲体育活动的基础性服务工作，不再仅仅是单纯地保障电话和网络的畅通，还应该建立公共社交平台，让举办方与参与者双方有一个互动的空间，使信息能够及时传递。可以设立官方网站，或建立微信/微博官方平台，一方面举办方便于发布相关消息与最新动态，另一方面参与者可以及时反馈信息。

二、现场管理

（一）抵达接待

接待管理主要包含接站服务和报到服务两部分。参与者到达一个陌生地方，总会产生一些心理不安。举办方需要在第一时间留给参与者一个好印象，首先要让他们把这种不安转化成对举办方的信任和依赖。举办方应提前在机场、火车站、码头、汽车站等各出口处布置好接站点，通过举牌或拉横幅等方式接待参与者，然后安排车辆将他们送至报到处。最好将接站方式、接站地点、班车时间等信息提前告知参与者，并且，接站人员要清楚掌握交通工具时刻表。如果没有安排接站服务，就需要提前与参与者沟通，告之报到地点、时间和到达方式。

报到地点通常设在酒店大堂。当参与者抵达后，首先需要核对报名信息，然后可能会涉及交费（也有许多活动要求提前汇款或是网上交费，这就需要做好现场审核工作）、领取服装/资料、赠送纪念品等事项。报到环节对现场的管理控制能力和工作人员的服务能力要求较高，因为双方初次正式见面，举办方需要抓住这一机会来展现自己的组织能力，给参与者留下好印象，形成光环效应。报到台需要醒目、整洁，工作人员要求热情、干练，流水线操作，将签到、缴费、领材料等事宜安排得井然有序，使参与者能够快速地办理好各项手续。也可事先安排好联络员，当参与者到达之后由各联络员协同办理手续，便于节省更多时间。

（二）组织入住

通常情况下，参与者在报到环节完成之后，紧接着就会办理入住手续。举办休闲体育活动常会选在旅游旺季，酒店房间本就紧张，再加上休闲体育活动也会为酒店带来爆发性需求，所以，事先需要做好参与者回执表的统计，根据举办方预算和参与者要求选择酒店类型，预估客房数量，然后做好预订。到达时，根据回执表、签到表等引导及协助参与者分配房间、领取房卡，并告之入住须知，以及提示当天用餐安排和第二天的活动具体安排等。如果参与者对房间提出异议，要尽量进行协调。

（三）安排餐饮

餐饮的安排通常有3种方式，一是由餐饮承包商负责提供餐饮服务，二是依托活动举办地现有硬件设施提供套餐或小吃服务，三是委托入住酒店提供自助餐服务。如果是借用场馆举办的竞赛参与型或观看型的休闲体育活动，主办方通常会事先进行餐饮招商，形成众多餐饮商在划定区域内为参与者/观众提供各种特色风味的餐饮服务。如果是在景区举行的旅游参与型的休闲体育活动，主办方通常会依托景区的现有设施为参与者提供餐饮服务。如果是学术性质的休闲体育活动，主办方通常会联系酒店提供三餐服务，方便食宿一体。

有两点需要注意，一是食品安全必须严格把关，防止集体食物中毒，为休闲体育活动带来无法估量的损失；二是餐饮承包商在场馆内制作、销售饮食产品，常常"烟雾缭绕"，所以应当注意四周的通风情况，以免造成室内人员呼吸不畅而窒息，或是引发火灾等。

（四）活动管理

1. 开幕式

任何大型的休闲体育活动都会安排一个隆重的开幕仪式，开幕式是整个活动的窗口，所以必须要给予足够重视。开幕式的主要内容包括负责人讲话、运动代表队走场、文艺演出，及一些必要仪式等。精彩的开幕式会给参与者留下深刻的印象。这种"精彩"往往是建立在管理的规范化与精细化基础之上的。开幕式现场管理的要点包括：第一，充分保障后勤。事前应反复仔细确认各环节顺序，确保人员、灯光、音响、多媒体等都要到位，保持现场清洁,保证安全,安排好随餐服务。第二,协调把关时间。开幕式的首要环节一般是领导、嘉宾致辞,然后进入启动仪式。如果重要领导和嘉宾不能准时入场就会导致开幕式时间被迫推迟,进而严重影响休闲体育活动组织机构的公众形象。另外,如果致辞时间太长又会影响下一环节,从而波及整个开幕式的进度。这就需要主办方事先与领导和嘉宾沟通,控制好时间。一些竞赛性质的休闲体育活动常伴有运动代表队走场,运动员入场速度的随意性较大,控制不好也会影响到下面环节。第三,体现人文关怀。在布置任务、安排工作时,需要充分考虑参与者、观众等的生理和心理承受能力,以使工作人员能够始终保持最佳的状态。第四,落实宣传工作。由于场地限制,更多公众是通过电视等媒体工具来了解休闲体育活动现场状况的,所以,抓好媒体宣传工作尤为重要。要安排好媒体席位,以便能捕捉到现场活动的各种远近距离画面,从而展示出最佳效果;安排好媒体采访嘉宾、运动员和观众等事宜,场面适时切换,以提高直播节目的观赏性。

2. 交通管制

大型休闲体育活动的举行会临时聚集大量人员,如果没有合理的交通管制方案,势必会造成交通拥堵和停车难等问题。在活动举办前,主办方需要与有关政府部门、公共交通运输部门、私营运输部门等取得联系,共同制定周密的交通运输计划。一是活动举办地,选择离城区较近的场馆或是景区,以减少出行压力;二是鼓励使用公共交通工具,鼓励步行、骑自行车,以减少机动车数量;三是开通接送班车,选择适当路线,尽量错开高峰时段;四是对部分社会车辆进行临时路段限行,有效减少会场周边的车流量;五是对到场的车辆进行有效疏导,指挥合理停放;六是提前布局,对场馆或景区周边临时停车场地进行租用或划界,对大中小型车辆的停放地点进行分类。此外,诸如长跑、自行车运动等一些休闲体育项目可能会占用公共道路,则需要预估人流量,合理设计线路,提前做好相应安排。

3. 人流疏导

休闲体育活动举行时会形成集中人流。对集中人流要控制、管理,一方面可以减少活动区域内的拥堵现象,有助于维持正常秩序,将发生意外事故的可能性降到最低;另一方面可以提高参与者利用时间的效率,避免由于从众效应而人为产生冷热点,使得一些活动区域人满为患、设施设备超负荷运转,一些活动区域却又门可罗雀、造成空间资源浪费。人流一般具有不均衡性、不稳定性和短暂性等特点。入场时段人流比较分散,离场时段人流井喷式集中。入场后,人群的聚集区主要分布在场馆或景区的出入口、主要通道、服务区域等,或是有吸引力的区域,包括娱乐表演的区域、纪念品派发的区域。围观的人员渐渐会在短时间内大量聚集。根据人流的上述特点,首先应预测人流规模,科学、合理地设计、布局活动现场;其次,合理安排休闲体育活动的内容,注意内容安排的先后顺序、场地分布、精彩程度等;最后,设立咨询台,完善指示标识。

4. 设施设备

设施设备管理的意义在于提高质量、降低成本、保证安全。现代休闲体育活动的举办对设施设备的依赖性强,这些设施设备通常都是临时安装的,活动结束之后会撤出现场。所以,对临时性设施设备的管理要点是:定时派遣专人仔细检查各种设备,建立专人负责制,在活动期间施行"一对一"制度,确保任务落实到个人;针对一些重要的设施设备，尽量准备备用的设施设备，以便出现意外情况立马替换；确保设施设备的安全使用，避免因人为操作不当而带来的意外事故。

5. 消防安保

休闲体育活动具有让人兴奋愉悦的特质，所以，参与者的情绪容易被调动起来，集体事件发生的概率也会相应增加。为了防止盗窃、肢体冲突、踩踏等情况的发生，保证参与者的人身财产安全，安保工作是重中之重。特别是开幕式时段，一般有政府负责人、企业精英、工商名流、演艺人士等出席，这些人物平时受社会关注，具有一定影响力，所以要注意其人身安全。安保队伍应由指挥人员、专业保安人员、承办方工作人员、志愿者等组成，部署在出入口、安全通道等处，维持秩序，负责内场和外场巡逻、监控室值机、应急备勤等。此外，还应制定详细的人员配置方案和应急疏散预案，确保万无一失。

当然，落实消防安全措施也很重要，特别是在景区举行休闲体育活动，景区由于植被覆盖率高，是火灾事故的高发地。除了对消防通道与设施、设备，电源开关等进行重点检查外，还要组织定时巡逻，发现火灾隐患及时处理。

6. 垃圾清洁

清洁整齐的环境，是主办方形象的重要组成部分，甚至代表着举办地的形象。休闲体育活动现场人群聚集，加之有的现场人员对自身的约束能力较差，地面往往可见纸巾、宣传资料、瓜果皮、食品袋子、塑料瓶子、空纸杯等。活动期间，公共区域的清洁卫生一定要搞好，增派人员定时安排负责清扫，设施、物品被挪动要及时归位，被污染的地方要及时清除。布置活动现场时要充分考虑垃圾桶的安放个数与位置，可以临时增设一些垃圾桶，分类设置可回收与不可回收的垃圾桶。将"清洁环保"的理念融入活动日程，提醒参与者自觉维护现场清洁卫生。

三、事后管理

许多活动开始时总是风风光光，结束时却草率、马虎。在活动结束时组织者们总会产生一种懈怠情绪，无论是项目负责人还是普通工作人员都有种"解脱了"的错觉。许多休闲体育活动的收尾工作十分重要，往往在活动开始之前就要把收尾工作安排妥当，落实到人头，明确责任，到时候才不会出现乱场的情况。

休闲体育活动结束后涉及的工作包括：将舞台、展台、展架、展板、横幅、标语、标志等物件安全拆除；租用的设施设备及时归还；严格控制活动用品处理与运出，以免繁忙中丢失物品；全面清理垃圾，检查现场有无遗留物品；向志愿者表示感谢；活动尾款结算；建立反馈平台，与重要参与者保持联系；做好后期媒体、客服工作。

此外，主办方与各专门委员会必须共同对举办的休闲体育活动的效果进行评估。评估是对已经完成的休闲体育活动项目的目的、执行过程、效益、作用和影响等进行系统分析，具体评估内容包括：确定项目是否达到预期目标、项目的主要收益指标是否实现、项目运作过程是否合理有效、项目是否实现了社会效益与环境效益等。通过评估获得有效数据，为下一次项目投资决策提供参考依据。

撰写总结报告也是事后管理的必经环节。总结的内容包括：对比计划与实现目标，分析成败原因；财务总决算，说明成本与预算的偏差的原因，以及对剩余经费的管理与处置；评估项目管理的得与失；此次活动所带来的社会反响，以及对环境的积极和消极影响；主办方团队的表现情况，对各成员的表彰、奖励；对未来相关项目的建议等。通过总结结验教训，分析项目管理的得与失，对举办的详细情况整理、归纳、存档，为下一次举办休闲体育活动提供借鉴。

第二节　休闲体育活动项目的质量管理

质量决定着休闲体育活动项目的经济收益、社会影响和竞争力，质量直接关系到消费者满意度，是休闲体育活动项目开拓市场的生命线。提高休闲体育活动项目的质量，要从实物产品、服务、设施设备、环境氛围等多方面入手，把握质量管理的要点与原则，同时实施全面质量管理战略，运用科学的质量管理方法和技术工具。只有质量上去了，休闲体育活动项目才能控制成本、创造品牌、超越消费者期望，获得显著的社会效益、经济效益。

一、休闲体育活动质量管理的概念

（一）休闲体育活动项目质量的概念与特性

按照国际标准化组织（ISO）的定义，质量（Quality）是指产品、服务、活动、过程、组织或体系满足顾客和其他受益人的显性需要与隐含需要的能力的总和。休闲体育活动项目质量主要归属于服务质量范畴，指活动组织者向参加者所提供的产品或者服务所具有的、能用以鉴别其是否符合规定要求的一切特性、特征的总和。简单来说，质量就是一切围绕消费者满意，提供的产品和服务具有经济、适用、美观、安全、高效等优点。

休闲体育活动项目质量的特点包括以下内容。

1. 质量构成的综合性、系统性

一次活休闲体育活动的成功举办，依赖于多方面的共同合作，餐饮、住宿、交通、媒体、治安消防等各部门联合协同，活动主办方、承办方、协办方之间携手沟通，工作人员之间紧密配合。各个子系统组成一个大系统，各个子系统由不同单元组成，小环带动大环节发挥综合作用，才能保障整个大系统的质量。

2. 质量呈现的短暂性

一次休闲体育活动少则一两天，多则一周，参与者的到来与离去匆匆忙忙，在有限的时间内展示自我、满足消费者需求是一项艰巨的任务。所以，服务的时效性很重要。只有工作人员富有经验、熟悉业务、灵活操作、协调配合，才能在短期内为参与者提供最优质的服务。

3. 质量因时因地产生的多变性

休闲体育活动项目种类很多，如马拉松、自行车、轮滑、钓鱼、攀岩、体育舞蹈、电子竞技、沙滩排球等。不同的休闲体育活动项目的形式亦是不同的，如竞赛参与型、旅游参与型等。无论哪些种类或者哪些形式的项目，所需场地和举行时间各有差异，受众群体也有不同,即使对于经验丰富的项目承接组织来说,每次活动都会受到各种不确定性因素的影响,面对的外部环境也千差万别,每次活动都是一个新的挑战,没有可以完全照搬的质量保障模式。

4. 质量评价的主观性

休闲体育活动的供给是属于服务性质的,与实物产品不同,消费者不能长期占有,只有在短暂地享受服务之后,根据自身的心理满足程度作出评价,因而带有很强烈的主观色彩。现代服务企业的管理理论认为,服务人员对客人的态度、技巧、方式、效率等的水平高,让无形服务有形化,让服务标准化或者个性化,能最大限度地提升消费者的满意度。与其他服务性活动不同,休闲体育活动时常能激发人的情感,通过现场氛围引发心理共鸣,所以,参与者在对活动质量作出评价时会掺杂许多非理性因素。鉴于此,多了解和掌握参与者的心理需要,提供个性化的服务,对于提高质量评价来说往往更加有效。

(二)休闲体育活动项目质量管理的内涵

提高质量的途径在于质量管理与控制。休闲体育活动项目质量管理是指确定休闲体育活动质量的方针、目标和职责,并通过质量管理体系中的质量控制、保障来完成休闲体育活动项目。休闲体育活动项目质量管理的内涵包括以下方面。

1. 劳务质量管理

人是管理五要素之中最重要的因素。举办一次休闲体育活动,一般有一半的工作人员都是临时聘请的,他们缺乏长期协作的默契,如果他们具有懈怠情绪、缺乏相关知识和经验,都将大大影响服务质量。所以,对人的管理应该从培训与激励入手,从服务态度、服务知识、服务技巧、服务方式、服务效率、个人仪表、言行举止等各个方面给予专业培训,以物质激励、精神激励、情感激励、参与激励、授权激励、绩效考核激励、组织文化激励等各个方面来调动他们的积极性。唯有一流的员工才能提供一流的服务。

2. 设施设备质量管理

设施设备的配置和运转状态是休闲体育活动项目质量的重要内容。首先是设施设备的人性化设计与安装。比如,场馆进出是否方便、座位是否舒适,有无方便的饮水系统,医疗系统是否健全,电子屏幕指示是否清晰,灯光音响是否理想,洗手间是否方便等都能够体现活动项目的质量水平。其次是设施设备的完好度。再好的设备一旦无法正常运转将会导致项目被迫中断,带来的损失将是无法估量的。所以,设施设备一定要由专人全程看管,随时监控,确保无意外发生。

3. 实物产品质量管理

餐饮是大部分参与者注重的,却是一些主办方常常忽视的一点。主办方通常把餐饮外包,自己的工作人员只负责销售饮品。甚至有观点认为,参与者只要能吃饱,不会注重种类、品质。殊不知此举会令休闲体育活动项目的质量大打折扣。餐饮算得上是整个活动项目的一环,餐饮种类丰富、美味可口、营养卫生、价格合理,才能获得参与者的认可,为整个活动项目带来意想不到的口碑。

购买纪念品是许多人外出的习惯,综观目前国内举办的各项体育活动,纪念品设计缺乏特色、做工粗糙、价格偏贵是通病,纪念品的随意会影响活动项目的质量,降低参与者对项目品质的整体评价。长此以往,当人们的消费习惯渐渐发生转移之后,也会给体育活动纪念品产业造成不利影响。

4. 环境氛围质量管理

人员扎堆可能会出现不文明行为和安全隐患。比如,参与者随手丢弃垃圾,随手摘取花草;不爱惜活动设备;不分比赛项目性质而过度助威呐喊加油,不按规定使用闪光灯,场内随意乱走动,导致现场嘈杂,从而影响比赛秩序;个体发生口角、肢体冲突进而引发群体事件;燃放礼花造成空气污染;场馆温度过高,观众衣衫不整;不雅的标语横幅肆意拉挂,起哄、吹口哨、怪声尖叫、喝倒彩;观众对运动员、裁判辱骂,或是不同阵营的观众之间随意叫骂……无论上述哪种情况都会影响到休闲体育活动项目的质量。主办方应当通过横幅标语、短语微信、现场宣传活动等形式,呼吁参与者举止文明、爱护环境、尊重参与者、注意安全;同时,安排专门的工作人员对现场进行控制,帮助参与者充满激情但不失理智,情感奔放但不失风度,用文明的方式展现对休闲体育的热爱。通过科学管理,使休闲体育活动项目精彩纷呈,现场整洁、安全、有序,富有文化品位。

(三)休闲体育活动项目质量管理的原则

一般认为,质量管理有8项基本原则,这些原则构成了质量管理的体系(如图4-1所示)。

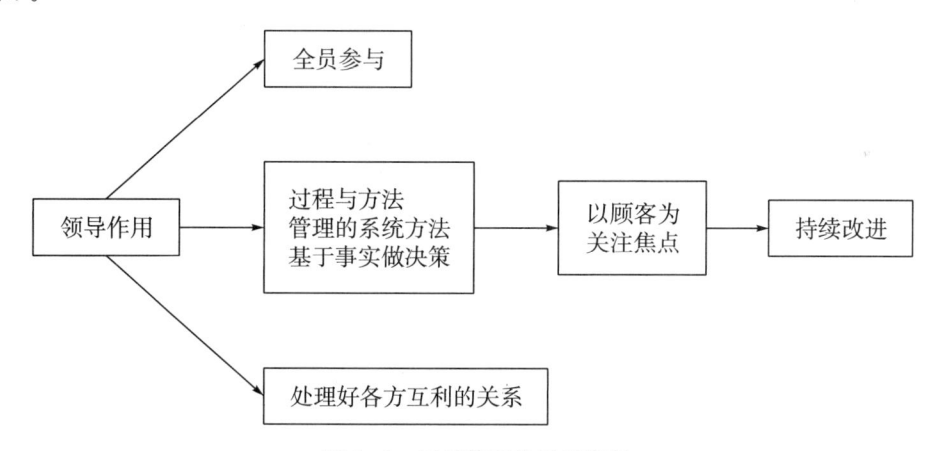

图4-1 质量管理体系示意图

1. 以顾客为关注焦点

了解休闲体育活动的受众群体现有的和潜在的需求、期望,以此设计和开展休闲体育活动项目,并测定他们的满意度作为活动准则,满足他们的需求并争取超过其期望。

2. 领导作用

主办方、承办方和协办方共同组成的会务组,是休闲体育活动项目的核心领导力量,而总指挥是灵魂人物。项目领导小组需要设立可行的目标,指明方向,提供资源,建立以质量为中心的组织环境。对工作人员进行培训、提供帮助、授以职权,使他们能充分参与,顺利进行休闲体育活动。

3. 全员参与

举办一次休闲体育活动项目,工作人员有专职的也有兼职的,但无论哪一种都是休闲体育活动质量的保证,只有全体工作人员充分参与,才能使项目顺利进行。对工作人员的分工、培训和考核,明确权限、职责,利用每个人的知识和经验,使他们能够参与到活动项目的决策和对项目进行过程中的改进,让所有工作人员都以使休闲体育活动项目顺利进行为己任。

4. 过程与方法

要清楚地把握休闲体育活动的过程,利用相关的资源来进行管理,可以达到预期的效果。

5. 管理的系统方法

要清楚休闲体育活动项目体系的各个组成部分,充分把握各部分间的相互关系,工作人员相互协调,形成合力。

6. 持续改进

以各种方式激励休闲体育活动项目举办方的全体工作人员持续地做出贡献,通过管理评审、内/外部审核、纠正/预防措施,持续地改进质量体系的有效性。追求休闲体育活动项目的高质量是主办方的既定目标。

7. 基于事实作决策

休闲体育活动项目应以项目总结、评价报告、改进措施、消费者投诉等作为质量管理决策和行动的依据。把决策和进行建立在对数据、信息分析的基础上,最大限度地提高举办质量。

8. 处理好各方互利的关系

休闲体育活动项目的举办离不开餐饮、住宿、交通、媒体、消防等各方面的支持。对合作方提供的产品和服务进行评价、建立联系,在活动进行中相互信任、尊重,使各方都能获取利益。

二、休闲体育活动项目的全面质量管理

(一) 全面质量管理的兴起

现代企业质量管理的发展大致经历了 3 个阶段。

1. 质量检验阶段

20 世纪初,人们对质量管理的理解还只限于商品质量的检验。质量检验所使用的手段是各种检测设备和仪表,方式是严格把关,进行百分之百的检验。其间,美国出现了以 F. W. 泰勒为代表的科学管理理论派。"科学管理"提出了在企业生产人员中进行科学分工的要求,并将计划职能与执行职能分开,中间加上一个检验环节,以便监督、检查对计划、设计、产品标准等项目的贯彻执行。这就是说,质量检验机构就被独立出来了。从"操作者的质量管理"转移到了"工长的质量管理",后来又转移到了"专职检验员的质量管理"。质量检验就是从成品中挑出废品,以保证出厂产品的质量。但这种事后检验把关,无法在生产过程中起到预防、控制的作用,废品已成事实,很难补救了;并且,百分之百的检验,增加检验费用。当生产规模进一步扩大,在大批量生产的情况下,其弊端凸显。

2. 统计质量控制阶段

1924 年,美国数理统计学家 W. A. 休哈特提出控制和预防缺陷的概念。他认为,产品质量不是检验出来的,而是生产制造出来的,质量控制的重点应该放在制造阶段。他运用数理统计的原理提出在生产过程中控制产品质量的"6σ"法,绘制出第一张控制图并建立了一套统计卡片。与此同时,美国贝尔研究所提出关于抽样检验的概念及其实施方案,成为运用数理统计理论解决质量问题的先驱,但当时并未被普遍接受。

以数理统计理论为基础的统计质量控制的推广应用始于第二次世界大战。当时,在战场上经常发生武器弹药的质量事故,如炮弹炸膛事件等,对美军士气产生了极坏的影响。在这种情况下,美国国防部决定把数理统计法用于质量管理,并由标准协会制定有关数理统计方法应用于质量管理方面的规划。为此,成立了专门委员会,并于 1941－1942 年先后公布了一批美国战时的质量管理标准。

二战结束后,美国的许多民用工业纷纷采用这一方法,加拿大、法国、德国、意大利、墨西哥、日本等国也都陆续推行了统计质量管理,并取得了成效。但是,统计质量管理也存在着缺陷,它过分强调质量控制的统计方法,使多数人感到高不可攀、望而生畏;同时,它对质量的控制和管理只局限于制造、检验部门,忽视了其他部门的工作对质量的影响,这样就不能充分发挥各个部门和广大员工的积极性,制约了它的推广和运用。

3. 全面质量管理阶段

20 世纪 50 年代以来,随着生产力的迅速发展和科学技术的日新月异,人们对产品的质量从注重产品的一般性能发展到注重产品的耐用性、可靠性、安全性、维修性和经济性等;在生产技术和企业管理中,运用"系统工程"的概念,把质量问题作为一个有机整体加以综合分析研究,实施全员、全过程、全企业的管理。在管理理论上,突出重视人的因素,强调依靠企业全体人员的努力来保证质量以外,还有"保护消费者利益"运动的兴起,企业之间市场竞争越来越激烈。在这种情况下,美国的 A. V. 费根鲍姆于 1961 年提出"全面质量管理"（Total Quality Management）的概念。他认为,全面质量管理是"为了能够在最经济的水平上、并考虑到充分满足顾客要求的条件下进行生产和提供服务,并把企业各部门在研制质量、维持质量和提高质量方面的活动构成为一体的一种有效体系"。全面质量管理概念逐步被世界许多企业所接受,在运用时各有所长,它在日本被叫作全公司的质量管理（CWQC）。我国自 1978 年推行全面质量管理以来,取得了一定成效。

(二) 全面质量管理的概念

1. 全面质量管理的定义

全面质量管理是指以质量管理为中心,以全员参与为基础,通过让顾客满意和本组织所有成员及社会受益,而达到长期成功的一种管理途径。具体来说,全面质量管理蕴涵着如下含义。

(1) 强烈地关注顾客

顾客的满意和认同是长期赢得市场、创造价值的关键。

(2) 坚持不断地改进

全面质量管理是一种永远不能满足的承诺,没有最好,只有更好。

（3）改进组织中每项工作的质量

全面质量管理采用广义的质量定义。质量不仅与最终产品有关，还与企业生产的每个环节有关。

（4）精确地度量

度量并统计企业生产过程中的每一个关键变量，再与标准进行比较，以发现问题、查找问题的根源并加以解决。

（5）向员工授权

全面质量管理吸收生产线上的工人加入改进过程，广泛采用团队形式作为授权的载体，依靠团队发现和解决问题。

（6）多种科学方法的运用

管理者需要不断学习掌握先进科学的质量管理技术，不断地探索和发现新的方法，才能适应环境的变化发展。

2．美国和日本全面质量管理的经验借鉴

说到全面质量管理，不能不提及美国和日本的企业，这两个国家的企业所走过的道路不同，特点也不同，但都代表着国际质量管理的最高水平。

美国企业质量管理的特点是：①强调质量专家的作用；②加强检验部门与质量管理部门的建设；③重视质量成本的分析；④强调关键因素的控制；⑤广泛应用质量管理新技术。

日本企业质量管理的特点是：①开展全公司性的质量管理；②实行质量管理的审核制度；③重视质量管理的教育和培训；④开展质量管理小组活动；⑤灵活应用质量管理的统计方法；⑥广泛应用新技术；⑦开展全国范围的"质量月"活动。

美国和日本企业质量管理的要点在于寻找差距，只是方式不同。美国企业是通过与优秀企业相比较以发现差距，然后定点超越；而日本企业通过戴明环，与自己比较，找出存在的问题，然后自我超越。美国企业的全面质量管理强调程序化、规范化，重视质量管理理论的研究和创新；日本企业的全面质量管理强调自主、主动，更重视将引进的各种现代质量管理理论与方法本地化，并应用于生产实践。

（三）全面质量管理的实现方式

1．定点超越

定点超越（Benchmarking，BMK），又叫做标杆分析法或基准化分析法，是20世纪90年代初西方管理学领域发展起来的一个新理论。它是指企业将其产品、服务和其他业务活动与自己最强的竞争对手或某一方面的领先者进行连续对比衡量的过程。对比衡量的目的是发现自己的优势和不足，或寻找行业领先者之所以会领先的内在原因，以便为企业制定适当的战略计划提供依据。定点超越的内涵可以归纳为4个要点：对比、分析和改进、提高效率、成为最好的。定点超越是一种模仿，但又不是一般意义上的模仿，它是一种创造性的模仿。它以别人的成功经验或实践为基础，通过定点超越获得最有价值的观念，并将其付诸自己企业的实践。它是一种"站在别人的肩上再向上走一步"的创造性活动。

定点超越的基本类型包括：产品定点超越、过程定点超越、组织定点超越以及战略定点超越。定点超越的主要步骤是：①明确目的和目标；②确定量化方法和信息来源；

③选择定点超越的对象；④测量和描述本企业；⑤测量和描述定点超越对象；⑥对比；⑦建议与策划；⑧计划的执行与控制。

根据定点超越的要点，休闲体育活动项目质量管理的过程是一次学习借鉴与标准化的过程。比如，要举办一次区域性的休闲体育赛事活动，为了保证高质量地完成，比赛项目的质量管理尤为重要，它包含质量的规划、执行与监督三个环节。该区域性休闲体育比赛可以借鉴每 5 年举办一次的世界休闲体育大会作为质量参照对象。项目质量管理方通常是项目质量规划的制定者，如世界休闲体育大会的各项指标是由世界休闲体育组织制定，也由其定期检查质量。

比赛项目质量管理的第一步是明确质量规划目标。随着比赛的推进，从刚开始的保证举办安全，到要求比赛内容精彩，再到扩大赛事影响力，质量规划的宏观目标总是在不断变化。为了进一步落实宏观目标，应将目标变得具体化，这样才能与参照对象比较、找出差距。比如，将质量目标分解成比赛项目数量、参赛者水平、裁判员等级、场馆座位数量、观众满意程度、关注媒体数量、电视转播收视率等，测量才有可比性。

第二步是积极开展比赛项目质量执行管理。建立组织机构，号召全员参与管理，设立精确量化的质量标准，健全规章制度，对人、财、物等资源进行合理配置，坚持不断地改进质量。

第三步是对比赛项目质量进行监督。成立专门的监督小组，收集活动项目规划、比赛过程等方面出现的质量偏差问题，分析程度与原因，从质量偏离程度高的问题开始依次逐一解决，从而纠正偏差、提高质量。

2. PDCA 循环

PDCA 循环，是管理学中的一个通用模型。最早由休哈特于 1930 年构想，后来被美国质量管理专家戴明博士（W. E. Deming）在 1950 年正式提出，所以 PDCA 循环又叫作戴明环（Deming Wheel），它是一种应用广泛的质量管理方法。PDCA 由英语单词 Plan（计划）、Do（执行）、Check（检查）和 Action（行动、处理）的第一个字母组成。PDCA 循环就是按照这样的顺序进行质量管理，并且循环不止地进行下去的科学程序。

（1）PDCA 的内容

①计划，包括方针和目标的确定，以及活动规划的制定。

②执行，根据已知的信息，设计具体的方法、方案和计划布局；再根据设计和布局，进行具体运作，实现计划中的内容。

③检查，总结执行计划的结果，分清正确与错误，明确效果，找出问题。

④处理，对检查的结果进行处理，对成功的经验加以肯定，并予以标准化；对于失败的教训也要总结，以免重现。对于没有解决的问题，应提交给下一个 PDCA 循环去解决。

（2）PDCA 的特点

PDCA 循环有如下特点：

①周而复始。依靠组织力量推动，PDCA 循环像车轮一样前进，周而复始，不断循环。每一次循环都有新的目标和内容，可以解决一批问题，质量水平有了新的提高，剩下没有解决的问题或是出现的新情况，再进入下一个循环，以此类推。

②大环带小环。各级质量管理都有一个 PDCA 循环，形成一个大环套小环、一环

扣一环、互相制约、互为补充的有机整体。在PDCA循环中，一般来说，上一级的循环是下一级循环的依据，下一级的循环是上一级循环的落实和具体化。

③阶梯式上升。PDCA循环不是停留在一个水平面上循环，不断解决问题的过程就是水平不断上升的过程。每一次PDCA循环都要解决一些问题，使质量得到提升，从而进入下一级台阶（如图4-2所示）。

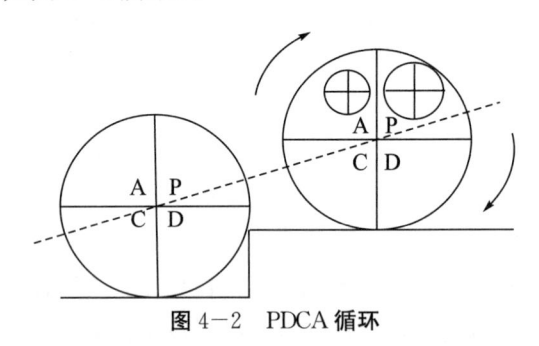

图4-2 PDCA循环

（3）PDCA循环的具体步骤

根据PDCA循环的要点，休闲体育活动质量管理的过程是一次自我检查与自我超越的过程。PDCA循环可以用在休闲体育活动产品的设计、发布、销售、售后等各个方面，是休闲体育活动项目质量管理的重要工具。下面以产品设计为例，来说明PDCA循环的具体使用步骤。一项休闲体育产品的形成需要经过概念设计、方案设计和产品设计三个阶段，每个阶段都是一个计划、执行、检查与行动的循环过程。比如，要推出一款户外拓展型休闲运动产品，运用PDCA循环有助于掌控各个设计环节的质量。

①概念设计阶段。

计划：将该户外拓展型休闲运动产品的主题定为"健康"。

执行：以"健康"为核心理念，提取出与健康相关的产品概念。如户外拓展运动与传统养生文化的一脉相承；户外拓展运动符合康养时代主题；户外拓展运动是亲近大自然的重要途径；户外拓展运动产品是维护健康的重要投资；供给方可以为客户建立长期的健康管理档案。

检查：首先自查；然后邀请专家从国家政策、产品文化、投资与经营等角度，对户外拓展型休闲运动产品的"健康"主题设计进行点评。

行动：编写"户外拓展型休闲运动产品设计计划书"，进入方案设计阶段。

②方案设计阶段。

计划：确定户外拓展型休闲运动开展的地域、季节、适宜人群、具体运动项目等。

执行：制定实施该产品时的质量保证体系，确定每个环节与内容。

检查：首先自查；然后邀请专家对"户外拓展型休闲运动产品设计方案"进行全面论证，确保方案的准确性与可操作性。

行动：编写"户外拓展型休闲运动产品详细设计计划书"，进入产品详细设计阶段。

③产品设计阶段。

计划：根据地域、季节、适宜人群、项目内容等上一阶段的计划内容，对户外拓展型休闲运动产品进行具体定位，如产品设计的最终结果是"针对少年儿童推出的夏季丛林穿越活动"。

执行：制定出丛林穿越活动的路线、价格、宣传等具体事宜。

检查：首先自查；然后邀请专家或相关部门对路线是否安全有趣、价格是否合理、宣传手段是否有效等问题进行全面评估。

三、休闲体育活动项目的质量管理分析工具——鱼刺图

鱼骨图，又名因果图、树枝图、石川图，由日本管理大师石川馨先生所发明，是一种发现质量问题根本原因的分析工具。影响休闲体育活动项目质量的因素牵涉面广、错综复杂，使用鱼刺图进行分析十分有效。

鱼刺图的特点是简捷实用、深入直观。制作鱼刺图的步骤为：①查找、确定要分析的质量问题，把问题写在"鱼骨"的头上。②群策群力共同讨论问题出现的可能原因，尽可能多地找出问题。把相同的问题分组，在"鱼骨"上标出。选择其中一个问题，进行第二轮深入讨论，总结出产生问题的原因。针对得出的答案再问为什么，直到无法继续深入下去时（一般至少深入5个层次），列出这些问题的原因，而后列出至少20个解决方法。③形成鱼刺图。对收集到的各种意见进行整理，剔除重复和没有价值的内容，将导致质量问题的各种直接原因进行归纳、标注在图上，直观地展现各个原因之间是如何相互影响的。

下面针对某市举行的一次市民马拉松活动遭到参与者吐槽这一问题进行因果关系分析，并绘制出鱼刺图（如图4-3所示）。

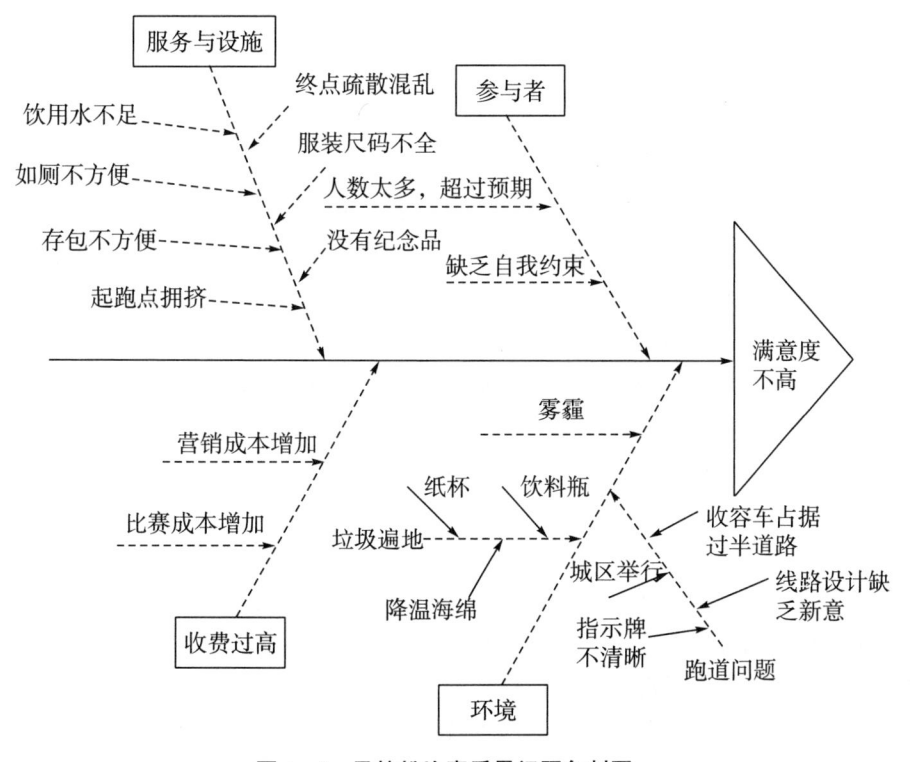

图4-3 马拉松比赛质量问题鱼刺图

第三节　休闲体育活动项目的营销管理

营销的成功与否与休闲体育活动项目的生存息息相关。消费者的需要是市场营销的起点，满足消费者需要是市场营销的最终目标。休闲体育活动项目的营销过程就是对营销进行管理的过程。休闲体育活动项目市场营销的组合要素涉及产品、价格、渠道、促销、人员、过程、物质环境等，围绕这些要素开展市场调研、市场细分、市场选择和市场定位，同时，贯彻新的营销理念，采取新的营销方式，使休闲体育活动的营销管理工作更加出彩。

一、休闲体育活动项目市场营销的含义

（一）休闲体育活动项目市场营销的定义

市场营销通常是指在创造、流转、交换产品中，为顾客、经营者、合作伙伴以及整个社会带来价值的活动、过程和体系。休闲体育活动项目营销是市场营销原理和方法在休闲体育活动市场推广中的运用，包含两层含义：一方面将休闲体育活动项目本身作为产品，直接向消费者营销推广，如吸引更多的人前来观看比赛活动、参加比赛活动、购买纪念品等；另一方面将休闲体育活动作为载体，借助这一平台对合作单位的产品和服务进行营销，如赞助商的广告宣传、体育经纪公司或推广公司的品牌宣传、政府组织的公益宣传、举办城市的形象宣传等。总的来说，休闲体育活动项目市场营销是指通过对活动项目的策划、包装和经营，以提升休闲体育活动的社会影响和经济价值，从而使活动的组织者、经营者、参与者以及赞助商等共同获益。

（二）休闲体育活动项目市场营销的组合要素

传统的市场营销强调在适当的时间、适当的地点，以适当的价格，通过适当的渠道，采取适当的促销策略，向适当的顾客销售适当的产品和服务，即杰罗姆·麦卡锡（E. Jerome McCarthy）提出的著名的4Ps营销理论。休闲体育活动项目的营销比其它商品的营销情况更为复杂，它更加注重公共关系、服务的有形化、产品生产与消费的过程等，也就是说，休闲体育活动项目的营销构成要素除包括产品、价格、渠道、促销等4P要素外，还涉及人员、有形展示和服务过程等要素。布姆斯（Booms）和比特纳（Bitner）提出的7Ps营销理论能够较好地分析影响休闲体育活动营销的因素，由这些因素形成的营销组合对营销工作的成败起着巨大的作用。

1. 产品（Product）

休闲体育活动的产品就是活动项目本身，常常会以竞赛参与或者旅游参与的形式出现。在开展营销工作时，活动组织者需要思考能为消费者提供什么产品，该产品的特性、功能、品牌和包装是什么，在该产品上能附带些什么内容。按照现代营销理论的整体产品观念，休闲体育活动产品包括核心产品、形式产品和延伸产品。核心产品是消费者购买的基本对象，是消费者追求的基本效用和利益。比如，举办一场休闲体育比赛活动，能观看到精彩的比赛内容就是消费者的最基本利益诉求。形式产品也称作配置性产

品，是休闲体育活动的外在表现形式，如休闲体育活动举行的时间、地点、环境氛围等。延伸产品也称作支持性产品，是消费者获得的全部附加服务和利益，如为参加休闲体育活动的观众提供免费班车服务等。延伸产品起到与竞争产品相区别的作用。核心产品实现消费者的基本利益，形式产品满足消费者的需求，延伸产品提高消费者购买的机会。

2. 价格（Price）

虽然我国有许多休闲体育活动属于非营利性的，是政府为了促进群众体育事业发展而组织开展的。随着体育产业的发展，休闲体育活动带来的经济收益不容小觑，越来越多的休闲体育活动被纳入市场化运作。价格策略是关乎经济收益的重要环节，直接影响销售情况。价格在此指各类消费群体为参加休闲体育活动所需要支付的费用，包括观看门票、参赛报名、电视转播、纪念品销售、广告赞助、博览招展等。在开展营销工作时，活动组织者需要考虑消费者打算付多少钱购买该产品。根据产品的定位、质量、品牌，以及消费者的反应和竞争对手的实力来综合评判采取什么价格策略最合适。影响价格的因素有许多，包括产品成本、产品自身特点、营销目标、市场需求与变化、市场竞争格局、政策法规、组织者实力、货币环境等。休闲体育活动项目组织者在实施定价决策之前应该做好充分的调研与分析。休闲体育活动产品定价最关键的因素还在于把握市场需求：一是城市的选择，对备选城市的经济发展水平、旅游环境等进行考量；二是消费者的定位，对消费者的兴趣爱好、消费承受力等进行调研。

3. 渠道（Place）

包括休闲体育活动在内，我国整个体育类项目的运作模式正在经历转型，从政府包办，到政府主导、市场运作，再到政府支持、市场运作。项目负责方一般都是由主办方、承办方、协办方等多方组成。项目的市场运作通常有3种形式：一是委托专门的体育经纪公司或推广公司进行项目的策划与营销；二是由举办地政府、组委会等出资组建专门的法人机构，以公司制的形式对活动项目进行运作，常常是"一套人马，两块牌子"；三是在政府体育部门所属的产业公司的基础上组建营销机构。主办方和承办方都不直接面对消费者，而是注重选择或者建立可靠的运作企业，主办方、承办方与消费者之间的联系主要通过这些中间人。在开展营销工作时，活动组织者需要思考当消费者需要产品时，在哪里以什么方式能够买到；销售力度多大、覆盖范围多大；团队销售还是零售更好，线上销售还是线下销售更好，等等。大部分休闲体育活动优先选择在城市或是知名景区举办。对组织者来说，城市的人口密度大、基础设施较好、经济发展水平相对较高、消费者出行方便，而景区自然环境优美、基础设施较完备、能够聚集人气、容易形成品牌效应。随着智慧城市的建立，将更加有利于线下和线上营销工作的整合。

4. 促销（Promotion）

促销是指通过销售行为的改变来刺激消费者，以短期的行为（如让利、营销现场气氛等）吸引其他品牌的消费者或致使其提前消费，来促进销售额的增长。休闲体育活动具有综合性等特征，活动过程情况多变、事先不易预测、评价主观性较强，所以促销难度较大。在开展营销工作时，活动组织者需要思考消费者怎样了解产品、怎么说服消费者来购买产品；用什么形式的宣传手段，费用是多少。其常用的促销手段有4种：广告、营业推广、公共关系、人员促销。根据休闲体育活动项目的特点，应以广告宣传、营业推广、公共关系为主。广告宣传经由媒体发布活动项目的相关信息，唤起消费者注意，扩大潜在顾客市场；通过网络、电视、报纸、广播等方式进行宣传。营业推广也叫作销售促进，是为了刺激消费者参加休闲体育活动而采取的短期促销活动，包括打折、会员制、兑奖、赠券等形式。公共关系是指为了与公众沟通、树立良好形象、创造良好外部环境而开展的一系列专题性或日常性活动，如新闻发布会、专题知识讲座、支持公益事业等，主要在于以浓厚的感情色彩打动消费者。

5. 人员（People）

在开展营销工作时，往往比较重视被直接卷入消费过程中的顾客，他们带来的经济效益是显而易见的，很多产品与服务是为他们量身打造的，他们的认知与评价直接决定着休闲体育活动项目的最终效果。赞助商也是不容忽视的群体，他们为休闲体育活动项目提供资金保障。很多企业乐于赞助像全运会这样的大型竞技赛事，但对群众性的休闲体育类赛会兴趣不大。企业对休闲体育赛会进行赞助，大多含有政府行为，因此，许多企业在赞助中的定位并不清晰，导致事后没有获得明确的效益。这会使企业以后更没有积极性赞助休闲体育类赛会。而且，很多休闲体育赛会活动的举行不具有连贯性，许多赞助都是一次性行为，企业无法进行配套的营销活动，"昙花一现"的赞助也使得企业难以获得良好收益。成功的休闲体育赛会营销应该是多赢的。活动组织方除了向参与者营销自己的产品外，还要向赞助商营销休闲体育理念与价值，为他们提供连贯性的营销平台，帮助赞助商提高知名度，在公众中树立起良好的形象。

6. 过程（Process）

休闲体育活动的生产和消费具有同步性，过程控制十分重要。首先，全员参与营销，堵住工作漏洞。每一项休闲体育活动从筹备到结束，整个过程牵涉面广，营销工作十分复杂、艰巨，不是单靠某一营销团队就能够完成的。营销工作的成功，离不开全体工作人员的参与和各部门的协作，每个工作人员做的每一件事都是活动项目顺利进行必不可少的，都会让消费者能感受到的。所以，让每个工作人员都积极主动地参与到营销工作中来，才能真正体现人多力量大。

其次，使消费者成为营销过程的参与者。组织者要控制休闲体育活动的全过程，就要及时掌握消费者在此过程中的感受。通过满意度调查等方式及时了解反馈信息，与消费者进行网络沟通或面对面沟通，以及时了解其动态，发现关键问题，从而迅速做出反应，来满足消费者的需要。

要推行标准化与制度化营销管理。对于好的营销方式应当形成制度，使后续工作有章可循，遇到相同问题时可迎刃而解，以确保整个休闲体育活动项目顺利进行。

7. 物质环境（Physical Environment）

服务是无形的，需要通过有形的物质环境来展示给消费者，如何将无法触及的东西变成有形的、易感知的元素是营销工作的重要内容。要使休闲体育活动项目中提供的服务有形化，需要借助服务过程中的各种有形要素，使无形的服务和组织方的形象具体化、便于感知。比如，通过文字、音像、实景等可视可听的方式来宣传、树立主办方的形象；通过活动现场的装潢、布局、色彩等形式，来加深消费者对服务环境的体验；通过服务设施或硬件（座位、灯光、音响、器材等）来实现服务的自动化与标准化；通过对服务人员在服装仪容、服务态度、言行方式、服务技巧等方面进行专门培训，来细化消费者对服务人员的具体感受。总之，通过有形的物质形式来承载、表达服务，使服务营销形象、生动、亲切、可控。

二、休闲体育活动项目营销的基本任务

（一）市场调研

市场调研是休闲体育活动项目开展营销工作的起点，包含3个基本问题：调研内容是什么、采用什么方法、要达到什么目的。要获取相关信息，项目组织者可成立专门的调研小组，也可聘请专业的商业调查机构。无论采取哪一种方式，最好听取来自民众、企业、政府、学术机构等多方的意见。调研的目的是为了帮助组织者进行市场细分。进一步来说，休闲体育活动项目组织者通过调研来评判该项目的举办条件是否具备，项目举办之后是否有利于品牌的市场推广与价值增长；赞助商等合作者通过调研来评估该项目的举办是否能够提高企业知名度，帮助产品推广；政府组织通过调研来了解该项目的举办是否能够推动群众体育事业发展，是否能够塑造城市形象。

调研的主要内容包括：该项目以往的社会评价和市场规模；该项目以往的广告宣传方式和媒体报道方式；该项目以往的电视转播权问题；该项目以往的赞助商类型、赞助方式，以及绩效评估；该项目以往的运作方式，运作企业及绩效评估；该项目举办地的经济、政治、地理、人口、生态、文化等环境状况；竞争对手的情况和消费者的意愿，等等。数据收集后需要进行评估与预测，最常见的是通过SWOT分析法加以梳理，一目了然地获得举办该项目的优势、劣势、机会和挑战等信息。评估和预测的主要目的在于，该项目带来的经济效益和社会效益如何；项目内容是否具有特色；项目举办的时间、地点是否恰当；项目的举办有何意义、影响力，以及是否具有可持续性等。

（二）市场细分

不是所有的消费者都喜欢同一种休闲体育活动，他们的偏好、年龄、文化层次、消费水平、生活方式等的差异会导致消费行为的差异。市场细分就是从广阔的市场中，根据消费者的不同特性，寻找出适合该休闲体育活动项目的具体消费对象。任何项目组织者的资源和能力都是有限的，不可能面向整个市场去提供产品与服务，因而需要辨别不同的消费群体，将市场划分为不同类型。如此，才有助于实现项目资源优势整合，集中人力、物力投入目标市场，实现效益最大化；有助于制定最佳营销策略，提供有针对性的特色产品，使项目在一定的市场上获得最大限度的占有率；有助于识别和发现营销机会，开拓新市场。

细分消费者市场的变量主要有地理变量、人口变量、心理变量、行为变量这四大类。休闲体育活动项目组织者在细分市场时通常会组合运用有关变量，而不是单一采用某一变量。

1. 按地理变量细分市场

根据国家、地区、城市规模、气候、人口密度、地形地貌等方面的差异将整体市场

分为不同的小市场,如可分为国际性项目、全国性项目、地方性项目,或是水上项目、山地项目、平原项目、沙漠项目,或是冬季项目、夏季项目、春秋季项目,或是城市项目、乡村项目等。

2. 按人口变量细分市场

根据年龄、性别、家庭规模、收入、职业、教育程度、宗教、种族、国籍等为基础细分市场。比如,青年人喜欢攀岩、轮滑、电子竞技等新颖时尚的休闲体育活动,或是篮球、排球等身体对抗性强的休闲体育运动;而老年人更喜欢钓鱼、太极拳、健身跑、广场舞等运动量相对不大、保健性强的休闲体育运动。据有关调查显示,男性通常比女性更爱好休闲体育运动,有一定文化基础、处于中上等消费水平的城镇居民更喜欢参加休闲体育活动。

3. 按心理变量细分市场

根据消费者所处的社会阶层、生活方式、个性特点等心理因素细分市场。社会阶层是指在某一社会中具有相对同质性、持久性的群体,处于同一阶层的成员具有类似的价值观、兴趣爱好和行为方式,而不同阶层的成员对所需的休闲体育活动产品也各不相同。消费者生活方式的不相同,会影响他们对休闲体育活动方式的选择。比如,有的喜欢时尚新颖的休闲体育活动,有的喜欢安静放松的休闲体育活动,有的追求刺激挑战的休闲体育活动。个性是指一个人比较稳定的心理倾向与心理特征,常通过自信、支配、顺从、保守、适应等性格特征表现出来。比如,有的喜欢参与休闲体育活动,有的人喜欢观看休闲体育竞赛,有的则喜欢参观休闲体育博览会。

4. 按行为变量细分市场

根据消费者对产品的了解程度、评价态度、购买经历等将他们划分成不同的群体。很多人认为,行为变数能更直接地反映消费者的需求差异,是市场细分的最佳起点。

(三)市场选择

休闲体育活动项目组织方在选择目标市场时,首先要对各个细分市场进行评估,弄清楚哪些细分市场值得进入。

1. 评估标准

(1)市场规模

市场规模是市场需求的测量目标,市场需求是市场规模的推动力,二者相辅相成。通过消费者数量来反映市场需求,从而确定市场规模。市场规模的大小直接决定了对休闲体育活动项目的投资规模。

(2)市场增长

市场增长主要是指对各细分市场未来前景的预测,用休闲体育活动项目的生命周期作为衡量指标。活动项目在初创期、成长期、成熟期、衰退期各有不同的市场增长率。预测在哪一块细分市场上活动项目能够拥有较长的生命周期、能够保持较高的市场增长率,对细分市场的选择有重要意义。

(3)结构吸引力

大竞争环境、细分市场内的竞争、替代性活动项目、消费者、供应商/赞助商等都可能影响细分市场的结构和细分市场的利润。

(4) 与组织目标和资源相一致

休闲体育活动项目的举办目标一般是多样的，除了经济目标之外，还包括倡导体育锻炼、倡导身体健康、丰富休闲文化生活、展现城市风貌等公益性目标。不同的目标，对细分市场的选择作了限定。当然，项目组织方的资源也是有限的，有时市场规模大、前景好，但组织方并不具备资源供给能力。所以，细分市场的选择还需要与资源保持一致。

2. 目标市场营销策略

(1) 整体目标市场营销策略

这是指把所有细分市场都视为营销对象，设计出一套单一的营销策略。其优势在于节约营销成本，便于控制，但也忽视了市场个性。整体目标市场营销策略适用于几个目标市场本身差异较小的情况，或是综合类休闲体育运动项目，或是公益性休闲体育运动项目。

(2) 差异目标市场营销策略

这是指针对不同的目标市场制定不同的营销组合，同时占有几个所选定的目标市场，使不同目标市场之间形成互补的策略。其优势在于市场占有率较大，不足在于成本过高。

(3) 集中目标市场营销策略

这是指将资源集中起来投入一个最具潜力的目标市场，使在这一目标市场中取得绝对优势，但同时存在一定风险的策略。该策略常见于休闲体育项目的营销运作中，如举办的钓鱼比赛、广场舞比赛、花式跳绳比赛等针对某一单项活动或某特定人群而开展的项目均属于此。

(四) 市场定位

市场定位是指休闲体育活动项目得到消费者认同，在消费者（特别是潜在消费者）心中树立起的良好的、深刻的印象。休闲体育活动项目进行市场定位的目的是使该项目组织者和项目产品与其他组织和其他休闲体育活动项目产品区分开来，使消费者明显认识到这种差别，从而在消费者心中占有特殊位置。市场定位的关键是找出自身竞争优势，通常有两种方式：一是通过控制成本来获得价格竞争优势；二是提供特色产品来获得顾客偏好竞争优势。市场定位有三大步骤。

1. 识别潜在竞争优势

这是活动项目组织者自查自省的过程。首先分析竞争对手的产品定位如何、目标消费群体的需求及市场反应如何、为满足潜在消费者需求项目组织者该做些什么等，然后通过一切调研手段，系统地设计、搜索、分析，并得出相关结果，来回答以上问题。项目组织者通过弄清楚这些问题，可以从中把握、确定自己的潜在竞争优势在哪里。

2. 核心竞争优势定位

竞争优势表明休闲体育活动项目组织者和提供的产品具有胜过竞争对手的能力，这种能力既可以是现有的，也可以是潜在的。选择与确定自身的核心竞争优势，需要与竞争对手的各方面实力进行比较。通常的方法是分析、比较项目组织者与竞争对手在休闲体育活动项目的设计、资源开发、活动组织、产品与服务供给、市场营销、质量管理、现场控制、财务管理、危机管理等方面的差异，找出自己的强项与弱项，借此挑选出最适合自己的优势活动项目，以初步确定在目标市场上所处的位置。

3. 战略制定

战略制定的主要任务是指项目组织者要通过一系列的宣传促销活动，将休闲体育活动项目的竞争优势准确传播给潜在消费者，并在其心目中留下深刻印象。首先，应使目标消费群了解、知道、认同、喜欢该休闲体育活动项目的市场定位，在消费者心目中建立与该定位相一致的形象。其次，项目组织者通过各种努力强化形象，以稳定目标消费群的态度、加深目标消费群的感情来巩固与市场相一致的形象。最后，项目组织者还需注意当目标消费群对其市场定位理解出现偏差时，或感到模糊、混乱和误会时，应马上纠正。

三、休闲体育活动项目的营销创新

（一）互联网营销

互联网营销也称为网络营销，是以国际互联网络为基础，利用数字化的信息和网络媒体的交互性来实现营销目标的一种新型的市场营销方式。互联网营销打破了以往依靠电视、报纸、现场等宣传的局面，是当前休闲体育活动项目营销的一个重要的手段。市场营销的本质是组织与个人之间进行有效的信息传播和交换。互联网营销的最大优势恰恰就在于能够超越时间约束和空间限制进行信息的快速流通；互联网可以传输文字、声音、图像等多种媒体信息，发挥创造性的空间更大，信息交换更加高效；计算机能储存大量的信息，通过互联网可以获得消费者需求的大数据，及时对市场做出反应，进行精准营销；互联网促销是一对一的、消费者主导的、非强迫性的、循序渐进式的，而且是一种低成本与人性化的促销；互联网信息更新迅速，通过定期向客户推送对其有价值的信息，同时合理地附带促销广告，容易与消费者建立长期良好的关系；互联网评论对潜在消费者的购买决策影响非常巨大，用户可以通过互联网对消费产品进行评价，由于绝大部分消费者具有从众心理，购买产品之前会主动查看相关评论从而做出决策。总的来说，互联网是一种功能强大的营销工具，它同时兼具线上促销、电子交易、互动服务，以及市场信息分析与提供等多种功能。近年来，"互联网＋"模式的营销更是受到青睐，如许多网站与电视台进行合作，在网上同步转播休闲体育活动项目，或是通过微信/微博/网页等公众平台让网友与现场的体育明星、主办方、赞助商、观众等进行互动，从而使营销活动更加广泛、有效地开展。

（二）绿色营销

绿色营销是指企业营销过程中所体现出的社会价值观和伦理道德观，即企业的服务对象不仅是单一的顾客，还包括整个社会、整个环境。休闲体育营销活动不应以短期的利润作为行为导向，而应具备强烈的社会意识和环保意识，使消费者利益、项目组织者利益、社会利益与环境利益协调、统一。休闲体育活动项目的绿色营销有两层含义：一是项目的举行不能破坏生态环境。现在有许多场地/场馆都是为了开展休闲体育活动项目而专门修建的，大量投资，开山辟路，项目结束之后大多处于闲置状态，造成了资源的极大浪费；再如，一些活动为了宣传造势，用滑翔机在空中散发传单，造成垃圾遍地……这些行为都不符合绿色营销的思想，休闲体育活动应该是"无烟"的。二是项目的举行要充满正能量。休闲体育活动本身就能反映出一种公平公正、团结向上的精神，它既能促进身体健康，又能愉悦心理，还能给人良好的伦理道德熏陶，帮助人们在活动中感悟生活真谛，对社会精神文明建设有一种正向的促进作用。绿色营销要求从战略高度确定营销目标、从社会范围确定营销对象、从发展角度开展营销活动。

（三）关系营销

传统休闲体育活动的营销重心放在吸引更多的新参与者上面，单次交易行为完成之后，营销活动也就结束了，忽视了双方之间的感情建立。针对这种"营销近视症"，关系营销应运而生，它将工作重心转移到如何吸引消费者重复参与，并与之建立长期的交易关系。现代关系营销还将涉及对象范围扩大到了除消费者以外的其他利益相关者。也就是说，关系营销是指把营销活动看成休闲体育活动项目组织方，与消费者、政府机构、承办中介机构、赞助商、媒体、体育用品设备制造商、体育社团、志愿者、竞争对手、相关企业等发生互动作用的过程，其核心是建立和发展与这些公众的良好关系。

关系营销有两项重要工作：一是外部关系营销，即培养消费的忠诚度，提高重复购买率；与外部利益相关者实行互惠互利、相互依存、战略协同。在一些传统的休闲体育活动项目开发中，人们关注赞助商和媒体较多，很少注重活动举办现场周边零售商的市场潜力。从关系营销的角度来看，挖掘举办场地周边零售商的潜力是促进休闲体育活动项目开发和弥补门票收入不足等的有效途径。二是内部关系营销，休闲体育活动项目的工作人员常常是被忽略的群体，内部关系营销的要点是以人为本，培养工作人员的忠诚度。美国经济学家莱斯特·瑟罗（Lester C. Thurow）说过："欲创造名牌产品，必须先塑造名牌员工。"运用市场营销的手段和方法来加强项目工作人员之间的交流与沟通，增进各方的理解与信任、相互支持，唯有如此，项目工作人员才能以积极的姿态为参与项目的各方提供优质服务，帮助休闲体育活动项目创立品牌。

（四）体验式营销

波恩特·施密特博士（Bernd H. Schmitt）在《体验式营销》一书中提到："体验是企业以服务为舞台，以商品为道具，围绕消费者创造的值得回忆的活动。体验式营销（Experiential Marketing）站在消费者的感官（Sense）、情感（Feel）、思考（Think）、行动（Act）、关联（Relate）五个方面，重新定义、设计营销的思考方式。"他认为："消费者消费时是理性与感性兼具的，消费者在消费前、消费时、消费后的体验，才是研究消费者行为与企业品牌经营的关键。"现代社会中，消费者的需求日趋差异性、个性化、多样化，消费者的价值观与信念迅速转变，消费者的情感需求比重在增加。所以，在产品销售时应让消费者参与其中，亲身体验产品的功能性，同时也让消费者感受到被尊重、被理解和被体贴。

付费参加休闲体育活动本身就是一种身心体验，休闲体育活动项目的营销与体验式营销理念天然契合。人们参与休闲体育活动，或是观看休闲体育项目比赛，精彩的内容和热闹的环境氛围，可以给消费者带来一系列充满激情的体验、愉悦放松的体验、增加自豪感的体验、陶冶情操的体验等。消费者心甘情愿为这些体验付费，因为它是一种情感宣泄，不可复制、不可转让的畅爽感受，即使活动结束之后，美好的回忆仍然持续弥留在心中。休闲体育活动体验式营销的开展，首先需要从一个主题出发，营销人员不再孤立地思考项目产品本身（体育休闲活动内容），要通过各种手段和途径（项目举行时间和地点、参加人员、媒体宣传等）来创造一种综合效应，以增加消费体验；赋予休闲体育活动项目的文化内涵与生活意义，在消费情景中引起消费者的心理共鸣，增强品牌的满意度和忠诚度。

（五）城市营销

"城市营销"概念是由西方国家的"国家营销"理念衍生而来的。城市营销是指将城市视为一个企业，将城市的各种资源（包括产品、品牌、文化氛围、贸易环境、投资环境、人居环境、城市形象等）进行系统的策划与整合，以现代市场营销手段，向目标受众宣传或兜售。现代城市常借助于大型体育赛事来宣传自己、推销自己，树立城市品牌，提高城市综合竞争力，广泛吸引更多的可用社会资源来推动城市良性发展，打造"国际大都市"形象。所以，诸如奥运会、世界杯等国际大型赛事的申办竞争越来越激烈。

休闲体育活动项目的举办也能够为城市发展带来良好契机，提高城市的美誉度、影响力。比如，近几年来举办的"青岛2015世界休闲体育大会""2014多彩贵州生态体育运动休闲节""2014中国休闲体育论坛·北京论坛"等，为举办城市不仅带来了巨大的经济效益，更带来了后续的品牌效应。一次休闲体育活动项目的成功举办，不仅是将休闲体育活动作为一种全民健身理念营销给公众，还将项目品牌顺利推广给公众，更重要的是将举办城市的政策环境、投资环境、城市文化、城市风貌展现给世人。休闲体育活动项目的定位也一定要与城市定位相匹配。

第四节　休闲体育活动项目的风险管理

驴友失踪、看台垮塌、拥挤踩踏、球迷骚乱……各种与体育活动有关的安全事故常常见诸报端。举办休闲体育活动项目存在客观风险，风险管理就是对活动过程中出现的不确定因素进行有效的管理与控制，以降低安全事故的发生，化解危机，从而保障休闲体育活动项目顺利开展。风险管理首先需要识别风险，了解风险的特点、类型，找出引起风险的因素，以便采取有效措施。

一、休闲体育活动项目存在的风险

（一）风险与风险管理

通俗地讲，风险就是发生不幸事件的概率。风险可以定义为特定条件下各种可能后果与预期后果之间的差异，尤其是某种损失发生的可能性。风险不同于危机，风险是指可能出现的威胁和危险，而危机则是指即将形成或已经显现的破坏或损害。在危机形成之前，总会出现一些征兆，但并非形成实质性的破坏事件，这时，优秀的管理者往往能预感到风险的存在。这也是风险管理的意义。风险管理是社会组织或者个人用以降低风险的消极结果的决策过程,通过风险识别、风险估测、风险评价,并在此基础上选择与优化组合各种风险管理技术,对风险实施有效控制和妥善处理风险所致损失的后果,从而以最小的成本换取最大的安全保障。

休闲体育活动项目由于涉及面广、影响因素多,在组织和筹办过程中会面临许多不确定性因素或事件,诸如暴力冲突、食品卫生安全、流行病传播、财物盗窃等防不胜防,这些不确定性因素或事件就是休闲体育活动项目的风险,它们可能导致活动不能顺利举办或无法达到预期目标。如果人们缺乏对风险的认识与防范,缺少应对风险的机制与措施,就会使矛盾激化,从而演化成为恶性突发事件,带来不可估量的损失。休闲体育活动风险管理的目的就是要未雨绸缪,对活动过程中的风险进行主动识别、分析、评价,按照活动开展的不同阶段分重点地采取防范措施,由此来有效地规避风险、处理风险。

(二) 风险的特点

1. 普遍性

风险无处不在,无时不有,且不以人的意志为转移的,是客观存在的。休闲体育活动的开展过程常与风险相伴,如活动组织风险、设施运作风险、人员风险、灾害风险、财务风险、经营风险等,这些风险对休闲体育活动的顺利举行构成了威胁。随着科学技术的发展和活动项目组织规模的扩大,新的风险不断出现,且风险事故造成的损失也越来越大,如新媒体传播风险、恐怖袭击风险等。

2. 不确定性

不确定性是风险的本质特征,也是风险无法消除的根源。休闲体育活动组织者无法知道风险是否发生,何时开始发生,从何处发生,会产生什么样的结果,危害有多大,牵涉范围有多广,持续时间有多长,损失有多大。所以,在风险出现之前,人们无法获取全面的信息,在风险出现之时,可能没有及时引起重视,最后引发危机。在进行风险管理时需从"大处着眼,小处着手"。

3. 隐蔽性

危机总是在人们意想不到、没有准备的情况下突然出现,在危机发生之前,或多或少会有苗头显现,但很少有人注意到,这就是风险的潜伏性和隐蔽性。风险管理正是要及时找到这种潜藏在危机背后的风险,将之逐一有效化解,将风险消灭在萌芽之中。

4. 扩散性

任何事物都处于变化之中,风险也不例外,会因时间和空间因素的不断变化而变化。所以,风险的发生和发展具有动态性,其波及范围和危害程度具有扩散特征。在一定条件下,风险还具有可转化性,因此,一个风险的出现,往往会引发一连串风险反应,甚至导致危机。这种连锁反应也增加了风险管理的复杂性与难度。

5. 可预测性

个别风险的发生是偶然的、不可预知的,但通过对大量风险的观察,还是会发现蛛丝马迹,特别是同类风险的出现或多或少有一定的规律可循,据此可对风险进行预测。根据历史数据,借助概率论和数理统计的方法,可测算风险事故发生的概率及其损失程度，并且建构出损失分布的模型，作为风险估测的基础。一旦类似风险出现，我们可以做到心中有数，沉着应对，及时化解。

(三) 风险的类型

1. 社会类风险

社会类风险主要包括政治风险和公共卫生风险。政治风险包括国际冲突、种族冲突、宗教冲突、恐怖活动、战争、革命、民众示威、大范围罢工、政治集团干预、外交危机等。公共卫生风险主要是指一些突发性公共卫生事件，如会对公众健康造成重大损失的传染病疫情，不明原因的群体性疫病，以及重大食物中毒事件等。

2. 经济类风险

经济风险主要包括财务风险和经营风险两类。财务风险是指项目组织者因各种原因，造成资金入不敷出。比如，体育场地/馆建设、设备购置等费用巨大而造成资金短缺；再如，达成协议的客户、供货商、赞助商因破产、不履约等原因使协议被迫取消。经营风险是指项目组织者在经营管理过程中出现失误，而致使活动项目中断，甚至造成部分或全部活动项目取消，导致投资预期收益下降的风险，或出现巨大损失的风险。除此之外，经济风险还包括外部经济形势恶化、经济危机、汇率变动、货币贬值等带来的风险。

3. 灾害类风险

灾害类风险包括自然灾害和人为灾害风险。自然灾害包括高温、雷电、冰雹、暴风雨/雪、地震、洪水、火山爆发、飓风等，人为灾害包括恐怖袭击事件、犯罪分子破坏、盗窃、人群骚乱、踩踏、火灾事故等。这些灾害常造成休闲体育活动项目被迫取消、中断，活动项目时间和地点变更，或是人员伤亡等。特别是自然灾害带来的破坏力非同一般。

4. 人员类风险

人员风险是指休闲体育活动项目开展过程中发生人身意外伤害、人员缺席等事故带来的风险。人身意外伤害包括活动参与者发生扭伤、器械伤害、撞伤；观众因天气原因导致中暑、虚脱、晕厥，或身体突发疾病；运动员、观众、裁判员发生语言和肢体冲突；看台坍塌、骚乱、拥挤踩踏等造成伤亡。人员缺席是指休闲体育活动参与者、裁判员、工作人员、政府官员、重要嘉宾等因各种原因不能按时抵达赛场，从而造成休闲体育活动无法按时举行。

5. 组织类风险

组织风险是指由于休闲体育活动项目的组织者在对活动时间与场地的安排、参与人员的安置、设施设备的调试、现场秩序的调度等过程中，由于操作不当而带来的风险。在活动成绩发布、广播电视转播、升旗演奏国歌时，也可能因人为原因而引发风险。另外，还可能由于如天气不好、交通阻塞、卫生安全等客观意外情况的发生，造成活动时间被拖延、改动，场地被更换等情况。

6. 场地与设施类风险

场地或场馆的建设和维修，是每个准备举办休闲体育活动的城市都要面临的重要问题。场地/场馆如不能按照计划顺利建成，或者在建成过程中偷工减料，或者不能按照活动要求建设维护，或者设计不科学、功能不健全等，就会为休闲体育活动的举行带来风险。设施设备类风险是指供电设备、供水设备、消防报警设备、空调设备、照明设备、通讯设备、广播设备、信息显示设备、计算机网络设备、安全检测设备、监视设备、成绩测量设备、兴奋剂检测设备等出现故障或操作不当而影响休闲体育活动进程所引发的风险。

7. 项目类风险

有些休闲体育活动项目在开展过程中难度高、强度大、对抗性强，使得项目具有一定危险性，尤其是在大型的、竞赛类的休闲体育活动项目中，由于运动员的压力大、情绪紧张，发生危险的几率就比较高。近年来，诸如极限运动、峡谷漂流、潜水探险、野外生存等拥有险奇特色的休闲体育项目逐渐成为流行时尚，正是由于这些活动具有超越常规的冒险性而蕴藏巨大风险。

二、导致休闲体育活动项目风险的因素

（一）环境因素

环境因素包括自然环境因素、社会环境因素和经济环境因素。自然环境因素引发的风险，是由活动项目组织者无法抗拒的自然界力量造成的，属于不可控范畴，诸如雾霾、暴雨、雷电、地震、飓风、洪水、森林大火等引起的风险。所以，在休闲体育活动项目开展之前，一是要考虑活动内容的变化特点，二是要评估选址与气候对活动产生的影响。社会环境因素引发的风险，诸如政策问题、金融问题、犯罪治安问题、公共卫生问题、食品安全问题、贫富差距问题、腐败问题、诚信问题等，这些社会问题都会给休闲体育活动的举行带来风险。当然，这些问题如果得不到较好的解决、处理，累积到一定程度，就可能形成危机，波及社会的方方面面。经济环境因素引发的风险，诸如着眼于大处的经济不景气、市场体制不健全、产业结构不合理等，着眼于小处的活动项目组织方财力不足、融资渠道不畅通、合同不严谨等，也会影响休闲体育活动的顺利进行。

（二）人的因素

人的因素是指由于个人或团体的经验不足、沟通交流不畅，或是不可预料的突发反常行为等造成的风险。比如，休闲体育活动项目组织者缺乏相关经验与技术，主办方、承办方、协办方没有进行有效沟通，项目组织者决策失误、管理不当，工作人员疏忽，活动参与者言行不文明、道德修养缺失、缺乏责任心等所带来的风险，从而造成交通拥堵、活动现场嘈杂、观众入退场无序、安检消防不过关、财物遗失、食物中毒、设施设备突发故障、活动项目流程紊乱、展台或广告位倒塌等问题出现。其实，这类风险在一定程度上是可以控制的。

（三）项目因素

由休闲体育活动项目的性质所带来的一些风险，比如人群的大量聚集可能会导致踩踏、骚乱、冲突，甚至看台坍塌等危险，还可能造成垃圾遍地、污染环境，或是造成疾病传染；大部分火灾也是由于现场观众乱扔未熄灭的烟头造成的，加之火灾后引起人群恐慌，大量观众无法及时疏散，又造成二次伤害；当然，人群聚集处也是恐怖分子施行

爆炸、胁迫等恐怖袭击的高发区。另外，某些休闲体育活动本身有一定的技术难度，或具有身体对抗性，发生危险的几率就比较高；完成休闲体育活动需要借助一定的场地、器械或装备，这也是导致事故发生的一个重要因素。此外，休闲体育活动往往能使相关人员情绪高涨，容易导致发生口角、肢体冲突，甚至上升为群体事件等。对于这类风险因素，有的可以在一定时期、一定程度上加以控制，有的则无法控制。

三、休闲体育活动项目风险管理的内容

（一）树立正确的风险意识

首先，要正确认识风险的本质。休闲体育活动过程所蕴含的风险总是在不断变化，但风险与发展机遇是相生相伴的。其次，要以积极的态度对待风险，风险不仅可以规避，而且还可以利用。第三，要树立正确的风险管理理念，塑造良好的风险管理文化，将风险管理意识转化为全体工作人员的共同认知和自觉行为。增强风险管理意识有两条重要途径：一是通过培训、教育来实现，二是通过情景模拟来实现。风险管理意识培训，可以采用短期讲座、长期授课、小组研讨等途径、形式，向全体工作人员灌输风险管理理念、知识，管控流程、处理技巧、机制等，使之在日常工作中就抱着遭遇和应对风险的心态，预先思考可能会遇到的各种紧急情况或困难形势，在物质上和心理上做好相应准备，以防危险来临时束手无策。情景再现模拟，是对风险进行科学预警分析的重要手段。比如，消防演练、医疗急救演练、恐怖袭击演练等，可以帮助人们通过现场实践活动来识别风险、扫描内外风险环境、分析风险驱动因素，再通过事后的录像回顾、小组讨论总结等形式进一步巩固风险管理意识，帮助工作人员提前制定出有效的风险规避或控制措施。

（二）建立风险管理与应急小组

组织休闲体育活动应组建专门的职能部门或小组来进行风险管理与危机处理，这个小组需要有足够的权力来调动人、财、物等资源，对于日常风险进行预警与控制，对突发紧急情况在最短时间内做出反应、应对。风险管理与应急小组需要开展的工作包括如下内容。

1. 识别风险

量化各种风险的不确定性程度及可能造成损失的程度。

2. 控制风险

由于资源有限，风险控制无法做到面面俱到，所以，事先最好将各种风险情况罗列出来，分别进行危害等级评定，根据其轻重缓急程度来确定处理先后顺序、重视程度、人财物资源投入情况。同时，制定切实可行的应急方案，且编制多个备选的方案，一旦风险转换成危机，按照预先方案实施，将损失降到最低限度。比如，制定人群疏散救援预案，制定人群分流引导预案，制定灾害救助应急预案等。

3. 规避与转移风险

降低危机发生概率，可以通过签订合同或购买保险等形式将风险在一定程度上转移给第三方。

4. 与多方建立积极有效的沟通

建立与政府部门（公安、消防、卫生等公共安全部门，或休闲体育活动项目的上级主管机关）的密切联系，事先配合相关部门进行全面检查，消除安全隐患。如果出现安全问题，争取在第一时间取得相关部门的帮助。保持与新闻媒体的良好沟通，媒体既可以帮助活动项目组织者更好地处理危机，也可能给活动项目危机处理带来许多负面影响。制定媒体管理计划，适当控制媒体在危机发生后的介入范围，为危机处理赢得时间；向媒体提供真实信息，防止因谣言而引发公众恐慌，使自己陷入被动局面。制作安全手册与警示标识，与休闲体育活动参与者进行有效交流，保证危机发生时参与者能够迅速撤离，及时展开自救。

（三）应用风险管理科学工具

1. 风险管理矩阵

风险管理矩阵（Risk Matrix）可以用于分析休闲体育活动项目的潜在风险。首先，列出该休闲体育活动项目的所有潜在风险问题；其次，按高、中、低标准（或是数值评分）依次估计这些潜在风险发生的可能性；再次，按高、中、低标准（或是数值评分）依次估计这些潜在风险转化成现实危机之后对整个活动项目造成的影响；最后，可得出风险矩阵图（如图 4-4 所示），找出预防性措施，建立应急计划。

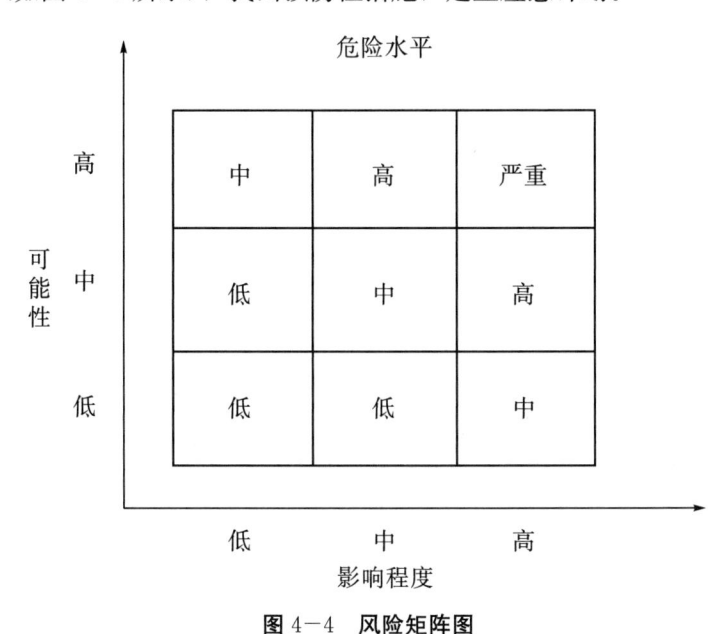

危险水平

可能性	影响程度 低	影响程度 中	影响程度 高
高	中	高	严重
中	低	中	高
低	低	低	中

图 4-4　风险矩阵图

从上述风险矩阵图可以看出，风险水平可以分为危险、高、中、低 4 种类型。如果潜在风险处于严重危险区域，应该不惜一切代价消除、隔离风险，阻止危机发生；如果潜在风险处于高危险水平区域，应当调集人力、物力、财力重点控制；如果潜在风险处于中等水平区域，应当试图转移风险，或尽可能降低风险造成的损失；如果潜在风险处于低水平区域，可以继续开展休闲体育活动，随时关注，等问题发生后再采取措施，此区域属于反应型，前三种是防御型。

2. 绘制因果路线图

休闲体育活动项目潜藏着许多安全隐患，这些隐患可能不会直接导致危机，但会诱发其他风险，甚至也许是"压死骆驼的最后一根稻草"。要准确找出这些潜在危险并"对症下药"，首先需要把安全隐患与其相联系的前因后果记录下来，进行分析排列，由此可以看清楚导致最终危机发生的过程和一系列因果次序。绘制因果路线图，可以帮助我们预演危机演变模式，从而对各个关键环节进行有效干预。下面我们以踩踏事故为例绘制因果路线图，如图4-5所示。

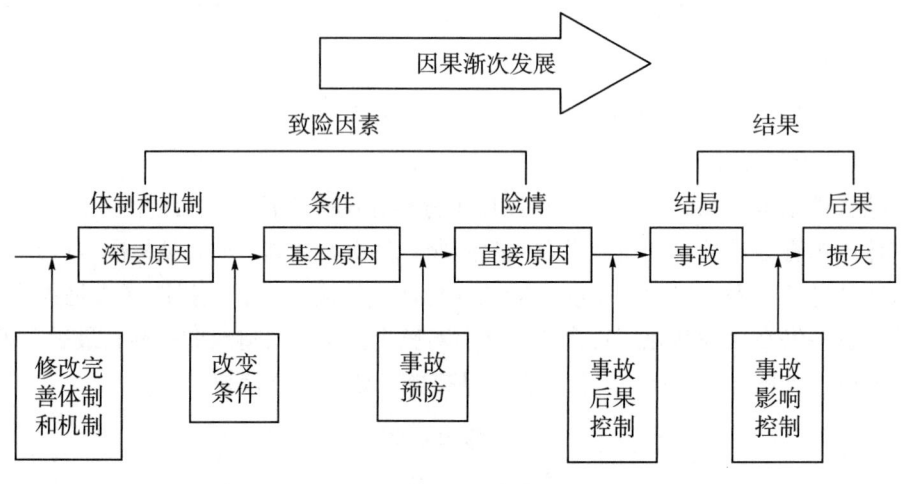

图4-5 因果路线图

事故：踩踏。

损失：人员伤亡、经济赔偿、法律起诉。

直接原因：人群受到惊吓产生恐慌或是情绪激动出现失控局面，在无组织、无目的的逃生过程中，本来人群较为集中，前面有人摔倒，后面的人未留意没有止步，于是出现相互拥挤踩踏。

基本原因：休闲体育活动举办场所设计缺失，埋下了安全隐患；缺乏风险管理方案，现场安保缺失；个人应急避险能力差。

深层原因：没有建立有效的人群疏散救援机制，公共安全教育机制缺失，事故责任划分与责任追究法律手段缺失。

针对深层原因，修改体制和机制：制定人群疏散救援应急预案，建立公共安全教育体系，明确相关责任。

针对基本原因，改变条件：相关负责人要事前熟悉活动举办场所布局，特别是自身所管辖范围内所有的安全出口，保障安全出口处的畅通无阻。加强安检，禁止携带危险物品入场。入场、出场等人群流动，必须是单向分流，次第前进。把人群分成若干个区域，每个区域内必须有负责人引导，严格控制。定时巡查，监控与维持空间内的正常秩序。易发生踩踏事故的高危地点，比如台阶、复杂地形、装有玻璃的建筑物等附近，应当设立警示牌，设专人值守。

针对直接原因，进行事故预防：加强组织调度，事故发生时要第一时间通过广播、屏幕工具安抚公众情绪，引导人群疏散，告之自救措施，使损失降到最低。

事故后果控制：及时展开救援工作。

事故影响控制：善后处理，危机公关。

从上述踩踏事故的因果路线图中可以看出，事故的发生是诱发原因的叠加导致的，只有运用科学的风险管理手段才能摆脱事故发生。在几个阶段之间采用正确的、及时的方法进行干预，可以有效防范、阻止危机发生，减少损失。

（四）适当保持一定程度的风险

休闲体育活动的性质决定了无法彻底根除风险，风险并不等同于危险，只要控制得当，风险不会转化成危险。在休闲体育活动开展过程中，有时风险与快乐是并存的。我们不能因为存在摔倒、撞伤等风险就不开展对抗性强的休闲体育活动；不能因为存在人群踩踏、疾病传播等风险，就不组织公众到现场观看休闲体育比赛项目，只让他们在家收看节目转播。正是由于这些风险的存在，反而增加了休闲体育活动的刺激性与观赏性。特别是在户外拓展类休闲体育活动的开展过程中，风险在个人成长和团队建设中起着重要作用，体验风险能够给参与者带来更多惊喜与刺激，还能激励参与者奋发向上，没有风险也不会有机遇。当然，在体验风险的同时，也要尽量避免、减少、消除风险转化成危险而带来伤害。

第五章　休闲体育活动项目的管理团队

20世纪中叶，日本创造了一个经济奇迹，迅速成为世界第二大经济体，支撑日本经济迅速发展的是一种新型的组织——团队。因此，其他国家开始重视团队的研究与建设。直至今日，团队已成为世界许多优秀组织，甚至政府部门的一种宝贵资源。微软创始人比尔·盖茨说："在这个竞争的时代，做任何事情，如果只有单枪匹马，没有集体或团队的力量来获得真正的成功是不可能的。相反，如果我们指导每个人用能力和知识一起面对任何一份工作，我们都会获胜。"

进入21世纪，团队管理模式和团队精神更是风靡全球，席卷整个世界。越来越多的组织引入团队管理模式建立起各种类型的团队，把更多的工作交给团队来完成。休闲体育活动是一项将团体和个人紧密结合在一起的项目，涉及面广，影响因素多，必须依靠团队协作。

第一节　团队发展概述

一、团队的概念

罗宾斯（1994）认为，"团队是指为实现特定目标，由至少两个相互作用及相互依赖的个体，按照一定规则而结合在一起的组织"。Katzenbach和Smith（2003）指出，团队是由技能知识互补、遵循共同的目标、能够相互为对方负责的雇员所组成的为数不多的群体。一般而言，团队是一个共同体，在这个共同体中，每一个成员的知识和技能都能被充分利用；为达成共同的目标，成员间需协同工作，共同解决问题。

团队是指具有互补技能和能力的个体成员通过采取一致的工作方法，实现共同目标的组织，并且，团队里的每个成员对组织共同负责[①]。本书认为，团队是一群个体成员为达成一个共同的、具体的项目目标而组建起来一起协同工作的队伍。他们拥有共同的愿景和目标、互补的知识和技能、协同的工作方法，并以此来约束自我。因此，团队就是为实现既定的目标，由互补的知识与技能、分工与协作以及不同层次的权责所构成的群体组织。

---

① 蒋巍巍：《打造高绩效团队》，中国电力出版社2010年版。

二、项目管理团队的特征

一般认为,项目管理团队具有以下特征。

(一)共同认可的明确的目标

团队目标清晰、明确,获得团队与成员的一致认可,让团队员工理解其存在的价值和实现的意义,能够激励团队成员将个人目标与集体目标相融合,并清楚地知道自己需要努力和达成的目标,以及应该完成的工作或任务等。

(二)合理的分工与协作

团队内部有一群多技能员工,他们各司其职、合理分工、相互协作、技能互补、齐心协力、共同努力,从而保障团队目标的实现。

(三)积极参与

有了清晰的目标之后,团队成员会积极主动,表现出忠诚与一致的行为,为实现团队目标愿意去做任何事情。一个成功的团队,其团队成员具有较强的认同感和归属感,他们认为自己是休闲体育活动项目管理中的一份子,不断学习,挖掘自身潜力,愿意为休闲体育活动项目和团队付出自己努力,从而实现休闲体育活动的任务和团队目标,与休闲体育活动项目和团队共成长。

(四)良好的信息沟通与互相信任

良好的信息沟通是团队不可缺少的,沟通渠道的畅通,可以增进团队成员间的信息交流,有利于团队成员相互学习、彼此了解、增进友谊、创新思维等。团队成员间的相互信任亦是团队的另一个显著特征,体现在日常工作、人际关系或交往之中。信任是力量的源泉,需要组织或团队成员花费大量的时间和精力去培育、维护,创造出团队相互信任的组织文化与氛围。

(五)高度的民主气氛和凝聚力。

优秀的团队领导能够为团队和成员指明前进的道路,带领团队成员共同努力。优秀的团队具有高度的民主气氛和凝聚力。团队成员间虽然有上下级工作关系、有职位的高低,但人格是平等的,团队氛围是平等、自由的。大家彼此充分尊重个人意愿,发挥团队成员的个人能力;团队成员互相鼓舞,充满自信,相互帮助充分挖掘自身潜力;他们承担着教练的角色,通过自身的言行影响着团队成员,带领团队成员共同培育民主气氛和团队凝聚力,努力实现团队的既定目标。

(六)学习型团队

学习是一种日常化的活动,包括各种类别的培训和学习,团队成员的相互学习及工作实践中的学习等。通过学习,可以源源不断地补充或提升团队成员的知识、技能等,让团队成员从容应对团队内外纷杂、频繁的变化和问题等,促进团队发挥高效作用。

(七)内外支持

内外部支持是指团队应拥有合理的基础平台,如人力资源管理系统、易于操作的绩效考核体系、完善的培训体系、主管人员的教练式引导和员工激励体系、合理化建议体系、供应商考核体系、产品质量检验体系、供应商联合开发体系、产学研联合开发体系、高校支持、休闲体育活动项目管理层支持、资源配置等。

三、项目管理团队的构成要素

（一）团队目标

目标是团队组建成功的基础，如果没有明确的目标，团队就没有存在的意义，就失去带领团队成员前进的方向。休闲体育活动项目的组织目标与休闲体育活动的项目团队的目标必须一致。在实际运作过程中，休闲体育活动项目团队必须将组织的最终目标层层分解，而且必须分解到员工个人，通过员工与集体的齐心协力、共同努力来实现团队的共同目标。要通过多种方式宣传休闲体育活动项目的团队目标，通过目视化管理，激励团队内所有成员，让大家为了这个共同的目标去努力奋斗。

（二）员工

员工是休闲体育活动项目团队最核心的要素，是团队的基石。休闲体育活动项目团队的强弱直接取决于团队成员的素质。休闲体育活动项目的组织目标是由员工来实现的，日常管理中的循环，即组织、计划、实施、检查和控制等，亦是由员工来完成、实现的。组织的分工，团队的不同成员分工协作，共同完成组织的任务。休闲体育活动项目团队需要科学、合理地配置人员，考虑人员的年龄、特征、性格、爱好、知识、经验、专业、性别和技能等，以便取长补短、优势互补。这样才能发挥团队的整体优势，以实现休闲体育活动项目团队目标。

（三）定位

管理团队的定位一是指休闲体育活动的项目团队在组织中的责任和地位；二是指员工的个体定位，即员工在休闲体育活动项目团队中担当的角色，如休闲体育活动项目设计的制订者，项目策划的具体实施者，检查、评估的工作人员，等等。

（四）权限

休闲体育活动项目团队所拥有的权限即团队在整个活动管理中的决定权，如财务权、人事权、业务权，以及其他授权等。一般而言，权限越大越有利于团队顺利进行管理。

（五）计划

休闲体育活动项目团队工作需要制订具体详尽的行动计划或方案等，按计划开展工作、掌控工作进程。通过过程指导和监控等，引导团队循序渐进、不断积累，并最终完成工作任务。

（六）团队决策权

与传统组织方式相比，在休闲体育活动项目举行过程中，把一些决策权下放给团队，可提高活动组织的决策效率。

四、项目管理团队的类型

(一) 斯蒂芬·罗宾斯的分类

不同的学者从不同的角度、标准对管理团队进行了不同的划分，美国管理大师斯蒂芬·罗宾斯把团队分成3种类型。

1. 问题解决型团队

问题解决型团队一般是由来自同一部门的员工临时组成的，他们定期在一起交流，共同讨论如何解决活动过程中所出现的问题，提高效率、质量和改善工作环境之类的问题。但是，这类团队几乎没有权力单独采取行动。这类团队实质上是一种临时组织，这种团队应着重营造一种轻松的环境、氛围，让团队的所有成员都能够畅所欲言，针对存在的问题，找到最好的解决办法。

2. 自我管理型团队

自我管理型团队也称自我指导团队，它保留了一般工作团队的基本性质，但在运行模式方面增加了自我管理、自我负责、自我领导的特征。自我管理型团队被授权可以获得完成整个任务所需的资源，如原材料、信息、设备、其他物品等。团队包括各种技能的员工，如项目的设计、策划、运行、财务和营销。团队消除了部门之间、职能之间、科目之间、专业之间的障碍。团队成员经过交叉培训可以完成别人的工作，这种综合技能足以完成重要的组织任务。同时，团队还被予了决策权，这意味着团队成员可以自主进行计划、解决问题，决定优先次序、支配资金、监督结果，协调与其他部门或团队的有关活动。团队拥有的自主权可以进行一些为完成任务所必需的活动。在自我管理型团队里，每个团队成员对自己的工作成果负责；每个团队成员监控自己的业绩和持续寻求反馈；每个团队成员管理自己的业绩并自行纠正；每个团队成员积极寻求团队的指导、帮助和资源；每个团队成员积极帮助他人改善业绩。

3. 跨职能型团队

跨职能型团队也叫多功能型团队，是由来自不同领域的专家组成的混合体，其目的是共同完成各种各样的任务。跨职能型团队要求团队成员具有较高的专业技能，团队成员之间没有等级之分，只有分工的不同。团队要成功运作，必须建立在平等、自由的团队文化之上。在这样的团队中，团队成员之间在工作中的上下级关系不复存在，团队领导与团队成员也只存在分工和职位的不同，没有人格的高低。这种团队尊重个人意愿，激励团队成员充分发挥个人能力。但为了防止团队成员在追求自我价值实现的同时损害他人利益，应明确团队成员之间的岗位职责和权限，制定严格的规章制度。

跨职能型团队组织内（或组织之间）不同领域员工之间能交换信息，激发灵感，产生解决问题的方法，协调复杂的工作，是一种有效的团队管理方式。但是，这种团队在形成的早期需要耗费大量的时间，成员之间缺乏信任。

(二) 常见的团队分类

从实践来看，团队的类型主要有以下几种。

1. 项目团队

项目团队因项目而组建，具有明确的目标和实施期限，随项目的终结而解散。其成员来自于组织的各个部门，在知识背景和技能方面具有很强的互补性。这类团队通常基于完成某项专门任务而组建，具有明确的目标、任务以及完成任务的时限。团队成员来自各个不同的职能部门，每一个成员具有独特的技能和知识背景，彼此之间可互补知识与技能。大多数休闲体育活动项目团队属于这种类型。

2. 固定工作团队

此类团队将会长期存在，主要负责组织专业化项目或完成例行工作，团队成员一般是全职参与，从而保证工作的正常运转。这种团队的成员主要从事的是专业化工作或例行工作，以保证生产或服务流程正常运转。这类团队一般比较稳定，很少变动，团队成员具有相似的知识背景，并掌握多项技能。

3. 功能团队

该类型团队是因组织特殊情况或突发事件而临时组建的，成员是一些具有很强专业素养的人，可能来自于组织内部，也可能来自于组织外部。此类团队成员能够快速应急处理或根据实际情况创造性地解决问题，比如事故应急处理团队、谈判团队、策划团队等。

4. 虚拟团队

该类型团队借助互联网和先进的信息技术而组建，不受时空限制，是分散于不同组织边界的虚拟化团队，成员往往处于一种虚拟状态，借助于电话、网络、传真或可视图文等开展团队协作。

五、团队角色

要想团队形成一个整体、形成合力，团队成员在角色上就要形成互补。团队角色指的是团队成员为了推动整个团队完成项目任务所表现出来的特有的行为方式，团队角色强调团队成员个体的差异性和互补性。分析团队角色有助于提高团队运行效率。团队角色是在面对不断出现的新情况、新问题，以合作精神来处理、解决这些矛盾或问题的过程中逐步形成的。高绩效团队中，一名成员可以担当几个角色，几名成员也可以同时担当同一个角色。

团队角色理论的创始人贝尔滨通过一系列模拟练习发现一些团队角色，这是评定团队特性的方法。他认为，成功团队的成员角色都能达到某种程度的平衡。贝尔滨发现的团队角色包括：楔子、资源调研员、协作者、塑造者、监听评价者、团队工人、执行者、完成者、专家（见表5-1）。贝尔滨的角色分类迄今依然是协助团队探究自我构成与工作效率的指南。贝尔滨认为，对团队有用的人是那些能够满足特定需要而又不与其他人的角色重复的人。团队的构成实质上是平衡，需要的是成员组合后达到平衡的一群人。

表5-1 贝尔滨的团队角色

类型	典型特征	优点和对团队的贡献	可允许的缺点
协作者	成熟、镇静、自信、有自制力	明确目标，促进决策，善于分派工作，能够不带任偏见只以个人的能力为标准对待成员	喜欢控制别人，智力和创造力一般

续表5-1

类型	典型特征	优点和对团队的贡献	可允许的缺点
楔子	个人主义意识强烈,严肃但不保守	不正统,想象力丰富,有创造力,智力超群,知识渊博,解决困难问题	忽略细节、礼节,过于关注交流的效率
塑造者	极易激动,乐于助人,精力充沛	乐于迎接挑战,有活力,能在压力下工作,有干劲,也有勇气克服困难	缺乏耐心,易于激怒、引起事端
资源调研员	外向,充满活力,善交际	能联络人,寻找机会建立联系,喜欢探索新事物,能够应对挑战	过于乐观最初的激情过后容易失去热情
执行者	守纪律、可靠、有责任感	组织能力强,注重实际,工作效率高,能将想法付诸实践	有点缺乏灵活性,出现新机遇时反应慢
监听评价者	头脑冷静,有策略,不易激动	明辨是非,能看到所有选择,判断正确	缺乏灵感,仅强调批判精神
完成者	勤恳、有条理、小心谨慎	努力工作,遵守时间,寻找错误和遗漏,是能坚持到底的完美主义者	易于担心小事情,不愿意给别人分派工作
团队工人	喜欢社交,性情温和,敏感	善于协作和察言观色,倾听别人,能对情况做出正确的反应,能化解矛盾、提高团队士气	关键时刻缺乏果断决策能力,容易受别人影响
专家	做事专一、投入	依赖技术,能提供稀缺的知识和技能	只能在较小的范围内作贡献,易忽略全局

六、团队精神

团队精神是指能够不断地激励团队成员发挥技能、释放潜能,团队成员相互尊重,相互支持与信任、坦诚交流与良性竞争,寻找最佳协作方式、目标一致和技能互补,同时为实现共同目标而承担起工作职责并愿意为之奉献的一种精神。团队精神亦是组织的共同价值观和道德理念,是团队意识、协作精神的集中体现,是组织的灵魂。团队精神含义广泛,包括团队的向心力、凝聚力、学习能力、创新精神及开拓精神等。协作是团队精神的核心,尊重个人志向是团队精神的基础,全体团队成员的士气、向心力和凝聚力是团队精神的最高境界,即反映团队或组织的高效运转、个体与整体、目标与利益的统一。

组织的团队精神表现在:员工的自豪感和集体荣誉感,员工的良好表现和优质工作,成员间相互信任与合作,共同目标、群策群力、共享成果,和谐、坦诚且互补的成员关系,勇于负责,尊重成员人格,帮助成员成长等。

团队精神就是指上下精诚团结、目标一致、协同共进。树立团队精神、强调协同,能促进团队目标的实现。缺少团队精神,则团队成为一盘散沙。比尔盖茨曾经说过:"小成功靠个人,大成功靠团队。"

七、项目管理团队的作用

(一)产出大于个人绩效之和的群体效应

团体与个人的关系就如同整体与部分的关系,团队模式使组织结构大大简化,领导和团队、团队和团队以及团队内部成员之间的关系变成伙伴式相互信任和合作的关系。建立在志同道合基础上的团队可以起到功能互补的作用，因而决策合理、科学，士气高涨，从而产生了比个体简单相加高得多的劳动生产率。

（二）提高项目组织的灵活性

项目团队的共同价值取向和良好的文化氛围，使团队能更好地适应日益激烈的竞争环境，增强市场的应变和制变能力，提高项目团队的灵活性，提高项目的竞争力。

（三）有着极强的凝聚力

随着人们物质文化生活水平的不断提高、人们的思想不断解放，人们不仅仅把工作当作一种谋生的手段，更希望在工作中找到人生的乐趣，实现自我价值、自我发展。团队强调沟通协调，成员之间相互信任、坦诚沟通，人际关系和谐，这样可以提高员工的归属感和自豪感，大大激发员工的积极性，大大增强团队内部的凝聚力。

（四）能极大地发挥出个体的优势

团队注重对成员的培养，鼓励成员一专多能，并对成员进行扩大化训练，持续学习完成目标所需要的知识与技能，使得团队成员迅速进步，从而带来团队工作效率的成倍增长。同时，团队在文化氛围上既强调团队精神，也鼓励个人的完善与发展，从而激发了个人的积极性、主动性和创造性，极大地发挥出个体的优势。

大凡成功的企业都有许多优秀的团队，每个团队中的每个成员都清楚地知道团队的目标和使命，都能自觉地承担起自己的责任，而且在工作过程中表现出协作、配合、包容等优秀的品质，共同享受团队所带来的快乐、资源。休闲体育活动项目团队对项目开展具有十分重要的作用，打造高效团队成了很多休闲体育活动项目管理追求的目标之一。

八、项目管理团队的建设

有意识地引导团队或组织开发相互信任、支持、目标一致和技能互补的有效工作团队，即是团队建设。团队的建设与管理，在不同的发展阶段亦有着不同的特点。

（一）项目管理团队形成期

团队形成期，团队成员间缺乏足够的了解与信任，没有完善团队规范等，可能矛盾、内耗较多，缺乏一致性，投入的时间、精力较多，结果收效甚微。因此，在团队形成初期，应立即引导团队，让所有团队成员快速进入应有的团队角色，努力消除不稳定因素，确保工作任务的有效进行。所以，此阶段应加强控制，由领导设立目标并告知员工，避免猜测或想象造成不必要的误解等；同时，强调团队成员间应该相互支持、协作等；健全、完善规章制度，让团队成员进入状态。

（二）项目管理团队磨合期

这一时期，经过不断磨合，团队成员间的相互信任与配合逐渐默契，行动协调逐渐一致，团队成员逐渐了解团队和组织目标等。此时，团队运作趋于稳定，团队领导只需决策团队中的主要事务，如果事务繁忙，建议在掌控的前提下，充分授权下属，避免耽误进程或决策等。但领导者需定期检查、监督，提出相应建议。在逐渐授权的过程，注意维持、培育、控制或适时指导等，保证工作顺利进行。

（三）项目管理团队规范或成熟期

这时的团队目标已成为团队成员的共同目标，团队氛围开放、热烈。这期间，应增强团队的活力，鼓励员工畅所欲言、各抒己见，并保留不同看法或意见，鼓励建设性冲突等；员工之间相互信任与支持，团队成员与团队或组织融为一体，愿意为完成任务挖掘自身潜力。

（四）项目管理团队收获及转变期

这时，团队已经历形成期、磨合期、成熟期而发展壮大，团队中的每一位成员具有强烈的归属感、认同感和集体荣誉感，团队成员激活了自己的潜能，创造出业绩或成效。此时，团队需保持成长的动力和危机意识，需持续不断地学习，通过不断的变革求得活力，大家同心协力，共创新的天地。

第二节　建立高效的休闲体育活动项目团队

在休闲体育的集体项目中，团队的重要性不言而喻。众所周知，休闲体育活动项目管理的成败好坏、休闲体育活动项目能否顺利进行，取决于是否建立了高效的休闲体育活动项目团队。项目是为完成某一产品或服务所做的一次性努力。项目管理是在项目活动中运用知识、技能、工具和技术来实现项目要求。项目管理，是现代管理学的重要分支之一，已发展成为独立的学科体系。项目管理作为一门学科最早出现于美国（如美国研制原子弹的曼哈顿计划），主要是研究在资金一定的情况下，如何通过科学合理地分配物力、人力与时间等各种资源以达到既定的项目目标。由于项目管理在科学研究及生产实践中显示出强大的功能，因此而在世界各国各行业中得到普遍推广、应用。

休闲体育活动项目繁多，涉及范围广，无论是休闲体育活动项目前期的设计、策划还是后期的运营及管理，都没有"彩排"，只有"直播"，一旦出现失误将无法弥补，休闲体育活动的完成必须依靠团队协作。所以，实践中建立休闲体育的项目团队势在必行。

一、项目团队

项目团队（project team），是指为了更好地实现共同的项目目标，为了协调和配合项目的顺利实施，通过进行明确的责任分工和有效合作的方式，同时采用项目计划、组织、指挥和协调等综合管理的方法与手段来承担共同责任。同其他团队相比较而言，项目团队具有一次性和特定任务性。项目团队的成员必须由彼此之间足够信任、能够相互支持、彼此之间技能和能力互补的人群构成，这样能够培养出具有高度默契合作的团队[①]。

---

① 鲜启菊：《企业团队建设》，昆明理工大学，2010年。

休闲体育活动内容繁多，无论是大型、风险较高的项目，还是小型项目，要想取得良好的效果，必须根据项目内容组建休闲体育活动项目团队。休闲体育活动项目运行的成功与否，在很大程度上取决于是否高效的休闲体育活动项目团队。

二、高效的项目团队及特征

高效的项目团队是由一群有相关知识、技能的成员组成，他们对所要达到的目标有清楚的了解，愿意为实现目标而努力。团队成员具有良好合作的个性品质，有为实现团队目标的奉献精神，对团队表现出高度的忠诚，从而能够出色完成任务。高效团队的领导者往往充当教练、后盾的角色，他们对团队仅仅提供指导和支持，并不试图去控制它。高效团队更注重团队成员的价值实现和团队成员参与决策的积极性，最大限度地满足个人发展的需求，通过有效学习去实现共同目标。在环境动荡、竞争异常激烈的市场环境下，更需要紧密合作，充分发挥其优势，对市场做出快速反应，灵活地解决问题，力求发挥更大化的功效。

所谓高效的项目团队，是指团队各成员之间具备探索、分析解决问题、协调沟通等方面的互补技能，为成员提供可行目标、共同方法，以使成员相互之间承担责任并采取行动和充满活力，来达成目标实现，一般由2至16人组成的较小规模的有序群体。

不同的学者根据不同角度和方向研究高效项目团队特征。著名的项目管理专家戴维·克利兰（David Cleland）提出，高效项目团队的特征有：①满足人的自我实现的需要；②利益共享；③在团队活动中能得到骄傲和愉快的感受；④对团队有强烈的归属感和责任感；⑤共同致力于项目目标；⑥充分信任；⑦有效的沟通；⑧高度的相互影响和相互信赖；⑨支持团队成员的成长和发展。

我国学者戚安邦（2004）提出，高效项目团队的主要特征有：①相互依存与协同，项目团队的每个成员都要依靠其他成员才能完成项目的工作任务；②角色定位与责任分担，项目团队中每个成员担任着不同的角色，具备胜任不同工作的知识和技能，相应承担不同的责任；③有效沟通与知识共享，通过团队有效的沟通，使每个成员分享信息和资源，共享知识和经验；④合理授权与自我管理。

高效项目团队应具有以下特点。

（一）共同的目标

为使项目团队工作有效就必须明确项目目标，并为实现这一目标，团队成员凝聚在一起，共同努力。

（二）合理分工与协作

团队中的每个成员都应明确自己的责任、任务和权利，并为之努力工作，团队成员之间相互协作，合理分工。

（三）高度的凝聚力

凝聚力是指团队成员之间的团结与团队的吸引力、向心力。团队对成员的吸引力越强，成员的积极性和创造性就越能得到有效发挥。一个有效的项目团队，一定是具有高度凝聚力的团队。团队的凝聚力来源于团队成员共同的愿望、共同的利益和共同的目标;来源于团队成员之间的相互交往、相互合作和有效沟通;来源于团队成员自身愿望的实现。

(四)团队成员的相互信任

在一个高效的项目管理团队中,成员之间相互信任、相互关心,并承认彼此存在的差异,信任其他人所做、所要做的事情。团队成员通过公开交流、自由交换意见等方式推进彼此之间的信任。

(五)有效的沟通

高效的管理团队能有效地沟通。一般来说,一个团队里产生的矛盾有70%来源于误解,而误解主要是沟通不良所致。因此,沟通是解决矛盾的最好方法。高效项目团队有全方位、多种多样、正式的、非正式的沟通渠道,具有开放、坦诚的沟通氛围。

(六)和谐的人文环境

在高效项目团队里,存在着融洽和谐的人文环境,根据项目内容,充分发挥团队成员的能力、智慧,形成团队凝聚力、向心力,制订计划,积极实施,高效率地工作,顺利开展休闲体育活动。

三、项目团队与高效项目团队的关系

高效项目团队是在项目团队的基础上衍生并发展的,其与项目团队有共性也有差异。项目团队与高效项目团队的关系主要表现在以下几个方面。[1]

(一)体现在范畴划定方面

项目团队是由一群有相关能力的成员组成的,他们各自具备实现既定目标的专业知识和技能,这些具备不同知识和技能的个体成员是保证团队目标实现的基础。高效项目团队是在团队的基础上形成的,换言之,高效项目团队是项目团队的特殊形式且是高级形式,只有项目团队具备了一定的条件才能成为高效项目团队。项目团队往往更注重团队内部的协调关系,包括团队内部个体之间以及团队个体与管理层之间的关系,而高效项目团队的形成就是其有利于诸多方利益群体,不仅仅限于团队本身,也涉及团队外部。

(二)体现在目标制定方面

项目团队的重要特征之一就是团队具有共同的目标,这一目标主要是由领导或者管理层提出并制定的,因此,项目团队的目标主要体现的是领导或管理层的意志。高效项目团队的目标,不仅体现了领导层、管理层的意愿,更重要的是同时也是团队个体成员的意愿。换言之,对于高效项目团队,团队的共同目标是团队内部各层个体的集体目标,这个目标是团队内部个体和管理层都迫切希望到达的。只有这样,才能充分调动团队成员的热情、积极性,更有效地发挥个体潜能,从而增强团队的整体竞争力。

---

[1] 约翰·阿代尔、尼尔·托马斯:《团队建设与激励》,机械工业出版社2006年版。

（三）体现在评价准则方面

项目团队的评价主要是依靠定性的方法。项目团队协作关系良好，即可评价为是运作良好的团队。高效项目团队是组织和个人目标统一一致，而且能够支持团队中每个人的成长和成功的正式群体，其主要体现就是业绩的突出。高效项目团队较项目团队而言，评价标准不仅仅限于定性的方法，还有定量的方法。由于高效项目团队涉及的利益主体较多，因而评价标准来源于不同利益主体的角度，从而评价的依据就很多。比如，管理层关心的是员工所创造的业绩，而员工关注的是自己能力与价值实现过程中的成就感。因此，针对高效团队的评价更加全面和细化。

四、建设高效休闲体育活动项目团队需要的条件

一个高效的项目团队就像一台运行良好的电脑，由高质量的硬件和适用的软件组成。建设休闲体育活动项目的高效团队需要有一定的条件。

（一）合理的团队结构

合理的团队内部结构是建立休闲体育活动项目高效团队的必要条件，其主要目的是使团队发挥高效能。在近几年中，研究人员在对团队效能有关的变量所进行的调查研究时，发现团队构成和团队绩效存在直接的关系。从团队构成的要素来看，休闲体育活动项目的高效团队结构必须考虑以下几个方面的因素。

1. 团队的规模是否合适

休闲体育活动高效项目团队的规模要根据休闲体育活动项目的任务来确定。根据组织学和心理学的有关研究，当一个团队的人数不合理时便容易出现"议而不决、吵成一团"的局面。保持适当的规模容易形成较强的凝聚力。在休闲体育活动项目的实际运营过程中也证明，相对较小的团队具有较高的效率。团队越大，团队成员就越不会采取团队行动。在建设休闲体育活动项目高效团队时，应根据项目的大小、内容及任务来决定团队规模，一个休闲体育活动项目高效团队的适宜人员为2至16人。

2. 团队成员是否具备休闲体育活动项目高效团队的人才的条件

团队绩效的潜在水平很大程度上取决于成员个人给团队带来的人力资源，所以组建休闲体育活动项目高效团队时，要"唯才选人""唯贤选人"，要根据休闲体育活动项目的类别、性质、任务选择与之相适应的人才。首先要考虑成员的能力、性格、角色的合理搭配，实现个人能力的优化组合，达到团队系统功用最大化。其次要考察个人的价值观是否和团队相同，以减少和避免录用后"搭便车"的行为出现。再次，要求团队成员有良好的个人教育背景、技术能力和人际沟通能力。最后，要对不合格的人员设立灵敏的检测和淘汰机制，并准备充足的候选合格人员。休闲体育活动项目高效团队需要3种不同技能类型的人员：第一，拥有与休闲体育活动项目相关的专业技术人员，包括项目设计、策划、运营、营销及管理的人才；第二，具有发现、解决问题和决策技能的人；第三，具有较强人际关系的人。

3. 角色分工是否合理

高效率的团队还应当重视员工角色的合理分工。心理学家斯蒂芬·罗宾斯认为，人

们在团队中喜欢扮演各种不同的角色。作为一个组织的管理者，要充分注意到个体能够给团队带来最大贡献的个人优势，并使工作分配与团队成员能力特点相一致，把成员分配到适合的岗位，把个人偏好与团队角色要求适当匹配，使团队成员各尽其能。

4. 团队规范是否健全、完善

所谓规范，是指团队成员认可并接受的规章制度和行为模式，其目的是推动团队成长、规避有害的因素，让团队成员知道自己在一定的环境下该做什么、不该做什么，提高团队的自我管理、自我控制的能力。

（二）共同的团队目标

目标很重要，因为目标就是方向。每个团队的组建都是为完成一定的目标或使命。制定具体的、可以衡量的、现实可行的共同的目标，可以为团队成员指引方向和提供动力，可以使团队成员提高个人绩效，也使团队群体充满活力。联想集团总裁柳传志说："中国有很多优秀的人才。这些人才好比一颗颗珍珠，需要一根线把他们连接起来，组成一串美丽的项链。这根线就是企业的共同目标。这个目标能够引导大家统统去追求、去努力。"因此，一个高效的休闲体育活动项目团队树立共同的团队目标十分必要。

1. 对团队进行摸底

对团队进行摸底就是向团队成员咨询对团队整体目标的意见。这非常重要，一方面可以让成员参与进来，使他们觉得这是自己的目标，而不是别人的目标；另一方面可以获取成员对目标的认识，即团队成员能为组织做出别人不能做出的贡献，团队成员在未来应重点关注什么事情，团队成员能够从团队中得到什么，以及团队成员个人的特长是否在团队目标达成过程中得到充分发挥等。总之，通过摸底广泛获取成员对团队目标的相关信息。

2. 对获取的信息进行深入加工

在对团队进行摸底收集到相关信息以后，不要马上就确定团队目标，应就成员提出的各种意见进行思考，留下一个空间，给团队和自己一个机会，回头考虑这些提出的意见，以缓解匆忙决定带来的不利影响。有一句管理名言：做正确的事永远胜于正确地做事。

3. 与团队成员讨论目标表述

树立团队目标与其他目标一样也需要满足 SMART 原则：具体的（Specific）、可以衡量的（Measurable）、可以达到的（Attainable）、具有相关性（Relevant）、具有明确的截止期限（Time-based）。与团队成员讨论目标表述是将其作为一个起点，团队成员参与最终的定稿，以获得团队成员对目标的承诺。虽然很难，但这一步是不能省略的。因此，团队领导应运用一定的方法和技巧——比如头脑风暴法，确保成员的所有观点都讲出来，找出不同意见的共同之处，辨识出隐藏在争议背后的合理性建议，从而实现团队的目标。

4. 确定团队目标

通过对团队摸底和讨论，修改团队目标表述内容以反映团队的目标责任感。虽然很难让百分之百的成员都同意目标表述的内容，但求同存异地形成一个成员认可的、可接受的目标是重要的，这样才能获得成员对团队目标的真实承诺。

5. 分解团队目标

由于团队在运行过程中难免会遇到一些障碍，比如，组织大环境对团队运行缺乏信任、成员对团队目标缺乏足够的信心等。在决定团队目标以后，尽可能地对团队目标进行阶段性的分解，确立过程的目标，使团队每前进一步都能给组织以及成员带来惊喜，从而增强团队成员的成就感，为一步一步地完成整体性团队目标奠定坚实的信心基础。

总之，对团队目标达成一致并获得承诺、建立目标责任制是团队取得成功的关键。团队的目标要根据实际情况，在总体目标之下设置多个小目标，逐步实现团队的共同目标，如图 5-1 所示。

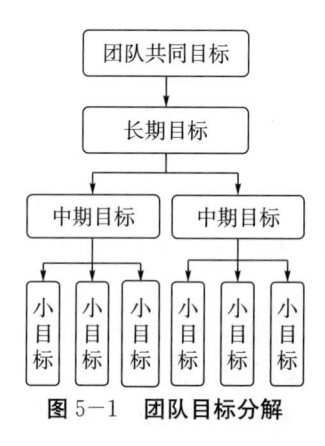

图 5-1　团队目标分解

（三）团队精神

团队精神能够不断地激发团队成员的潜质，鼓励团队成员相互支持与信任、坦诚交流与良性竞争，激励团队成员寻找最佳协作方式，技能互补，为实现共同目标而努力奋斗。团队精神是高效团队中的灵魂，是成功团队的特质。打造自己的团队精神，一支充满团队精神的团队才是高效团队，才能实现团队的目标。这是所有休闲体育活动项目高效团队的基础。

1. 营造相互信任的团队文化，促进团队发展

相互信任是一个团队最坚实的合作精神，它会增强团队成员的认同感、安全感和归属感，自觉维护团队声誉，约束自身行为，使其真正成为团队的一份子。相互信任有助于提高团队士气，让员工积极主动工作。这种强烈的集体意识和大局观促使团队成员团结友爱、全面发展，为组织或团队乐于奉献。

2. 团队的领导是团队精神的主导者

一个优秀的团队最不可缺少的就是能够胜任的带头人。他对团队起着主导作用，他是团队前进的领头人和"助推器"，也是休闲体育活动项目团队发展的"发动机""催化剂"。

3. 建立有效沟通机制

沟通是提高休闲体育活动项目团队凝聚力的一个重要环节。顺畅的沟通渠道、频繁的信息交流可以使团队中的每位成员不会觉得压抑，工作容易出成效，从而保证团队目标顺利实现。

4. 建立科学、合理的奖惩机制

巧妙地运用奖惩机制，适时的奖励、肯定有利于提高员工的工作积极性和对团队的认同，适时的反馈与否定有利于团队成员的及时改进，有利于及时补充新鲜血液，形成员工之间的良性竞争。

5. 建立人性化的管理

人性化的管理在处理日常工作、人际关系，特别是上下级关系中起着重要的作用。高效项目团队成员需要相互关心、尊重和信任等，这是团队管理者应予以关注的，它可以激发团队成员的积极性。

6. 创建团队精神

团队精神就是组织上下精诚团结、目标一致、协同共进。团队精神及协同效应能促进团队目标的实现；一旦缺少团队精神，团队则成为一盘散沙。比尔盖茨曾经说过："小成功靠个人，大成功靠团队。"

案例：2004年6月，拥有NBA历史上最豪华阵容的湖人队在总决赛中的对手是14年来第一次闯入总决赛的东部球队活塞。赛前，很少有人会相信活塞队能够坚持到第七场。从球队的人员结构来看，科比、奥尼尔、马龙、佩顿，湖人队是一个由巨星组成的"超级团队"，每一个位置上的成员几乎都是全联盟最优秀的，再加上由传奇教练菲尔·杰克逊对其的整合，在许多人眼中，这是20年来NBA历史上最强大的一支球队，要在总决赛中将其战胜只存在理论上的可能性，更何况对手是一支缺乏大牌明星的平民球队。然而，最终的结果却出乎所有人的意料，湖人几乎没有做多少抵抗便以1∶4败下阵来。湖人的失败有其理由：OK组合相互争风吃醋，都觉得自己才是球队的领袖，在比赛中单打独斗，全然没有配合；而马龙和佩顿只是冲着总冠军戒指而来的，根本就无法融入整个团队，也无法完全发挥其作用，缺乏凝聚力的团队如同一盘散沙，其战斗力自然也就会大打折扣。

明星员工的内耗和冲突往往会使整个团队变得平庸，在这种情况下，1+1不仅不会大于或等于2，甚至还会小于2。在工作团队的组建过程中，管理层往往竭力在每一个工作岗位上都安排最优秀的员工，期望能够通过团队成员设置的优化使其来引发个人能力叠加产生的倍增效应。然而，在实际的操作过程中，众多的精英分子共处一个团队之中反而会产生太多的冲突和内耗，最终的效果还不如个人的单打独斗。

在通常情况下，团队工作的绩效往往大于个人的绩效。但也不是那么绝对，这取决于团队精神。如果团队的任务是要搬运一件重物，单凭其中一个成员的力量绝对搬不动，必须要两个以上的成员才能够搬动，这时，团队的绩效要大于个人的绩效，1+1的结果会大于或等于2；但如果换成是体操比赛中的团体项目，最后的成绩往往会因为某位成员的失误而名落孙山，这时，团队的绩效还不如其中优秀成员的个人成绩，1+1的结果反而会小于2。

（四）组织的支持

休闲体育活动项目高效团队是团队内部因素与外部因素互动的结果。因此，建立高效的团队离不开组织的支持。从休闲体育活动项目高效团队的运行过程来看，组织形成有效支持包括以下方面的内容。①

1. 相容的组织结构

组织结构是指对于工作任务如何进行分工、分组和协调合作，是组织管理的载体，它反映了组织中的权力分布以及信息流向等情况。团队与传统的组织结构是否能够兼容，将直接决定团队模式的成败。实施团队模式需要一定的结构基础，即组织结构应当较为"扁平"，扁平化组织结构的优点是能够提高管理效率，减少管理失误，降低管理费用，扩大管理幅度。在"层层上报、层层审批"的传统组织结构中，团队是难"嫁接"成功的。

2. 支持性的组织战略

组织战略是休闲体育活动项目未来宏观发展的集中体现，是组织为了更有效地行使使命、实现愿景目标而制定的一系列发展规划。组织战略中涉及的很多具体领域对团队工作有很大影响。组织的整体发展战略将通过其组织结构、人才策略、薪酬政策等间接影响到团队的发展与状态。

3. 积极的组织文化

组织文化是指组织成员的共同的价值观体系，它蕴含着休闲体育活动项目的形象和经营理念等信息，通过休闲体育活动项目文化将休闲体育活动项目推崇什么、反对什么、鼓励什么、惩罚什么等信息传达给员工，并在潜移默化中约束和塑造员工的行为。整个休闲体育活动项目的文化氛围直接制约着团队文化和团队行为。因此，积极的组织文化，更容易得到团队成员的认同，使团队成员自觉遵守团队规范，塑造团队精神。

4. 正确的绩效考评、薪酬及激励策略

组织的绩效考评、激励等策略，也会对团队产生很大的影响。团队应该建立平等、明晰的评价标准，让每位团队成员的贡献都可以衡量。制定统一的业绩标准，以防止"鞭打快牛"的不公平现象，避免团队内由此引发冲突。要改变以个人为导向进行的绩效评估和奖酬，除了根据个人贡献进行评估奖励外，还应该以群体为基础进行奖励和利润分享，鼓励合作。设定一种以团队完成任务为前提的个人奖金。另外，员工的晋升、加薪以及其他各种奖励都以他们在团队合作中的表现为衡量标准。

5. 恰当的领导方式

恰当的领导能够让团队成员跟随自己共同度过最艰难的时期，团队成员能够齐心协力，相互帮助，形成合力。优秀的领导者不一定事无巨细地指示或控制，休闲体育活动项目高效团队领导者往往担任的是教练、后盾的角色，他们对团队提供指导、支持，但并不试图去控制它。

五、建设高效休闲体育活动项目管理团队的方法

现在，休闲体育活动备受喜爱，休闲体育活动项目繁多。要根据项目的类型、内容和规模组建与之相适应的休闲体育活动项目团队。一个高效的休闲体育活动项目管理团

---

① 文精毅：《浅析项目管理中的团队建设》，《中国建材》，2011年第6期。

队是确保高质量进行休闲体育活动的重要保证，是实现休闲体育活动项目管理目标的重要前提。

(一) 选拔或培养适合角色的人才

合适的项目经理是高效休闲体育活动项目管理团队的重要成员。项目经理是项目的负责人，负责整个项目的组织、计划及实施的全过程，在项目管理过程中起着关键作用。项目经理必须以身作则，严格要求自己，起到榜样、示范作用；负责团队各成员的角色和责任分工，以充分发挥团队成员各自的作用。项目经理必须运用各种激励方式对团队成员进行适时激励，鼓励和激发团队成员的积极性、主动性，充分发挥团队成员的创造力。

(二) 灵活的授权

授权，一方面显示了项目经理对团队成员的信任，有利于充分发挥休闲体育活动项目团队成员的积极性和创造性，使得团队成员在自己的授权范围内可根据内外部环境的变化及时决策；另一方面，通过灵活的授权，项目经理逐渐将工作重点转向关键点控制、目标控制和过程监控，工作重心由内转向外，侧重于处理休闲体育活动项目与政府、相关企业、社会之间的关系，从外部保障团队顺利运作。

(三) 营造良好的沟通氛围和交流环境

团队成员之间由于价值观、性格、处世方法等方面的差异会产生各种冲突，甚至有可能出现敌视情绪、向领导者挑战等各种情况。因此，项目经理要进行充分沟通，引导团队成员调整心态和准确定位角色，把个人目标与项目目标结合起来。团队成员与周围环境相适应需要一定的时间，项目经理要帮助团队成员熟悉工作环境及工作内容，学习并掌握相关的技术，以利于休闲体育活动项目目标的及时实现。

(四) 充分发挥团队的凝聚力

团队凝聚力是无形的精神力量，是将一个团队的成员紧密地联系在一起的看不见的纽带。一般情况下，高团队凝聚力会带来团队的高绩效。团队凝聚力在外部表现为成员的团队荣誉感，而团队荣誉感主要来源于项目目标。因此，应当设立较高的项目目标，并使团队成员对项目目标形成统一的认识，激发成员的团队荣誉感。同时，引导团队成员将个人目标与项目目标相统一，增强团队成员对项目团队的向心力，使项目团队高效率运行。团队凝聚力在内部表现为团队成员间的融合度和团队士气，良好的人际关系是休闲体育活动项目高效团队的"润滑剂"。因此，必须采取有效措施增强团队成员之间的融合度，让成员在短期内树立起团队意识，形成对团队的认同感和归属感，形成高昂的团队士气，提高团队的工作绩效。

第三节　休闲体育活动项目管理团队存在的问题及对策

在休闲体育活动项目管理团队的建设过程中，会出现一系列问题，要认识清楚这些问题，并采取相应对策加以解决，避免团队建设的失败。

一、项目管理团队存在的固有矛盾

团队由不同个性的人组成,由于成员之间个性等的不同必然造成团队内部存在差异。"组织由成员组成,因此组织包含着存在于组织共同体之中的相互矛盾和对立的情感、思想和行为。"团队作为一种协作性群体,既需要成员具有不同的特点,同时又要把成员整合成为一个工作群体,这是一个矛盾的过程。因此,从某种意义来说,团队本身就是一个矛盾的共同体,存在着一些问题。凯文·史密斯和大卫·伯格认为,团队中存在着群体固有的4种矛盾。

(一) 个性悖论

凯文·史密斯和大卫·伯格认为,对于一个群体来说,要求每个成员展现他们的个性并尽可能地发展自己,只有这样一个群体才能称之为群体。然而,对于个体来说,充分发挥个性和尽可能接受团队共同发展是密不可分的。这种个性悖论表现在以下两个方面:一方面,成员需要展示个人的才能,希望所做的贡献得到认可;另一方面,又需要成为团队的一员,享受团队带来的荣誉。这种个性悖论要求团队成员必须在保持个性与融入团队之间保持平衡,既不能为了发挥个性而破坏团队的和谐,也不能为了团队的和谐而压制个性的发挥。

(二) 认同悖论

在凯文·史密斯和大卫·伯格看来,对于一个人来说,只有当他或她和他们所属的多个小组融合在一起时,才能保持个性。对于群体而言,只有当一群个体整合了很多的个人差异之后,才能成为一个真正的群体。在通常的情况下,团队成员往往担负着多种角色,同时属于几个不同的群体。当团队成员所属的几个不同群体的价值观和利益相互冲突时,他们要承受很大的内心冲突、压力和不确定感。站在哪一边,就成为团队成员必须考虑的问题。因此,当团队成员遇到这种多角色的冲突时,必须要在角色与角色之间取得平衡。

(三) 依赖性悖论

依赖性悖论是指团队成员独立性和依赖性并存。"当成员相互依赖时,一个群体才能起到作用,最终正是因为这种依赖性,才能成为真正的团队"。但团队成员在更多的时候表现出独立性,如个人的工作、学习等。同时,团队中并不是一切工作都依靠协作,成员任务范围内的很多工作都是依靠个人完成的。因此,团队工作的成效也同样取决于每位成员的独立程度。由此可见,独立性和依赖性都是团队所必需的。

(四) 信任悖论

团队中的信任悖论是指团队成员必须相互信任,同时又保持独立性。团队成员在进入团队之际,都已经具有专业知识,经历过专业培训,乐意接受基于共同工作的程序、判断和方法之上的"现成指导"。这些"现成指导"逐渐转化为成员的一种思想模式。由于这种思维模式具有内在逻辑性和连贯性,专业人员在诠释工作任务时,首先会参照这套思想体系。比如,开发一个新产品,对于生产人员来说,要求最低的生产成本;对于研究人员来说,则要求最高的技术水平;而对于市场人员来说,产品应该满足市场的需求。因此，背景不同的人对工作任务形成不同的诠释，从而导致团队成员之间发生冲突或使团队陷入僵局。

由于团队成员存在上述四种悖论，可能导致项目团队成员在工作过程中无所适从。在大多数情况下，团队成员迫不得已，仅凭直觉作出选择，受个人意愿的驱使，按照个人意愿来解决问题，这显然不利于团队的建设。

二、项目管理团队实际运作中存在的问题

（一）项目团队组建不规范

休闲体育活动项目种类繁多，有的项目风险性较强，一些项目管理团队的整体素质不高，项目团队成员技能单一、管理人员经验不足等，不能适应休闲体育蓬勃发展的需要。合格的休闲体育活动项目管理人员必须具备两方面的基本条件：一是熟知相关的专业知识；二是具有较强的专业技术能力和丰富的实际经验。然而，在实践中合格的项目人员是十分紧缺的。正因为这样，目前有很多项目在实施中不得不使用个别达不到要求的项目成员。如此一来，项目的顺利进行与质量在人员配备上就得不到保证，存在一定的隐患，有可能在项目实施过程中的某个环节上出现问题，从而导致项目目标不能实现。

（二）项目团队成员配置不合理

一些项目管理团队在人力资源配置上存在一些问题，有的项目管理团队没有根据招募人员的具体特点、专业技能以及个人意愿而随意地进行安排，没有对具体的项目和岗位进行细致分析，没有对岗位的要求作具体的说明，最终造成人岗不匹配。其结果就是，有能力的人不能发挥其才能，而不具备相应能力的人在岗又不能胜任。这样对于员工以及项目组织都是消极的影响。

有的项目管理团队虽然做到了人岗匹配的要求，但是在具体岗位的具体数量配置上却出现了一些问题，如有的岗位本来不需要太多员工，但是项目组织在配备时却安排了超其需求的人员，造成人才的浪费；而有的岗位急需众多人员时却得不到相应的配备。把不合适的人安排到具体岗位上，不仅不利于工作的开展、影响项目的进程，而且还造成人员的浪费。这样不合理的人员配置还会影响员工的积极性以及团队的和谐，会出现有的事情没人做，而有的事情抢着做的现象，会导致责任重叠或出现空隙，影响最后的责任评定以及绩效考核。究其原因，主要有以下几个方面。

1. 对于项目性质以及目标认识不清

由于很多休闲体育活动项目是新项目，在操作上没有经验可循，负责人对项目没有全面的认识、了解，没有对团队目标进行有效分解，在招募项目成员时不能进行有针对性的选择，使得很多成员到岗之后根本不能胜任所安排的任务，而有的员工会觉得"大材小用"。

2. 招聘渠道单一

在实际休闲体育活动项目管理中，一些项目成员大都是因项目任务临时拼凑在一起的。然而，休闲体育活动项目的管理要求管理人员具备相关的综合知识与技能，单一的

招聘渠道招聘的成员可能具有局限性，不利于项目的完成。实际中，很多项目负责人为了方便或者节约成本而放弃从更多渠道招聘真正符合项目要求的成员。

3. 在项目成员配置时没有坚持人岗匹配的原则

人力资源的配置、安排，就是指让什么人负责什么岗位，在实际操作中，如果没有对特定岗位以及其特定人员进行全面分析，对员工的特点、意向以及专业是否符合岗位等进行科学分析，就会出现问题。

（三）项目管理团队激励与沟通机制不完善

激励对实现目标极其有效。目前，一些休闲体育活动项目管理中都没有建立或完善有效的激励机制与方法，主要表现在以下几方面：一是一些项目管理团队中没有建立与具体工作相关的激励机制，没有形成一个与具体工作内容挂钩的激励体系。二是缺少必要的物质激励。虽然物质激励作用不能持续很久，但适当的物质激励是必不可少的，物质激励能够满足人的基本的需求。如果物质激励与员工的劳动不对等，"干多干少一个样"，就会影响成员的积极性。

休闲体育活动项目管理团队之间的沟通非常重要，如果信息无法得到有效传达，可能会导致团队冲突。休闲体育活动项目管理中出现的一些问题都是由于缺乏沟通或者沟通不畅所造成的。首先，高层管理人员沟通存在问题，项目经理不把自己项目出现的情况向高层管理人员反映，高层管理者就不能了解该项目的情况。其次，与客户的人际沟通存在问题。由于项目自身所具有的专业性、独特性等特点以及客户需求的多样性，休闲体育活动项目团队有时与客户需求存在的冲突在所难免。而这些冲突往往是由于团队与客户没有持续的沟通所导致的。休闲体育活动项目不确定因素很多，在项目实施过程中要随时与客户进行良好的沟通，向客户说明项目的进展情况，如果有什么变动应立刻与客户协商，从而使得项目朝着彼此希望的方向发展。那么，到底什么原因使得项目成员的沟通与激励出现问题呢？

1. 缺乏认识

很多项目负责人或者项目成员都认为沟通是很重要的，但是就是没有把它上升到具体实施的高度，缺乏对沟通的全面认识。人们认为沟通就是语言交流，实际上这是狭隘的认识，在工作中，尤其是在休闲体育活动项目工作中，任何程序交接、任何文件的收发、任何指令的下达都是沟通，而不仅仅是会议上的讨论。

2. 沟通渠道单一

传统上，沟通更多是语言之间的沟通，但是现如今信息技术高度发达，仅依靠传统的方式渠道远远不能满足需要了。在沟通方式上有多种形式，不能仅仅采用单一的形式来完成沟通。

3. 没有践行以人为本的理念

以人为本就要把员工当作是项目的第一资源，要尊重员工的选择，要激励员工，要让员工充分发挥其价值，体现其价值。目前，对于人本理念的认识还不充分，在工作当中缺乏相应的措施，没有充分发掘员工的潜能，没有真正体现员工的价值，从而影响员工的工作积极性。

（四）项目管理团队绩效考核方法不完善

休闲体育活动项目团队成员工作的好坏与否将直接影响项目的整个业绩。因此，在实际项目管理活动中，要把提升成员的工作绩效当作其重要的目标、任务。要提升员工的绩效就要实行科学、有效的方法。在实际的休闲体育活动项目团队管理中，绩效考核方法尚不完善。项目中的绩效考核是一次性的，所以项目的绩效考核也是一次性的。在设置考核标准时，要考虑到项目管理的这一重要特性，建立科学的绩效考核体系。要重视、尊重员工的劳动，明确每个员工的职责，避免出现职责重叠或出现职责"空隙"。

（五）忽略团队文化建设

休闲体育活动项目管理中最重要的资源就是人力资源，然而，一些休闲体育活动项目团队在项目管理活动中把重点放在具体技术问题上，往往忽视团队中人的因素。无论哪种休闲体育活动项目，都是由员工来具体实施的，如果员工没有发挥好作用，项目就难以进行。而要想发挥员工的作用，就需要良好的团队文化。但在实际项目管理中，团队文化往往是被忽略的，其实这就是对人本管理理念认识的缺乏。

三、休闲体育活动项目团队管理对策

针对现实中休闲体育活动休闲体育活动项目团队管理存在的问题，以下提出具有针对性的合理化对策、建议。[①]

（一）多渠道招募团队成员

在项目启动阶段，当项目组确定了组织需要的人员数量和具体的任职条件以后，就要开始进行招募活动。这一环节是非常重要的，它不仅关系到项目工作能否顺利开展，而且决定着项目能否取得成功。因为项目的成功主要在于人的因素。接下来的工作就是严格按照原定计划以及招聘制度进行人员的招募、选拔以及录用。在招聘人员时主要有两种方式，一是内部招聘，二是外部招聘。内部招聘是项目组织最常用的，因为内部员工无论在具体业务上还是团队中都更趋同项目本身的特点，所以在招聘时尽量以内部为主。

而在内部员工的具体选择上则要花点力气。一般对于那些经验丰富、专业技能比较强的员工任何一个项目都想得到，所以要及时与上级部门、拟招聘人员进行沟通，争取把最适合本项目的员工招募到。在实际项目当中，很多急需人员在休闲体育活动项目团队内部无法获得，那么就要通过外部渠道来招聘。外部招聘的方式比较多，如通过招聘网站发布相关信息、在当地人才市场进行招聘，甚至还可以通过"猎头"公司来招录。当然，不同层次的人才所采用的招聘方式也会不同，比如要招聘高级技术人员或管理人员，那么通过猎头公司可能在时间以及匹配度方面能够得到很好的满足；而对于一般普工就可以选择当地人才市场或者在当地招聘报刊上发布相关信息即可。但是，无论招聘何种人才以及选择何种招聘方式，目的都是为了招募到适合本项目的合适人才，因此要注重岗位匹配度。

---

① 张辉：《企业项目管理缺陷及其成因剖析》，《科技创新与应用》，2013年第21期。

（二）合理配置团队成员

通过各种渠道招募到合适的员工之后就要对其进行合理的安排，而在安排之前首先要制定一个清晰合理的配置计划，有了计划才能保证配置的顺利实施，继而保证项目的顺利开展。人力资源配置计划的主要内容包括以下几方面：首先是人员配备管理计划；其次是角色和职责分配；最后是做好人才预测。做好计划之后还得有一个计划实施的组织，任何一个休闲体育活动项目团队都必须建立适合其自身特点的组织结构，并明确各部门、各小组的职责，同样的，在对每个部门划分职责之后还应该明确每位成员的责任与义务。接下来要使招募到的成员能够很快融入休闲体育活动项目团队，进入角色，并充分发挥各自的才能和积极性。关键在于要根据成员本身的特点以及各自的兴趣、能力等因素进行合理的安排，在人员安排上始终坚持"人尽其才，物尽其用"的原则。与此同时，在项目新成员工作一段时间之后，要对其岗位适应度进行考察，对于人岗匹配度不高的员工应当及时进行调整，将其安排到更合适的岗位；同时，也要安排更为适合本岗位的人员就职，要确保工作的顺利开展，同时也是在提高每位员工的工作效率。总而言之，项目人员配置过程要贯穿整个项目始终，实施动态优化与配置，而且一定要明确各岗位的职责、权限，并确保各成员清晰理解这些工作内容，避免在实施过程中出现人员理解偏差的情况。

（三）建立完善的团队沟通与激励机制

对任何一个项目来说，要想使项目实施过程顺畅就必须进行必要的沟通，有效的沟通能够减少或者化解项目矛盾冲突。因此，作为项目负责人就要经常参与休闲体育活动项目团队成员之间的沟通，这种沟通不仅局限于工作上的沟通，也包括生活上必要的联系，这样才能够建立一支具有高度凝聚力的工作团队。要想顺利进行内部沟通，则需要建立良好的内部协调沟通的环境以及机制。要鼓励团队成员发表自己的看法，只有这样组织才能了解员工的诉求，继而才能有针对性地满足员工的需求。当然，在休闲体育活动项目团队中，除了领导与成员的沟通以外，还需要项目成员与成员之间进行良好有效的沟通，因为这是工作顺利开展的前提与基础。项目成员无论在工作中还是生活中都应有良好的沟通，发生矛盾时沟通可以化解彼此的误会，开展工作时沟通可以使工作顺利、快速完成。最后，要在项目内部建立顺畅的沟通机制，要让想表达的人能够有渠道去表达，敢于去表达。

项目人员激励方式的选择必须结合具体项目的实际情况，根据员工归属感比较强的特点，将各种方式的激励相结合，如物质与精神激励相结合、正面与负面激励相结合，合理利用奖励和惩罚这一杠杆来规范员工的行为。通过满足员工较高层次的需要，激发员工的积极性，使激励的作用尽量保持长时间，从而达到理想的效果。在具体的操作过程中，可以采用组织成员深入学习，在理想的层次上激励全体成员，从而激发成员强烈的事业心和使命感。根据内在激励的原理，通过双向沟通等方式为成员调整工作岗位，尽量使每位成员都能在自己喜欢并且擅长的岗位上工作，促使成员充分发挥其积极性与创造力，满足成员获得自我实现价值的需要。根据按需激励的原则，不同的成员应当采用不同的激励方式、方法，找出每位成员的差异的、动态的需要，尽量满足他们最迫切的需要，尽可能提高激励的效用和激励强度。要激发出项目成员的主人翁意识和以项目为家的精神，以提高薪资待遇、增加休假时间等方式来激励团队成员提高其工作积极性。绩效工资的发放要与成员的考核结果相结合，改变目前没有差别的状况，要体现差别，明确奖惩制度，提高透明度，充分体现公平的原则，增强团队组织的公信力，同时调动员工的积极性。

（四）建立科学的团队绩效考核体系

我们所实施的任何一个项目都具有其特定的目标，要想达到项目预定的目标就要对其进行分解，将任务落实到部门、个人。因此，项目实施过程中就要对团队成员进行必要的考核。而在实际项目当中，项目负责人在制定团队成员的考核指标时，往往会受到各种各样外界的干扰而影响指标设定的公平性，这样就使考核的作用大大降低。因此，在制定具体的考核指标时要按照一定的原则，经常采用的也是较为实用的原则就是"SMART"原则。在确定了每位员工考核指标之后就要选择适当的考核方法对考核指标进行管理。在目前人力资源管理领域常用的方法比较多，项目组应当根据自身的特点选择适合本项目的考核方法。下面介绍几种目前项目管理中常用的几种考核方法。

1. 平衡记分卡（BSC）

该方法一般用来考核组织的总体绩效，是由美国教授卡普兰和诺顿等人提出的一种业绩评价工具。

2. 目标管理法（MBO）

该方法常被用于进行个人绩效考核。当组织的战略目标确定之后，就要对其进行有效的分解，并根据各部门、各个人的职责合理分配这些目标，最后管理者依据每个人、每个部门对分配目标的完成情况进行考核。

3. 关键业绩指标（KPI）

该方法一般用来考核组织各业务流程的绩效或岗位绩效。

项目组根据具体情况选择符合本项目的考核方法之后就要有相应的考核管理办法，要明确规定考核的范围、考核的时间以及考核的方式，并且要让全体成员了解考核体系的精神与宗旨，要让绩效考核真正体现其价值，而不是流于形式，并能够让成员感受到重视与公平。

（五）强化团队文化建设

团队是由员工及管理者组成的小群体，该群体中的成员技能互补、协作劳动并为达成共同的目标而努力。因此，要建立高效协同工作的团队首先要在团队成立之初建立团队的行动指南，即稳定而具体的团队目标，进而形成强大的团队凝聚力。项目成员所掌握的知识、技能以及养成的个性各不相同，因此，对于不同项目成员所采用的激励方式不同，而且对于不同人员激励的程度也会不一样。那么，休闲体育活动项目团队文化应该如何建设呢？

1. 准确定位团队文化

优秀的团队文化会使员工产生共同的价值观和认同感，部门间、团队成员间没有隔阂，大家彼此相互沟通与协调。休闲体育活动项目的内容限定了员工的工作能力和休闲体育活动项目运作程序。这就要求休闲体育活动项目团队成员严格按照运作程序工作。

2. 提炼团队的核心价值观

核心价值观是所有团队赖以生存和获得成功的关键。在提炼团队的核心价值观时,要以"我"为主,以自己的团队为中心,兼收并蓄,取人之长,为"我"所用。

3. 建立有效的沟通机制

有效的团队沟通机制可以让团队的价值观得到传播,团队成员求同存异、齐心协力,从而在团队中形成高度统一的认识。当然,这个过程需要具体的活动来实施,如团队晚会、会议等,通过这些活动向员工传达团队的目标、追求、理念,向员工说明该做什么。这其中很重要的一点就是要求管理人员参与其中,并起到很好的带头作用。

第六章 休闲体育活动的项目评估

随着休闲体育活动的广泛开展,休闲体育活动项目评估的重要性也不断提高。休闲体育活动的项目策划者如何了解他们是否提供了顾客所需要的服务?采用什么方法可以确定项目的效率和效能?如何定义休闲体育体验?如何衡量顾客的满意度?这些问题对休闲体育活动的项目策划者而言,既具挑战性,同时也很重要。法雷尔和伦德格伦在讨论项目评估的重要性时指出,项目评估是项目策划成功与否的关键,因为评估在本质上蕴涵着如何提高效能的建议,评估过程也有助于提高项目的效率。

本章将对休闲体育活动的项目评估概念、方法、风险、目标等进行讨论。

第一节 休闲体育活动的项目评估概述

一、项目评估

项目评估(Project Assessment)作为一种专门对现代经济活动项目进行论证与评估的程序和方法,是在 20 世纪 70 年代末期伴随着项目可行性研究等方法引进我国的。国内外对项目评估有许多不同的名称和说法,如项目评价(Project Evaluation)、项目评审(Project Appraisal)、项目审查(Project Review)、项目可行性研究(Project Feasibility Study)等。但这些都是从某个角度出发或强调某个方面的项目评估的叫法。

项目评估的概念有狭义和广义之分。狭义的项目评估是指对于一个项目经济特性的评价和审定,即按照确定的项目目标去权衡项目的经济得失并给出相应结论的一种工作。广义的项目评估是指在项目决策与实施活动过程中所开展的一系列分析与评价活动,包括项目决策阶段对其必要性、技术可行性、经济合理性、环境可行性和运行条件可行性等方面进行的全面系统的分析与论证工作。其目的是为项目决策提供依据。在项目实施过程中,对项目实施情况和未来发展所进行跟踪评估,即项目中评估,目的是对项目实际进展进行监督和跟踪检查。在项目完成以后一段时间里对项目进行项目后评估,目的是检查项目前期决策和调整未来项目决策标准、政策。

二、休闲体育活动的项目评估

(一)哲学视角下的休闲体育活动的项目评估

从本质上讲,评估是指人们把握被评对象对人类社会发展、经济发展及人类生存环境的改善等方面产生的意义、价值的观念性活动。从人类活动的本质规律——合规律性与合目的性出发,评估的出发点就是评估被评对象从大局、宏观角度看是否合乎人类社会发展规律、自然界发展规律,从微观、局部利益角度看是否合乎经济活动、政治活动、精神活动这3大人类活动领域的具体规律,也就是看具体的目的、要实现的目标是否具有客观基础。具体到休闲体育活动的项目评估这一活动,它是指某一地区为了作出举办某项活动的正确决策,运用特定的指标和方法,在休闲体育活动的项目决策前对其进行价值判断的一种认识活动。简单地说,休闲体育活动的项目评估就是通过比较分析休闲体育活动的项目在某地区举办的可行性和必要性,最终对该地区是否举办这一休闲体育活动的项目作出全面判断的过程。

休闲体育活动的项目评估是对休闲体育活动项目价值的评估,是一种观念性活动,具有判断、预测、选择和导向的功能,通过对休闲体育活动的项目的评估,评估主体可以对休闲体育活动的项目举办与否作出判断,可以对休闲体育活动的项目可能给举办地带来的效益作出预测,也可以在不同的休闲体育活动的项目中作出选择,同时还可以为其他休闲体育活动的项目的评估提供借鉴和启示。正是休闲体育活动的项目评估活动表现出的这4大基本功能,使得它在发挥评估系统功能中达到了把握价值主体与活动项目之间价值关系的评估目的。

休闲体育活动的项目评估属于社会评估的范畴。因此,首先应该从哲学角度,即从价值论和认识论角度对休闲体育活动的项目评估进行审视。

从价值论角度说,休闲体育活动的项目评估是价值主体对休闲体育活动的项目的客观价值和主观价值主体性的反映。所谓客观价值,是指休闲体育活动的项目是否符合客观发展规律,而主观价值是指休闲体育活动的项目是否符合价值主体的主观目的和要求。客观规律是不依人的主观意识而存在的,但并不是所有客观规律都为人类所认识。因此,在休闲体育活动的项目评估中,对于休闲体育活动的项目举办的可行性、活动可能给举办地带来的效益等,只能依靠评估主体所掌握的客观情况作出判断。而主观目的是休闲体育活动的项目决策主体主观希望达到的目标,即主观上对休闲体育活动的项目所提出的要求。在活动评估过程中,合目的性的判断只能通过决策主体的主观判断或运用决策主体的效用函数来进行判断。

从认识论角度说,休闲体育活动的项目评估是评估主体站在某一地区的立场上,对休闲体育活动的项目可行性和必要性的评估性认识,它是由评估主体在大脑中将休闲体育与举办城市的相关信息进行重新组合,按照休闲体育活动在某地区举办的可行性和必要性的要求对其进行能动反映,并根据相关评估标准进行比较和判断。当然,休闲体育活动和举办城市的相关信息是否能够被评估主体认识,不仅取决于休闲体育活动的项目和举办地相关信息的复杂程度,而且取决于评估主体对休闲体育活动的项目和举办地的认识能力。评估主体进行评估时依据其主观评估目的确定评估标准,即从举办休闲体育活动的项目的角度出发判断该活动在某地区举办的可行性和必要性。

(二)项目管理理论视角下的休闲体育活动的项目评估

根据项目管理理论,广义的评估是指在项目前期决策阶段中从整个项目全局出发,根据国民经济和项目相关利益主体自身发展的需要,对项目及其备选方案所进行的一种全面评估。这种项目评估的根本目的是分析和识别项目及项目备选方案的可行性大小和优劣,从而决定项目或项目被选方案的取舍。总之,其评估都是在项目的决策之前,对项目的必要性和可行性所作的评估,以及对于项目各个备选方案的技术、经济、运行条件和社会与环境影响等方面所进行的全面论证或评估工作。

从项目管理的角度说,休闲体育活动的项目评估是指在活动举办地尚未决策举办某一活动之前,对活动所进行的综合论证与评估,其根本任务是对举办休闲体育的必要性和可行性进行分析研究、评估论证。具体地讲,休闲体育活动的项目评估是决策主体在决定选择或申办活动之前,通过调查、研究与活动有关的自然、社会、经济资料,分析、比较可能的投资方案,预测、评价举办该活动的社会和经济效益,并在此基础上,综合论证举办活动的必要性、经济上的合理性、活动承办条件的可能性和可行性,从而为活动的投资决策提供科学依据的系统性工作。

三、休闲体育活动的项目评估的意义

近年来,随着我国社会经济的快速发展,越来越多的人选择参加休闲体育活动来提高自己的生活质量。因此,各式各样的休闲体育活动蓬勃发展,参与人数与日俱增,参与方式五花八门,随之而来的,因为参与各类休闲体育活动而导致的安全事故也是频发,如户外运动项目的安全事故节节攀升。根据中国登山协会发布的报告,自2000年以后,我国山难事故整体呈现上升趋势。2001年到2012年间,我国登山户外运动遇难人数达298人,而1957年至2000年的44年间,登山等户外运动遇难人数仅为33人。2014年7月,3名驴友在四川省丹巴县的墨尔多山进行登山时遇险,其中一名广东籍驴友不幸遇难。

从积极的角度看,采用恰当的方式对休闲体育活动计划进行策划、组织和实施,能够给休闲体育活动的接受者和提供服务的组织带来安全保证和巨大利益。这可以从3个不同的导向审视评估的重要性。第一个导向重视对个体顾客产生的影响。个体对参加的休闲体育活动的项目或者设施感到满意吗?顾客的休闲行为在某种方式上发生改变、变化吗?第二个导向从休闲体育活动的项目策划者的角度来审视评估。以这种方式审视评估时,涉及的问题与项目形式、领导风格、用品和设备等因素相关。第三个导向从评估在整体上对休闲体育服务组织的价值的角度来审视评估。评估过程收集的信息必然可用来确定组织资源的优先使用权,并按照这个优先顺序来分配组织资源。

下面将从顾客导向、项目导向和组织导向的角度,阐述在休闲体育服务组织中对评估过程进行策划、组织和实施的一些重要原因。

(一)顾客导向

顾客导向是指评估检查顾客参加休闲体育活动的满意度,评估收集的信息为休闲体育活动的项目策划者提供精确的数据。这些数据与顾客从休闲体育体验中获得的满意、愉悦或者其他利益的程度相关。

评估帮助测量顾客参加休闲体育行为的变化。休闲体育活动参与者在一起会产生特定的行为变化或者改变休闲体育活动的功能。休闲体育服务项目的设计通常可以塑造某种价值、态度和行为。评估有助于测量这些预期行为的变化程度。

评估为顾客提意见提供了直接的机制,使顾客能够将其反馈信息传达给相关组织。

这些反馈可以提高组织响应个体顾客的需要、兴趣的速度。此外，还可以提高顾客对休闲体育体验的控制意识、主人意识或者影响意识。

评估鼓励顾客参与评估休闲体育活动项目，从而能够主动解决自己在参加休闲体育活动中存在的问题。参与性评估是一种机制，可以使顾客了解自己的需要，并且鼓励组织采取适当的行动，这种行动常常使顾客通过持续参加休闲体育服务组织的工作而更加喜欢该休闲体育活动项目。

（二）项目导向

项目导向是指评估有助于活动项目策划者与顾客的互动，对评估休闲体育活动参与者的体验是非常重要的。评估为休闲体育活动的项目策划者提供与这种关系的有效性相关的反馈信息。在这个领域中的评估有助于提高项目管理的效率。

评估可以提高休闲体育活动项目策划者对顾客的了解。评估过程可以为项目策划者提供一些信息，这些信息涉及参与者的感觉、对不同体验的反应以及他们的文化、性别、年龄等。

评估能够为项目策划者确定活动项目设计的有效性提供一些信息，可以使用这些信息在策划活动项目时改变一些要素。罗斯曼（Rossmsn）认为，这些要素包括人们之间的互动、物理环境、目标、规则、关系和活动项目的动态性。从评估过程中获得的信息使项目策划者能够修改或者改变这些要素。

评估指出了改进活动项目的需要。通过项目评估收集的信息可以对相应的活动项目要素进行修改。比如，为了使参与者顺利进行休闲体育活动，可能要以某种方式改善或者扩大项目的物理环境。这些改变在大多数情况下都旨在对提供的服务的质量方面进行改进。

（三）组织导向

组织导向是指评估把活动项目绩效与财务拨款联系起来。评估的一项重要贡献是把项目的绩效与资源的分配联系在一起。其含义是，评估有助于强化顾客所预期的项目与休闲体育服务组织是否能够以高效率和高效能的方式提供这个活动项目之间的关系。因此，评估程序可以测量成本以及成本与收益之间的关系。

评估重视比较明确和比较具体的目标。很多休闲体育服务组织都把"提高、改善人们的生活质量"作为其主要目的。然而，这种目的却很难测量，评估迫使组织重视比较实际和明确的、可以定义和可以测量的目标。

评估有助于确定活动项目的优先顺序。因为评估可以提供与项目的成本和收益相关的信息，所以可以确定活动项目涉及的因素的优先顺序。这样的信息可以用于做政策决策、确定可以接受的利润率和融资决策。

评估有助于控制组织，通常要建立衡量其工作的绩效标准和评价标准。评估可以帮助休闲体育活动项目策划者确定是否出现了偏差、出现偏差的程度。了解了这些信息之后，休闲体育活动策划者就能够采取恰当的行动，以保证绩效达到可以接受的水平。

休闲体育服务项目策划者希望评估过程能够取得积极的成果。作为社会人，我们都希望别人对我们的职业活动的认可。没有人愿意认为他的工作达不到标准或者未能满足顾客的需要、欲望和预期。然而，在职业工作和提高顾客满意度方面永远有改进的余地。由于从评估系统中获得的信息可能会要求项目策划者改变、修改他们的工作，因此人们常常从消极的角度审视评估。

由于这个原因，组织中的评估系统常常被贬低重要性、被忽略，甚至根本不存在。个人和组织都不花时间仔细考虑这些问题：需要评估什么？如何对项目和服务进行评估？应该在什么时候进行评估？评估工作常常与目的和目标没有明确的联系，因而在组织的整体工作中变得毫无意义。评估如果没有把组织的奖励结构与完成评估结果中所确定的预期变化联系在一起，评估系统会受到损害。很多评估工作往往停留在管理人员办公室的书架上，因为时间不当、构思不周密，评估的结果很难理解、实施。

第二节　休闲体育活动的项目评估主要方法

虽然有很多对休闲服务项目进行评估的方法，但是重要的是要了解收集评估数据的定量方法和定性方法之间的区别。亨德森和比亚雷斯基（Henderson 和 Bialeschki，2002）总结出定量和定性评估方法之间的关系。

简而言之，定量评估以收集和使用数字计算或者统计为基础。定性数据是指使用文字收集数据，其结果是通过分析确定的模式。我们认为，不同的情况可能会要求使用某种类型的评估数据。我们还认为，在一个评估计划中，如果定性数据和定量数据的结合对评估有帮助，就可以同时收集和使用定性数据与定量数据。

一般来说，定量评估方法具有如下特点（Henderson 和 Bialeschki，2002）：
- 收集数字数据（用数字赋值的方式量化数值）；
- 对项目的某个组成部分进行检查；
- 以达到目的为导向；
- 有效地检查项目的产品（以产品为导向）；
- 预定式设计。

采用定量方法时，收集数据应注意：①对休闲体育活动项目的某个组成部分进行检查（如活动）；②具有预先设计的固定数据收集方法（如与教练、项目和设施有关的反馈信息）；③以达到目的为导向（如有趣和愉快的项目）；④以产品为导向。这主要针对休闲体育活动参加者收集数据。

一般来说，定性评估方法具有如下特点（Henderson 和 Bialeschki，2002）：
- 收集文字数据；
- 从整体角度检查一个项目；
- 以无目的模式为导向；
- 有效地检查项目的效能（以过程为导向）；
- 即时设计。

采用定性方法时，收集数据应注意：①从整体角度检查整个休闲体育体验（不仅仅是活动本身）；②允许休闲体育活动参加者灵活地写出自己的经历（而不是统一的经历）；③比较无目的性；④以过程为导向。

休闲体育活动评估可以采用很多方法、模式，评估参加者（participant）、人员（personnel）、地点（place）、政策（policy）和项目（program）。以下提供了 5 种评估方法，以及有代表性的模型，其与休闲体育活动项目策划有直接关系。虽然选择的方法并不多，但却是进行评估的基本工具。任何一种方法或者模式的价值或者应用性在于其具有的适应性，而不在于其统一性。因此，应该分析如何把这些方法、模式应用到具体情境中去，而不是简单地应用这些方法、模式去解决某个现有的问题。

这 5 个选择方法是：①目的/目标方法；②无目的方法；③专家判断方法；④政策分析方法；⑤基于满意度的方法。

一、目的/目标评估方法

目的/目标评估方法是将教育评估技术应用到休闲体育活动项目中的一个例子。这种方法的基础是预先确定具有可测量性结果的目的和目标。其目的的概括性越大，具体的结果就越难确定。因此，这种方法重视可以测量到明确结果的具体的目标。

目的应是组织或者项目团队对发展方向所做的清晰而概括性的陈述，目的还表明与其使命的关系。下面是一些概括性的目的实例：

- 提高体育活动质量；
- 改善休闲体育活动举办地的形象；
- 为所有人提供休闲体育活动指导；
- 为社区的所有居民提供休闲体育活动的项目。

虽然这些概括性的目的是令人羡慕的，但是评估者面临的问题是如何确定是否达到了目的。因此，必须要设定具体的目标，要提供测量的机制，如果完成了这些目标，即达到了目的。

目的达成评估（goal-attainment evaluation）是以测量绩效与目标的一致性为基础的。目标是指可用书面表达方式阐述要取得的结果。这种目的达成评估要求有撰写得清清楚楚的目标。撰写目标是一项耗费时间并且严格的工作。如果没有与整体目的相关、具有可测量性的目标，就无法实施这种评估方法。目标的基本因素包括：任务描述，由谁承担任务，确定应该采取的行动和条件，明确说明可以接受的、最低水平的任务绩效标准。

目标可以以组织为基础，也可以以绩效为基础。组织目标强调达到组织目的的过程。比如，一个组织的目标可能是招募和培训多样化的员工，以管理一个青年项目，另一个组织的目标可能是为那些没得到服务的人提供服务。行为或者绩效目标描述参加者或员工要达到既定目标需要展示的绩效。又如，一堂篮球课程的行为目标可能是：在课程结束时，参加者能够连续罚中 10 个球。撰写绩效目标和组织目标时，应该牢记需要改进的领域。撰写得清楚的目标，能够提供收集数据的基础和对 5P（参加者、人员、地点、政策和项目）进行判断的基础。如果撰写得正确，目标就可以成为评估的标准。

二、无目的评估方法

与目的达成评估方法不同的另一种方法是无目的评估方法。这种评估方法有时被称为黑匣子模式。虽然这种方法已经存在了很多年，但是直到最近才被很多职业工作者用于实践。

这种方法的基础是在不考虑任何目的的情况下，检查一个组织、参加者群体或者项目。也就是说，无目的评估方法的意向是发现和判断实际效果、结果和影响，而不考虑既定的影响。采用这种方法，评估者开始进行评估时不必对可能产生的结果怀有先入之见。这种类型的评估的价值在于发现那些可能会产生意料之外副作用的项目。斯克里温（Scriven）认为，如果一项评估的主要目标是评价结果的价值，那么预期的结果和非预期的结果就没有什么区别了。

事实上，不存在无目的评估方法，因为评估的目的是要回答一些问题或者做比较工作。此外，评估者只能从全部可用的信息中选择一定数量的信息，以完成一项评估工作。为了收集有用的数据，要根据识别出的问题或者指导性问题收集数据，这些问题通常为内部和外部群体发现的问题。支持者认为，这种方法的优点是：评估者通过自由选择评估的问题范围，可以收集有用的数据。

这种方法收集的数据既可以是定性的，也可以是定量的。采用这种方法，评估者通常与参加者、工作人员交流，识别活动项目要素，发现问题，构思争议、问题的概念。这些工作完成后，评估者将确定需要收集的定性或者定量数据，选择合适的数据收集方法和使用的技术，把数据和人们关心的问题联系到一起，撰写、提交报告。

这种方法在很大程度上依靠逻辑分析和观察以及其他数据收集方法。这种方法的主要缺点是耗费时间，而且一些结果可能很难测量。但是，这种方法的优点是可以提供关于评估中的深度信息。

三、专家判断评估法

有时候，需要获得与休闲体育项目相关的一些观点，人们通常便利用专家或者顾问评估休闲体育活动项目的某些部分或者整个项目。专家可能会选择使用一些方法进行评估，提出相关的看法、判断。

使用专家判断方法的积极方面是，这种方法和结果更具体而且没有复杂的表格、过程或者数据处理。此外，专家也可能会把其声誉带到评估结果中。这种方法的缺点包括：专家的偏见和成见；只是关注项目的一部分而不是全部；缺少合理和可靠的方法；工作具有主观性；成本高。

专家判断通常能够给评估带来新鲜的观点。参加评估的专家可能会从完全不同的角度审视这个项目。请专家对一个项目的一个部分进行评估似乎有点儿奢侈。

这种方法的一种变异形式是使用标准。这种类型的专家涉及批评性评估。这类专家曾经受过培训，曾经对预先确定的提供的服务最低标准进行过评价。

标准是在公认的或者由专家一致同意的某种条件下的理想状况。标准是用书面形式表达的要达到的最低而不是最高的目的。采用职业标准的人假设，如果达到描述的理想状况，项目将会有效。标准在评估中是很有用的，因为能够通过对比进行评估，即把组织中实际发生的事情与某个职业内公认的、可以接受的称许性标准进行比较。

由于大部分标准都是基于称许性的职业判断，而不是基于科学依据，所以，应该随着条件的变化对标准进行定期审查和修改。为了使标准有效，标准应该：

满足目标服务人群的需要；

经过努力可以达到；

被休闲体育服务业工作者所接受和使用；

反映与职业实践相关的最新信息；

经得住时间的检验（虽然修改，也应该反映不断变化的社会条件）。

使用这种方法的组织通常进行自我评估，根据一个职业团体制定的最低预期或指南进行修改、提高；请受过训练的外部专家来确认自己是否达到了现行标准。这个用标准进行评估的过程，在该领域中是众所周知的。

用于鉴定的标准通常是参考标准，也就是说，评估绩效依据的是某种标准水平，评估者评价是否达到了标准目标。这种类型的测量方式不用于对各个组织进行比较，只用于检查是否达到了某种预定的绩效水平。

在某些情境中也可能会使用常模参照标准（norm-referenced standards）。这些测量使用相同的测量工具，测量一个人或者事与另一个人或者事相比所处的相对位置。最广为人知的常模参照标准测量是标准的智力测验，智力测验最近几年受到了强烈批评。在休闲体育服务领域，通常使用常模参照标准确定一个人与相同年龄人群相比其身体适能的状况。

四、政策分析评估方法

政策分析是另一种评估休闲体育活动项目的方法。为了提供休闲体育服务，组织、机构和企业都颁布政策、程序和常规惯例，以指导其工作。实施之前对政策要分析、预测：①如果实施这个政策，会产生什么效果？②如果不实施这个政策，会产生什么效果？这两种不同的行动步骤将显示政策的预期效果。相反，实施之后对政策的分析，可以帮助组织修改政策，以达到预期的效果。政策分析方法重视检查机构的政策，其目的是通过彻底的检查和评估可以确定哪些政策应该保留、修改或者废除。

休闲体育服务组织可以采用以下4种政策分析的基本方法。

（一）影响分析

影响分析要确定如果实施一个政策会发生什么社会变化。这种分析方法构建了一个收集和分析数据的系统计划，目的是预测一个项目对社会产生的影响。一个政策可以对个人、机构、社区和社会系统产生经济、政治、社会、文化或者环境影响。

（二）成本/收益分析

成本/收益分析权衡实施一个特定的政策需要投入的资源与预测的政策结果之间的关系，这是构建决策的一个过程，目的是评估替代性方案和选择最佳行动步骤。如果需要在可以达到相同目标的两个项目之间进行选择，成本/收益分析方法尤其适用。

（三）实施分析

实施分析关注与某个政策相关的步骤、方法和实践的可行性。运用这种方法要解决这样的问题：这个机构能够执行这个政策吗？因为制定一个政策并不能保证一个组织有能力去实施这个政策,组织不能实施这个政策的原因是缺少资源,而不是政策有错误。

(四)政策分析

政策分析确定决策者是否接受一个政策。如果决策者不愿意支持一个政策,这个政策就不可能得到实施。因此,这是政策分析的一个重要方面。

在对活动项目或服务进行评估时,常常忽视对政策的审查。这种方法有助于确定组织内现有政策的可行性、称许性。这种评估方法在政府组织或者志愿性组织中非常有用,其用途不仅仅局限于这些部门。

五、基于满意度的评估方法

基于满意度的项目评估方法提供了与参加者对项目与服务满意度相关的具体数据,可以用这些数据从顾客的角度判断项目与服务的价值。这种方法的基本假设是:顾客最能够判断一个具体项目是否能够满足其参加休闲体育活动的需要。罗斯曼(Rossman,1995)认为,参加者提出的休闲体育活动满意度,是公认的测量尺度。

采用这种方法,要在休闲体育活动项目结束之后,通过问卷调查表收集数据,问卷调查表中的问题与一些满意度大小相关。发给参加者的问卷调查表可以测试答卷者对参与某一休闲体育活动项目的满意度。

从基于满意度的问卷调查表中收集的数据,可以从多个方面为评估机构提供帮助:

第一,可以从顾客的角度记录某个活动项目的结果。项目策划者在活动的过程中可能会观察到自认为是顾客满意的行为,而这种方法使项目策划者可以用数据的形式记录观察结果。因此,项目策划者可以用数据来支持自己关于该活动价值的个人判断。

第二,收集的数据可以帮助确定是否达到了活动项目的目的。有时候,用过于概括的术语描述的概括性目的不能提供具体信息,而这种方法可以提供一些具体的信息,以强化概括性目的。

第三,如果在所有项目中都使用相同的工具进行调查,其数据可以用于比较不同项目领域中的顾客满意度。

比如,要举办一次户外游憩活动,为了保证参加者的满意度符合尽量多的人的期待,活动项目的满意度评估就显得尤为重要,它包含满意度问卷的设计、问卷的收发与问卷的相关分析三个环节。①问卷设计。问卷通常是由项目评估者根据项目的场所、设施、休闲体育体验、服务质量、管理财务等要素来设计的,尽量涵盖参加者的各方面需求。②问卷收发。以抽样的方式确定样本比例,发放问卷,并指导参与者填写,确保问卷回收质量。③问卷分析。分析项目各要素、参与者相应的满意度,同时对比分析类似休闲体育活动的项目总结出的满意度数据。可以与所有的休闲体育活动项目中总结出的满意度数据进行比较。这种比较使项目策划者可以从顾客的角度了解这些项目的优点和弱点,以便进一步提高项目的满意度。

上述方法对于确定评估标准、收集数据提供了参考,一般休闲体育活动评估者可以不同程度地使用这些方法。在实施评估之前,应该确定哪种或哪几种方法最适合。

第三节　休闲体育活动的项目时间管理与财务评估

一、休闲体育活动的项目时间管理

休闲体育活动的项目时间管理是指为保证项目各项工作及项目总任务按时完成所需要进行的一系列工作与过程。项目的时间管理也有人将其称为项目进度管理。项目时间管理的内容包括确保项目准时完成所需的一系列管理的过程与活动。比如，界定和确认休闲体育活动项目的具体内容，即分析确定为达到特定的项目目标所必须进行的各种作业活动；项目活动内容的排序，即分析确定工作之间的相互关系，并形成项目活动排序的文件；估算活动时期，即对项目各项活动的时间做出估算，并由此估算出整个项目所需的期限；制定项目计划，对工作顺序、活动时期和所需资源进行分析，并制定项目进度计划；项目进度的管理与控制，即以项目的变更进行控制和修订计划等。

这些项目时间管理的过程与活动既相互影响、又相互关联，每一过程与活动都需要有项目经理和团队付出一定的努力。尽管这些过程与活动在理论上是分段的，而且各阶段都界限分明，但在实际的项目实施和管理中，它们却是相互交叉和重叠的，对于一些小型项目，项目的一些管理过程与活动甚至可以进行归并。比如，项目时间管理中的项目活动界定、工作排序、周期估算、制定项目进度计划等这些活动几乎可以同时进行，所以常常被视为一个阶段，甚至可以由一个人在相当短的时间内完成。

当然，控制项目的进度并不意味着一味追求进度，还要满足质量、安全和经济的要求。

项目时间管理的理念：一是时间就是金钱；二是要优者为先。

项目时间管理包括保证项目按时完成的各个过程。项目时间管理的各个过程包括：

定义活动——识别活动成果的过程。

排列活动顺序——识别和记录项目活动间逻辑关系的过程。

估算活动资源——估算活动所需场地、人员、设备的种类和数量的过程。

估算活动持续时间——根据资源估算的结果，估算完成单项活动所需工作时段数的过程。

制定进度计划——分析活动顺序、持续时间、资源需求和进度约束，编制项目进度计划的过程。

控制进度——监督项目进展状态，以更新项目预期基准的过程。

上述过程不仅彼此相互影响，而且与其他过程相互影响。基于项目的具体需要，每个过程都需要一人或多人的努力，或者一个或多个小组的努力。每个过程在项目中至少进行一次，并可在项目的一个或多个阶段（如果项目被划分为多个阶段）中进行。在某些项目（特别是小项目）中，定义活动、排列活动顺序、估算活动资源、估算活动持续时间以及制定进度计划等过程之间的联系非常密切，以至于可视为一个过程，由一个人在较短时间内完成。

以家庭周日郊游野餐的活动为例，对项目时间管理的各个过程进行分析。

第六章　休闲体育活动的项目评估

案例：天气预报说周末是个好天气，小桃决定带上全家人（小桃，父母，爷爷、奶奶、外公、外婆）去湖边郊游野餐。小桃为了这次活动万无一失，用项目时间管理的方法对这次郊游野餐活动进行了周密计划。

这次郊游野餐活动并不复杂，小桃通过面谈和电话形式与父母亲确定了应该进行的具体活动，并确定了负责人。在整个活动项目中，必须满足以下约束条件：

小桃的爷爷、奶奶和外公、外婆在周六早上 9 点在小桃家（小桃和父母同住）集合，并开始一切准备活动，在这之前大家什么也不用做。

在到达郊游野餐的目的地之前，需要完成一切准备工作。

小桃所在的城市有两个湖，一个在南边，一个在北边，需要在出发前确定究竟去哪个湖。

全家人都希望整个准备过程不超过 45 分钟。

小桃为郊游野餐准备的清单详见表 6-1。

表 6-1　郊游野餐准备清单

标号	具体活动	负责人
1	装车	小桃
2	去银行取钱	小桃
3	做鸡蛋三明治	妈妈
4	开车去湖边	小桃
5	决定去哪个湖	小桃和家人
6	给车加油	小桃
7	煮鸡蛋	妈妈

就清单的项目活动进行分析，我们可以得出项目的活动排序，第 3 点、第 5 点和第 7 点具有强制依赖的关系，而其他几点是自由依赖的关系。

①强制依赖关系：

做三明治之前必须煮好鸡蛋。

出发前必须决定去哪个湖。

②自由依赖关系（家人商量后决定）：

在其他活动前需要决定去哪个湖；

一旦决定去哪个湖，则小桃去取钱，小桃妈妈开始煮鸡蛋；

小桃从银行取钱后去给汽车加油；

妈妈煮好鸡蛋后开始做三明治；

小桃加油回家后开始装车；

装完车后，立刻出发去湖边。

那么，郊游野餐活动的准备顺序关系如图 6-1 所示。

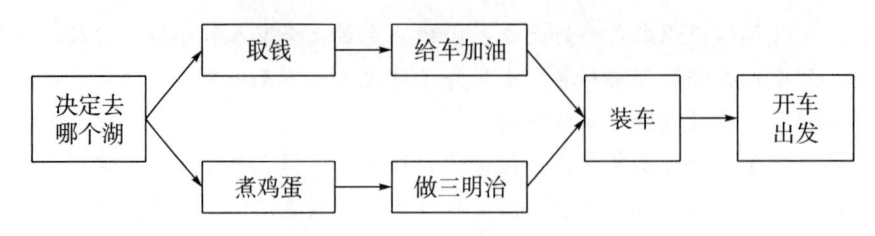

图 6-1 郊游准备顺序关系图

假设不存在意外情况，所有的活动都是顺利进行的（如加油不排队、路上不堵车等），则我们可以对准备活动时间做如下估计（详见表 6-2、图 6-2、图 6-3）。

表 6-2 预计准备时间表

标号	具体活动	活动时间估计（分钟）
1	装车	5
2	去银行取钱	5
3	做鸡蛋三明治	10
4	开车去湖边	30
5	决定去哪个湖	2
6	给车加油	10
7	煮鸡蛋	10

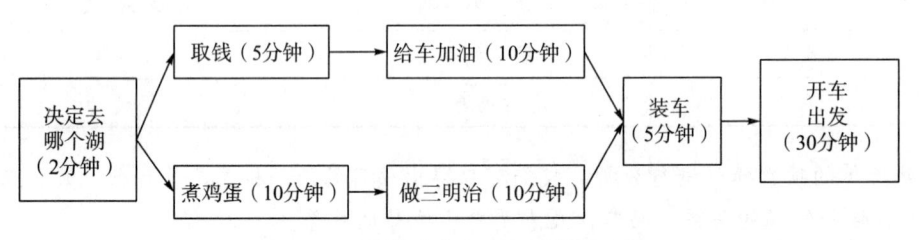

图 6-2 郊游准备顺序和时间关系图

那么，我们会发现，准备的时间为 57 分钟，超出了期望的时间 45 分钟。所以，我们应该及时对计划作出调整。开车去湖边和做三明治同时进行的话，我们就可以节省 5 分钟的时间，但是这样仍然达不到 45 分钟的目标，那么优化继续，在加油站的 ATM 机上自助取钱就可以将取钱和加油的时间优化，将决定去哪个湖和装车并行，则全部时间可优化到 45 分钟内。

小桃根据项目时间管理制定的计划，可以在确定的时间内完成整个活动的准备工作。

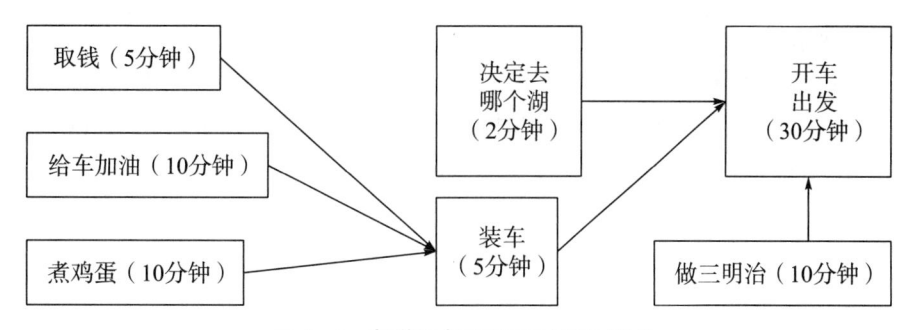

图 6-3 郊游准备顺序和时间关系图

在开始进行项目时间管理的上述过程之前，项目管理团队需要预先开展规划工作。该规划工作是制定项目时间管理计划过程的一部分，编制出进度管理计划。随着项目活动开始执行，项目时间管理的大部分工作都发生在控制进度过程中，以确保项目工作按时完成。

二、休闲体育活动的项目财务评估

（一）休闲体育活动财务评估的目的

根据项目评估理论，财务评估是指在国家现行财税制度和市场价格体系下，在财务预测的基础上，通过计算项目的财务指标，分析预测项目的财务效益与费用，考察拟建项目的营利能力、偿债能力、外汇效益及财务生存能力，据以判断项目在财务上的可行性。按照上述定义，休闲体育活动的项目的财务评估是指在国家现行财税制度和市场价格体系下，在对休闲体育活动成本、收入预测的基础上，通过计算活动项目的财务指标，分析预测活动项目的财务效益与费用，考察活动项目的营利能力、财务生存能力、债务偿还能力等，据以判断活动项目在财务上的可行性。此外，从财务评估的角度考虑，本书中的研究对象——休闲体育活动的项目与一般工程项目相比有其特殊性，主要表现在：第一，休闲体育活动项目是一种活动，活动结束，活动项目也就基本结束，其收入也就基本停止；第二，休闲体育活动的运营周期相对较短，除了奥运会、世界杯等大型活动外，一般活动的运营周期都不超过两周。休闲体育的上述两个特征使得在休闲体育财务评估中，通常无须考虑资金时间价值，这也使得休闲体育财务评估变得简单。

休闲体育财务评估的根本目的是研究活动项目在财务上的可行性，也就是说，从财务的角度评估活动项目是否有举办的可能性，具体而言：

第一，评估休闲体育活动的财务生存能力。通过考察休闲体育活动的项目筹备和举办期内所产生的各项现金流入和流出，计算净现金流量和累计盈余资金，分析休闲体育活动的项目是否有足够的净现金流量维持正常运营，以实现财务的可持续性。财务的可持续性首先体现在项目运营过程中必须有充足的现金流量，或者说营运资金保持为正值。由于休闲体育活动的项目申办和筹备需要大量的资金，而此时休闲体育活动项目可能还没有产生收入，因此需要分析所需资金的来源和落实情况。

第二，评估休闲体育活动的营利能力。通过财务评估，评估休闲体育活动的收入是否能够达到预期的水平，是否能够达到收支平衡，是否能够及时地收回投资，是否能够达到一定的投资回报率。

第三，评估休闲体育项目的偿债能力。通过财务评估，分析活动项目运营资金来源是否可靠、资金结构是否合理，确定最佳的资金筹措方案，以保证活动项目顺利运营。

（二）休闲体育活动的财务评估的方法与步骤

休闲体育活动的财务评估是一个定性分析和定量分析相结合的过程，以定量分析为主。其主要是通过对休闲体育活动的项目财务费用和效益的识别，结合一定的预测方法对活动项目财务费用和效益进行预测、分析，再结合活动项目财务报表的编制进行休闲体育活动的财务评估指标的计算，最终通过对这些数据的分析确定休闲体育活动的项目财务可行性。这一过程具体包括以下步骤。

1. 活动项目财务数据收集

根据休闲体育活动的财务评估需要，收集相关的活动项目数据和参数，包括国家有关的财务和税收法律法规，休闲体育活动的项目申办、运营成本等方面的财务数据。

2. 休闲体育活动的项目财务数据预测

休闲体育活动的财务评估需通过预测，计算出休闲体育活动的项目的成本和收入方面的数据，包括活动运营费用，如餐饮、接待、交通、安保、活动推广等费用，以及活动收入，如电视转播权收入、门票收入、广告收入等。

3. 编制活动项目财务评估报表

通过对活动项目财务评估报表的编制，将收集和预测的活动项目财务数据进行全面的汇总整理，使这些数据之间形成内在联系。由于休闲体育活动的项目的财务评估相对比较容易，通常情况下，只要编制出现金流量表即可。

4. 全面进行休闲体育活动的项目财务可行性分析

这主要包括运用编制的现金流量表和相关数据计算活动项目各种的财务评估指标，从而分析活动项目的财务可行性。

5. 给出活动项目财务可行性的分析结论

休闲体育活动的项目财务评估最终将根据上述评估的内容编写出财务可行性的报告，它是整个活动可行性报告的一个组成部分。

第四节　休闲体育活动的项目风险评估与应对

一、休闲体育活动的项目风险评估概述

休闲体育活动的项目风险管理是指为避免项目发生风险或将风险发生的损失降到最低所做的一系列工作、过程。

一般来说，风险是指在一定条件下和一定时期内可能发生的各种结果的变化程度。在涉及风险问题的研究中，风险的定义大致分为两类，第一类是强调风险的不确定性；第二类是强调风险损失的不确定性。前者可称为广义风险，后者称为狭义风险。风险具有客观性，其大小随时间延续而变化，是"一定时期内"的风险。

休闲体育活动的风险管理在休闲体育活动的策划及风险控制系统中的作用举足轻

重,休闲体育活动最终能否顺利开展、结果圆满与否在很大程度上需要依靠风险管理,充分发挥其控制预防的功能。要使前期的活动策划在后期顺利运作,需完全依靠风险管理来抵御潜在的风险或降低风险造成的损失。

影响休闲体育活动成功运作的因素有很多,有工作人员、观众、运动员等主体因素,也有政治、经济、文化等外部环境因素等。这些因素决定了休闲体育活动面临众多风险,需要进行有效的风险管理。

二、休闲体育活动的项目风险的分类

按风险来源分类是最常见的风险分类方法,由于风险产生的原因很多,按风险来源划分的休闲体育活动所面临的风险主要有以下3种。

(一) 自然风险

自然风险是指由地震、暴雨、流行疾病等不可抗拒的自然因素导致活动的中断、延误或取消。

(二) 商业风险

商业风险是指活动主办方在活动商业化运作过程中由于主客观因素的影响而遭受经济利益上的损失。具体来讲,就是由于市场需求量、需求偏好等方面有可能发生不利的变化,而使休闲体育活动的项目活动满意度达不到预期的水平。对于大多数项目而言,商业风险是最直接也是最主要的风险。

(三) 组织管理风险

组织管理风险是指在活动运作过程中由于组织管理方面的原因导致活动可能中断、延误或取消。

除以上的风险因素外,还有技术风险、政治风险、信用风险、道德风险等因素,这些风险因素是造成行为结果不确定的原因和影响行为结果概率分布的因素。每一类风险因素中包含多个因素,对于不同的行为,其风险因素系统各有不同。针对不同的具体行为识别其主要风险因素是风险管理的一个非常重要的过程。

三、项目风险的识别

(一) 项目风险识别的步骤

风险识别是一项极富艺术性的工作,要求风险分析人员拥有极强的洞察和分析能力以及丰富的实际经验。风险识别的一般步骤是:

①明确所要实现的目标。
②借助因素层次分析找出影响目标值的全部因素。
③分析各因素对目标的相对影响程度。
④预测各因素向不利方向变化的可能性,并对之进行分析、判断,最后确定主要风险因素。

(二) 项目风险识别的方法

项目风险识别的方法有很多,既有结构化的方法,也有非结构化的方法;既有经验性的方法，也有系统性的方法，使用最多的是以下几种方法。

1. 系统分解法

项目风险识别最常用的一种方法是利用系统分解的原理，将一个复杂的项目分解成比较简单的和容易认识的子系统或系统元素，从而识别出各个子系统或系统要素的风险的方法。

2. 头脑风暴法

对于风险识别来说，头脑风暴法是一种运用创造性思维、发散性思维和专家经验，通过会议的形式去分析和识别项目风险的方法。在使用这种方法时，在项目风险识别小组中，需要各方面的专家和分析人员畅所欲言，搜集项目可能存在的各种风险。使用这种方法时，组织者要善于提问，并及时整理项目分析的结果，促使与会者不断发现和识别项目可能存在的各种风险。通常所提的问题是：进行某个项目会遇到哪些风险；其后果的危害程度如何；这些风险的主要成因是什么；风险发生的征兆有哪些；风险有哪些基本特性，等等。

3. 情景分析法

在进行项目风险分析与识别时，需要一种能够识别引起风险的各种关键因素，以及它们的影响程度等方面的方法，情景分析法正是这样一种项目风险识别的方法。情景分析法就是对项目未来的某个状态或某种情况的详细描绘情景进行风险与风险要素的分析，从而识别项目风险的一种方法。对于项目未来的某种状态或情况的描绘可经用图表或曲线给出；也可以用语言文字给出，对于设计因素较多，分析计算比较复杂、方案众多的项目风险分析，可以借助于计算机进行。这种方法的常规做法是：先给出项目状态或情景的描述，然后变动项目的某种因素，分析变动后的项目情况，如会有什么样的风险发生、风险的后果怎样，等等。

（1）分析和识别项目风险的后果

这种方法可以通过情景描述与模拟，分析和识别项目风险一旦发生会出现的后果。分析结果可用于提醒项目决策者注意采取风险控制措施或政策，以防止可能出现的风险及其后果。

（2）分析和识别项目风险可能波及的范围

这种方法可以通过情景描述与模拟，以及改变项目风险影响因素等方式，分析和识别项目风险一旦发生会波及的项目范围，并给出需要进行监视和跟踪控制的项目风险范围。

（3）检验项目风险识别的结果

当各种项目风险识别的结果相互矛盾时，情景分析法就显得格外有用了，因为这种方法可以用于检验各种项目风险的可能性和发展方向。通常利用情景模拟和分析，通过改变项目风险变量，就可以检验项目风险识别的结果。一般可通过改变项目风险参数给出多种风险情景，去分析和检验识别的结果。比如，可以给出两个极端情况和一个中间的情景，通过观察这些情景中风险的发生、发展、变化去检验项目风险识别的结果。

（4）研究某些关键因素对项目风险影响

情景分析法通过分析、筛选、监测和诊断，可以给出某些对于项目的关键影响。使用筛选方法时，可依据某种项目程序潜在的风险过程、风险因素进行分类选择，排序筛选出项目风险的关键影响因素。使用监测方法时，对应于某些风险，可以模拟情景并监测风险情景的发展变化情况，找出影响风险的关键因素。在这些风险因素的筛选和检测过程中，要记录和分析、诊断症状或后果，以及它们与可能的起因之间的关系，找出风险的起因并仔细核对。

（三）风险识别

风险识别实际上是一种预测，是对项目未来实施情况的设想。由于风险的不确定性，不可能一次就把所有的风险都识别出来，因而风险识别不是一次性行为，而应有规律地贯穿于整个项目的实施过程中。风险识别包括识别项目的内在风险以及项目的外在风险。内在风险是指项目经理或项目团队能加以控制和影响的风险，外在风险是指超出项目经理或项目团队控制和影响之外的风险。我们在此以 2008 年北京奥运会为例，来说明风险识别。

1. 经济风险

预测奥运会的经济风险可能涉及如下问题：举办 2008 年北京奥运会的投资主体究竟是谁？是北京市政府还是民间财团？北京奥运会招商引资的成功概率有多大？是真正动用民间资本还是政府责令企业摊派？它的成本和收益如何计算？北京市的体育市场需求究竟会发生哪些变化？国际上的优质资本是否会大举进入中国？目前媒体的报告与实际的操作有多大差距？

2. 政策风险

从目前情况看，从中央政府到地方政府都为 2008 年北京奥运会的筹办大开绿灯，2008 年北京奥运会的定位究竟是官办民助还是民办官助？奥运会是一种按产业方式运作的大型赛事，现实中，如果离开了国家的支持、政府的行政指导，要举办这样大型的活动，要让全世界五大洲的体育精英都参加比赛、表演，出席论坛、博览会等谈何容易。2008 年北京奥运会的举办在政策上中央政府能给予尽可能的支持，但不会像 1990 年北京亚运会那样全力支持。因此，其政策风险不可低估。

3. 法律风险

既然是国际上最大的体育盛会，其规定的体育项目设立、开展、基本设施的建设、国际标准的确立、从业人员的素质要求、技术等级、竞赛制度和管理条例的落实等就需要按国际体育运动项目的竞赛规则、对场馆硬软件的要求来规范和布局，加之我国已经加入 WTO 组织，WTO 的规则，如最惠国待遇原则、透明度原则、公平贸易原则等均对北京奥运会项目的招商引资提出了新的要求和限制。因此，如何提升项目的标准和档次，使其符合国际标准也是不容忽视的问题。

4. 环境风险

预测奥运会的环境风险可能涉及如下问题：北京市日益增多的私车数量、交通堵塞问题是否会对奥运会的举办带来交通障碍、环境污染？届时能不能保证不出现 SARS 或禽流感之类的传染病？北京市的治安措施能否保证让恐怖分子无懈可击？人员密集能否及时分流，避免踩踏悲剧发生？干燥、高温的北京天气会不会引发一些运动场馆的火灾？

5. 资源风险

得天独厚的人文环境和自然资源是北京市的一大财富，但这并不就是成功举办北京奥运会的关键因素，绿色奥运工程届时可能会给北京带来洁净的天空，但这也不是举办北京奥运会的充要条件，而奥运会项目的布局以及在国内的开发和推广，体育运动设施的使用和管理，项目经理人和项目团队的筛选，规章制度的建立和计算机硬软件的开发，以及奥运会之后体育场馆的有效利用等是另一些不可忽视的关键因素。亚特兰大奥运会之后立刻改建亚特兰大奥运会主体育场便是美国人对资源风险充分估计后的做法。

只有对这一系列潜在风险因素进行预测后，才能估算成本和收益、投入和产出、社会效益和经济效益、近期作用和长远目标等，才能量化各种不同的潜在风险，从而根据对风险事件的承受能力和对项目开发的期望价值，对项目是否承办予以抉择。

四、休闲体育活动的项目风险评估

休闲体育活动的项目风险评估是指对休闲体育活动中风险的性质、概率、后果等的综合分析和判断，在风险控制微系统中发挥着巨大的作用。客观的风险评估有助于决策休闲体育活动策划方案。

（一）评估内容

休闲体育活动的风险评估一般应包括以下内容：

①资质评估，包括活动组织者的合法性，组织这些活动的经历、能力等；

②性质评估，包括活动的内容、规模、时间、地点、参与人员及组织方式等；

③场所评估，包括活动预计参加人数与场所的容纳量，场所设施的安全性，场所的周边环境等；

④设备评估，包括活动所需设备供给、交通、通讯、应急照明等；

⑤安保评估，包括安保力量的数量、专业水平、应变能力等；

⑥. 组织管理评估，包括活动方案、应急预案、工作人员的岗位分配等；

⑦气候、日期等的风险评估，如自然灾害、敏感日期等；

⑧其他可能的风险因素评估，如活动现场周边的治安、交通秩序等。

（二）评估的步骤和方法

评估的步骤和方法直接影响到风险的种类及级别，合适的评估步骤和方法能够客观评价各种风险。风险评估的基本步骤主要包括：

①识别活动潜在的威胁；

②评估这些威胁的潜在危害；

③预测发生威胁的程度，如可把风险依照程度轻重分为一般风险、较大风险、重大风险、特大风险四个等级；

④确定承受风险的能力；

⑤确定风险消减和控制的优先等级。

针对不同的风险需用不同的评估方法来评估，休闲体育活动风险评估的方法有以下几种：

①定量分析法，指对活动风险按一定模式计算相关数据、进行分析评估的方法。

②定性分析法，指通过列出活动风险清单，并进行分级，分析技术包括判断、直觉和经验。其优势是简单、评估成本低，不足之处是结果主观、不准确。

③定量和定性综合方法，指建立在定性方法上的定量评估方法，客观准确。

五、休闲体育活动的项目风险应对策略

（一）风险回避

风险回避有两种含义，一是指风险发生的可能性极大，后果极其严重，又无计可施，于是主动放弃项目或改变项目目标的策略；二是通过变更项目计划，消除风险事件本身或风险产生的条件，从而保护项目目标免受影响的方法。在组织任何休闲体育活动前，应该分析该活动是否存在有重大事故的隐患或发生的可能性。虽然项目活动永远不可能消除所有的风险，但某些特定的风险还是可以避免的。比如，在设计户外休闲体育活动项目时，可以根据地区和季节的气象历史，避开梅雨季节，或者因雨季延误而修改进度计划，这样可以避免因为天气的因素可能导致项目延误的风险。

（二）风险转移

风险转移是指活动组织者通过购买保险、签署合同等方式将风险尽可能转移给其他组织或个人的方法。前者是指活动组织者支付一定的保险费用给保险公司，保险公司则负责承担风险发生后的经济损失。后者则包括两种情况，一是活动组织者同有关责任方，如体育场馆、中介公司等签署合同，由他们对风险发生所造成的损失负责；二是通过让活动参与者签署免除责任协议，使伤害事故的可能受害者放弃追究活动组织者的法律责任。但在签署这类合同时，一定要遵守有关法律规定。

（三）风险控制

这种方法是活动风险管理的核心，即充分认识到风险的存在，并采取各种有效的预防措施和处理方法，最大限度地减小风险发生的可能性和因风险发生造成的损失。其具体内容包括评估风险、制定应急预案、加强安全教育与培训、进行应急演习、全面检修场地器材、加强监督与管理、整理和保全各种资料、应对相关的事故诉讼等。

（四）后备措施

有些风险控制要求事先制定后备措施，如果在风险发生时我们能采取应急措施，就能减轻其后果。一旦项目实际进展情况与计划不同，就采用后备措施。后备措施主要有费用、进度和技术三种。

1. 预算应急费

这是一笔事先准备好的资金，用于补偿差错、疏漏及其他不确定性对项目估计欠精确性的影响。预算应急费在项目进行过程中一定会花出去，但用在何处、何时用以及用多少，则在编制项目预算时并不知道。预算应急费在项目预算中要单独列出，不能分散到具体费用项目下。

2. 进度后备措施

对于项目进度方面的不确定因素，项目各有关方一般不希望以延长时间的方式来解

决。因此，项目管理班子就要设法制定出一个较紧凑的进度计划，争取项目在各有关方面要求完成的日期前完成。从网络计划的观点来看，进度后备措施就是在关键线上某位置的一段时差或浮动时间。

3. 技术后备措施

技术后备措施专门用于应对项目的技术风险，它可能是预先安排的一段时间或者准备的一笔资金，当预想的情况未出现并需要采取补救行动时才动用这笔资金或这段时间。预算和进度后备措施很可能用上，而技术后备措施很可能用不上。只有当不大可能发生的事件发生了、需要采取补救行动时，才采用技术后备措施。

在设计和制订风险处置策略时，一定要针对项目中不同风险的特点分别采用风险应对策略，尽可能准确、合理地采用。在实施风险策略时，应随时将变化的情况反馈给风险管理人员，以便能及时结合新的情况对项目风险应对策略进行调整，使之能适应新的情况，尽量减少风险造成的损失。

(五) 2008 年北京奥运会风险应对策略

我们以 2008 年北京奥运会为例，从定风险管理计划、加强风险监控和风险应对等方面介绍风险应对策略。

1. 制定风险管理计划

在筹办 2008 年北京奥运会的过程中，某些潜在的风险可能会逐渐演变成不利的现实，如北京市的城市交通由于私家车增长速度过快而有可能严重影响奥运会期间的交通畅通无阻。那么，北京奥运会组委会就应该尽早做出应对交通阻塞风险的方案，同时，应该确保奥运会的风险管理计划与管理项目计划相一致，确定风险跟踪人员和应急策略，并定期检查每个项目的风险变化，要将风险管理列入项目计划。一般情况下，项目经理要据此更新进度计划和成本预算。另外，在项目的进行过程中，要根据实施后的反馈对风险管理计划进行调整。

2. 加强对潜在风险的监控

2008 年北京奥运会筹备工作的本身就是一项宏大的系统工程，它由许多子工程、子项目构成，各个子工程、子项目的目标制定是否合理、目标是否清晰、项目范围是否明确、任务表述是否全面、成本预算和资金能否及时到位、进度计划是否精确、资源配置是否恰当、工作分工是否合理、法律文件是否规范、管理软件的编制和运作能否成功、环境条件的变化能否控制、管理制度是否落实、激励措施能否兑现、项目经理的职责权限是否明确、专家学者的智囊作用有无充分挖掘……如果能对这些筹备过程中的各类风险都加以监控，及时召开风险评议会、项目论证会、专家咨询会、现场办公会、信息通报会等，就能及时监控各类风险，确保 2008 年北京奥运会的成功举办。

3. 制定风险的防范措施

当风险识别和风险量化完成后，2008 年北京奥组委就要进行应对措施的研究。应对措施就是决定采取哪种具体行动、措施和方法来解决风险问题。对于机会要创造条件促使其实现；对于威胁，应当采取适当措施使其转化或者消除。一般而言，主要措施有以下几种。

(1) 避免

当风险量化结果表明风险太大,并且就目前情况看难以消除造成威胁的根源时,就应该主动放弃该项目。

(2) 减缓

要想方设法降低风险事件出现的可能性,如充分评估风险、加强风险管理,采用1996年亚特兰大奥运会、2000年悉尼奥运会和2004年雅典奥运会的计算机管理软件;对所有竞赛场馆提供一流的设备,提高各项赛事使用设施的安全系数;为每一个项目的开展和运行投保,聘请有丰富经验的项目管理人进行周密的策划和管理等。

(3) 分散

北京奥组委将一些奥运会文化活动通过招标的方式进行社会化管理,要求主管单位提交履约保证书,让主办者、承办者、投资方、受益方等共同分享利益和分担风险。

(4) 转移

现代社会保险事业、保险产业的发展为举办大型的国际赛事提供了风险保证。2008年北京奥组委可以把部分风险转移给项目主办者、承办者、投资方和受益方以外的某些金融机构或投资实体。向保险公司投保是转移项目风险的一种常用方法。

(六) 投保大型运动会综合险

1. 体育财产综合险的投保

凡大型运动会中所涉及的各项体育财产、设施、器材、后勤保障设施等均可列入保险标的,大型运动会的组织者可与保险人确认标的物,并在运动会正式开幕前的某个时间签订保险合同,交纳相关保费。

2. 大型运动会机动车辆投保

大型运动会离不开庞大的机动车服务系统。机动车的风险需要保险公司等来承担。其保险完全可以按照普通机动车保险惯例操作。

3. 大型运动会货物运输保险

货物运输保险是以各种运输货物(如比赛器材等)作为保险标的,承保货物在运输过程中遭受各种自然灾害或意外事故造成的损失而得到补偿的一种保险。大型运动会货物运输保险是常见的保险项目之一,其操作方式基本上可按照普通货物运输保险操作方式进行。

4. 大型运动会体育责任保险

法律是体育责任保险产生与存在的基础。人们在社会生活、生产过程中,一旦由于疏忽或过失造成了他方的损害时,将面临对他方的损害承担民事赔偿责任的风险,而此类责任的大小和费用高低均需根据法律予以确定,体育活动中的相关事宜也不例外。大型运动会体育责任保险主要包括:体育产品责任保险、体育场所责任保险、体育项目承包人责任保险、体育项目承运人责任保险、从事体育活动的个人责任保险、职业体育责任保险、运动员人寿保险、运动员人身意外伤害保险、运动员健康保险和运动员年金保险等。

第五节　休闲体育活动的项目评估的目标、内容和标准

一、休闲体育活动的项目评估的目标

项目评估目标是指项目评估所需要达到的目的。项目评估目标的确定是项目评估设计的关键内容，根据项目评估目标确立评估问题，并进而设置项目的指标体系是项目评估的基础工作。此外，评估是为项目决策服务的，评估结果将作为决策参考，因而评估目标的设计应根据决策的需要来进行。

休闲体育活动的项目评估的主要内容为判断活动项目是否适合在某一城市举办，即判断活动项目与城市的耦合度，即评估休闲体育活动举办者需求的程度和举办可行性的大小。在休闲体育活动的项目评估中，具体评估目标主要包括以下内容。

（一）分析举办休闲体育活动的项目的必要性

项目立项的必要性主要是从价值主体的角度出发，判断项目成果满足价值主体需要的程度。对于已经规划的项目，其必要性分析已经在政府规划和计划编制阶段得以论证，不需要再进行分析。而政府规划中未包括的项目，则要对其立项目标的实现价值进行分析。就休闲体育活动的项目而言，政府在规划中一般很少明确提出具体的某一个活动项目。因此，分析举办休闲体育活动项目的必要性是休闲体育活动项目评估的一个主要目标。此外，休闲体育活动的项目立项目标并不是直接的产品开发，项目对价值主体（社会公众）需求的满足具有间接性、滞后性和不明确性，对项目必要性评估无法由价值主体作出判断。因此，对休闲体育活动项目的立项必要性的考虑须从宏观角度分析，把握休闲体育活动项目对社会公众的价值，对于活动项目必要性的评估不应只包括体育领域的专家，还应包括其他领域的专家、学者。

（二）分析举办休闲体育活动的项目的可行性

对项目的可行性进行分析，顾名思义就是判断某一项目是否可行。对休闲体育活动的项目举办可行性的分析是休闲体育活动项目评估中最重要的评估目标。根据休闲体育活动项目的特点和构成要素，通常在活动项目的可行性分析中要明确以下几个问题：一是国家或举办地的政策是否允许该活动项目正常运营；二是举办城市的社会经济基础是否能满足活动项目的要求；三是举办地的各种条件是否能满足项目运行的需要。休闲体育活动的项目可行性分析是一个较为复杂和繁琐的过程，它既需要大量的基础数据和资料，又需要一定的专业知识和技能。因此，在活动项目评估中，关于活动项目可行性方面的评估通常由相关专业专家完成。另外一点值得说明的是，我国开展休闲体育活动的实践时间不长，基础资料缺乏，考虑到评估成本等因素，很多可行性方面的评估还是需要借助于主观判断。

二、休闲体育活动的项目评估的内容体系

根据休闲体育活动的项目评估的目标，进行活动评估时的关键工作是对活动项目的

经济、社会、运行支持和影响等方面进行全面分析，即对休闲体育活动项目的可行性和必要性进行全面论证。首先，探讨可行性的论证问题。针对休闲体育活动而言，它虽然也是一个较为复杂的系统，却并不像工程项目一样有很多核心的技术环节，它更多的是需要运作经验。休闲体育活动的项目可行性评估体系主要是活动运行环境评估、活动财务评估等。其次，探讨关于必要性的问题。举办地可举办某一休闲体育活动，也就是说，这一活动对举办地是有积极影响的。因此，对休闲体育必要性的评估，亦即论证和评估休闲体育活动给举办地带来的积极影响。从现有文献看，三重底线评估法是目前休闲体育活动研究中常用的方法之一，它倡导从经济、社会和环境3个维度来展开分析。在对休闲体育活动必要性进行分析时，从活动的经济影响、社会影响和环境影响3个方面入手进行评估。最后，在评估休闲体育活动项目时，不能孤立地论证活动举办的可行性或必要性，需要对其进行全面综合的评估。

休闲体育活动的项目评估的内容体系包括休闲体育活动的项目运行环境评估、休闲体育活动的项目财务评估、休闲体育活动的项目经济影响评估、休闲体育活动的项目社会影响评估、休闲体育活动的项目环境影响评估，以及休闲体育活动的项目综合评估。

(一) 休闲体育活动的项目的运行环境评估

休闲体育活动的项目的运行环境主要是指活动项目运营所面临的各种运行和支持条件。休闲体育活动运行环境不仅对于项目举办的可行性有决定性影响，而且对于活动项目的经济效益、社会效益等也有很重要的影响，因此，活动项目运行环境的评估十分重要。

它是对活动运行所面临的各种环境条件的全面评估，是从休闲体育活动的项目运行条件出发进行的项目可行性分析。休闲体育活动的项目运行环境评估的主要内容包括：休闲体育活动运行的各种资源条件的评估（包括运作团队、运作资金、场馆、电视媒体、转播技术等方面），这是对休闲体育活动的项目运行的各种输入条件的评估；休闲体育活动项目所面对的市场条件的评估（包括休闲体育活动项目的不同市场的需求情况等），这是对活动项目运行的各种条件的评估；休闲体育活动项目的运行宏观条件的评估（包括国际和地方的政治法律环境条件、社会文化环境条件等）、休闲体育活动项目的竞争环境评估，这是对活动项目运行所涉及的市场竞争情况的评估。

(二) 休闲体育活动的项目的财务评估

休闲体育活动的项目的财务评估是从项目投资者或者企业的角度对休闲体育活动项目本身的收入和支出情况的预测、分析。这一评估所使用的主要指标包括休闲体育活动的项目投资利润率、投资收益率等营利性指标。休闲体育活动的项目的财务评估的根本目的是分析和确认休闲体育活动的项目的运作主体在财务和成本收益方面的可行性，考察休闲体育活动的项目的营利能力，为企业或投资者的项目决策提供信息支持。由于休闲体育活动的项目的外部性特征以及当前我国休闲体育活动的项目运作的市场环境，完全靠企业来运作休闲体育活动，尤其是大型的休闲体育活动，营利的可能性很小，而且，营利也不是某一地区举办休闲体育活动的主要目的。另外，休闲体育活动的项目的筹备期不长，财务相对比较简单。因此，在我国现阶段，休闲体育活动的财务评估在整个休闲体育活动的项目的评估中就显得不特别重要。

(三) 休闲体育活动的项目的经济影响评估

休闲体育活动的项目的经济影响评估是从举办地的角度出发,对休闲体育活动项目的经济影响进行的全面评估。评估的目的一方面是为了选择对举办地经济推动较大的休闲体育活动项目,另一方面是为了防止举办对投资者或企业有利但有损举办地社会、经济利益的休闲体育活动项目。休闲体育活动项目具有较强的外部性,它对举办地经济的拉动作用明显,这也是举办地选择举办休闲体育活动项目的重要原因之一。实际上,一个休闲体育活动的项目的优劣首先要看该项目对举办地社会发展所作贡献的大小。因此,休闲体育活动的项目的经济影响评估不仅是休闲体育活动项目评估中最重要的环节之一,而且也是整个休闲体育活动的项目评估的重点。

(四) 休闲体育活动的项目的社会影响评估

休闲体育活动的项目的社会影响评估是指因休闲体育活动的项目的举办而对举办地的各方面的影响的分析与评估。休闲体育与城市社会生活诸多领域有着千丝万缕的联系,社会环境对休闲体育的费用、效益也有着或多或少的影响,因此,对休闲体育活动的项目不仅要进行经济方面的评估,还要从城市各项社会发展目标出发去分析和评估项目的利弊得失,应选择举办在社会影响方面可行的休闲体育活动项目。休闲体育活动,尤其是大型休闲体育活动,对举办地的影响面较广,因此,休闲体育活动项目的社会影响评估包含的内容也较多,且具有多目标性和多层次性。其影响既可能是定量的,也可能是定性的。有些影响可能关系不大,有些影响则举足轻重。因此,休闲体育活动的社会影响评估要立足于"突出重点",结合休闲体育活动项目的特点,充分重视评估的结果,确定是否举办休闲体育活动。

(五) 休闲体育活动的项目环境影响评估

休闲体育活动的项目的环境影响评估是指在活动项目举办之前,在充分调查研究的基础上分析项目可能给自然环境带来的影响,然后作出全面、科学的定量与定性预测,最终利用分析的结果指导项目的决策与实施工作。一般而言,除了需要大量场馆的大型休闲体育活动项目,以及滑雪、汽车越野等与自然环境关系较密切的活动项目需要重点考虑其环境影响之外,其他活动项目通常并不一定需要进行休闲体育环境影响评估工作。

(六) 休闲体育活动的项目综合评估

休闲体育活动的项目的综合评估是在上述各专项评估的基础上进行的综合分析,最后提出结论性意见,给决策者提供一个简明直观的判断依据。对休闲体育活动的项目从整体上综合评估,形成科学的结论十分重要,其评估的结果直接影响决策。因此,休闲体育活动项目的综合评估要遵循科学性、客观性、导向性、可行性等原则。项目综合评估的方法很多,在休闲体育活动项目的综合评估中,要基于系统分析比较、综合集成原理,按照定性与定量方法相结合、专家与决策者相结合、经验与现代数学方法相结合的原则选择合理的综合评估方法。

总之,休闲体育活动的项目的评估不是一件随意、简单的事情,而是一个主客观信息综合集成的复杂过程。

三、休闲体育活动的项目评估的标准

任何评估总是要以一定的尺度为依据,没有一定的标准、尺度,也就无所谓评估。休闲体育活动的项目评估是评估主体对活动项目与价值主体需要之间的价值关系的评判,在评估过程中要依据一定的标准。评估主体对活动项目要作出正确的价值判断,必须符合评估标准的要求,而评估标准选择的正确与否又直接决定着评估活动的成败。马克思在《1844年经济学·哲学手稿》中指出:"动物只是按照它所属的那个种的尺度和需要来改造,而人却懂得按照任何一个种的尺度来进行生产,并且懂得怎样处处都把内在的尺度运用到对象上去。因此,人也按照美的规律来建造。"评估主体对休闲体育活动的项目评估活动是一种特殊的认识过程,马克思提出的检验认识的标准也是我们进行休闲体育活动项目评估的科学标准,它是建立在实践基础上的合目的性、合规律性的统一。

(一)休闲体育活动项目的评估标准应是合目的性的

所谓合目的性,即活动评估与社会公众及其现实需要相符合的性质。在休闲体育活动项目的评估中,评估主体必须以"内在尺度"来评判休闲体育活动项目的必要性,"内在尺度"即社会公众的一定需要和目的。只有与社会公众的利益相一致、满足了价值主体的一定需要和目的,为社会公众所肯定和认同的活动项目,才有举办的必要性或价值(正价值)。而与价值主体的利益、需要和目的相冲突、相排斥,则往往被主体视为没有举办的必要或根本无价值,甚至是负价值。这里需要说明的是,休闲体育活动项目的价值主体的需要和目的存在着是否具有合理性的问题,只有满足主体合理需要的休闲体育活动项目才有价值。

(二)休闲体育活动项目的评估应该是合规律性的

所谓合规律性,即休闲体育活动项目的评估活动与休闲体育活动项目的本质和规律相符合的性质。在休闲体育活动项目的评估中,评估主体还必须以"外在尺度"来评判活动项目举办的可行性。"外在尺度"即休闲体育活动项目与举办地的相关条件,它对价值主体的需要和目的起着一定的制约作用,并客观要求评估主体在休闲体育活动项目的评估中不能仅仅以价值主体的需要和目的作为评估的唯一标准,还应尊重活动项目的本质和规律,评估主体对活动项目的需求必须与休闲体育的本质和规律相符合、一致。例如,举办奥运会、足球世界杯等体育活动项目需要举办城市具备众多经济、社会的先决条件,这是此类活动项目的本质和规律,不能因为需要满足价值主体的需求而违背了这一本质和规律。

(三)休闲体育活动项目的评估标准应是来源于实践的

这可以从两个方面来理解:一方面,休闲体育活动项目的评估的要素都是存在于社会实践之中的。评估主体是生活于实践中的现实的、具体的人,价值主体的需要和目的是人们在长期的实践中形成和积累起来的,休闲体育活动项目的本身是通过人来确定实践活动范围的特殊实践,活动项目的价值属性也是价值主体在活动运作实践中创造的。另一方面,休闲体育活动项目的价值是在社会实践中实现的。人们在活动运作的具体实践中创造了活动价值,赋予休闲体育活动项目以价值属性,同时也必须进一步在活动运作实践中实现其价值,使其由"潜在的价值"转变为"现实的价值"。

第七章　休闲体育活动的项目沟通与冲突管理

沟通作为一种古老而普通的活动，与人类发展并存，随着人类文明的不断发展，沟通也从简单走向了复杂，并逐渐发展成为具有管理性质的综合统一体系。沟通为人与人之间的交流提供了极为重要的链接。在休闲体育活动中，沟通作为重要的项目管理因素，对休闲体育活动的质量有着显著的影响。如果休闲体育活动中沟通出现失灵、混乱，就会导致项目的延误，甚至失败。而科学、健全的沟通管理模式能有效预防休闲体育活动中可能出现的问题，并通过订立沟通与协调计划，针对不同阶段所出现的不同问题进行分析、解决，从而较好地消除矛盾。

第一节　休闲体育活动项目沟通的概述

一、项目沟通的概述

沟通作为一种人性化技能，它渗透于人们的日常生活中，并不断地拓宽、延伸方式与技巧。对项目管理而言，沟通是其中最基本且最不应忽视的关键因素，项目管理通过沟通以保证项目负责人在合适的时间以低代价的方式使正确的信息被适当的人所获得，以便达到思想、情感的一致性。项目沟通管理是对项目信息进行及时、准确地提取、收集、传播、存储以及最终的处置，使得项目内部的信息交流通畅。任何一个成功的活动项目，其管理人员的主要职责就是开展良好的沟通工作。而沟通即指个体之间传递信息、交流思想的过程，将信息由某人传达给其他人的过程。

项目沟通一般分为3种形式：①人与人之间的交流，如项目主要负责人发出信息指示，通过联络人员进行整理，再传递给下属；②人与机器的交流，如将人的指令输入电脑或其他设备，转变为机器语言，使机器进行接收和执行；③机器与机器之间的交流[1]。这些沟通与联系是必不可少的，对于活动项目而言，人与人之间的沟通有着特定的繁琐。

首先，有效的沟通不仅被传达，还要能够被理解，否则毫无意义。沟通是建立在双方相互理解的基础上，沟通使双方进一步表达自己所掌握的信息含义和思想理念，相互理解并信任对方。其次，在相互理解的情况下，双方在沟通过程中提出相应的问题与要求，就是在双方的问题与要求中进行回应和调解。接着，沟通双方交换信息，包括数

---

[1] 徐宁：《项目管理实务教程》，兰州大学出版社2014年版，第131页。

据、消息、期望、命令等。然而值得注意的是,沟通作为一种意识行为,多数情况下受主观意志的支配。由于个体在经历、认知、政治观点等方面有一定程度的差异,导致了双方对同一信息可能有不同的理解,个体对主观意识力度把控的削弱使其容易受到主观思维和情绪的影响,某些时候会阻碍沟通的顺利进行[①]。

人与人之间的沟通过程颇为复杂,要重视沟通在休闲体育活动项目管理中的作用,要重视沟通的有效性。沟通既传递事实,也传递沟通者的价值观、个人态度;沟通双方要准确理解彼此的意图,避免误判;应加强双向的动态反馈。

二、休闲体育活动项目沟通的基本原则

休闲体育活动项目具有参与人较多、人员复杂、活动项目灵活多变、活动内容多元化等特征。因此,为了确保有效管理休闲体育活动,在休闲体育活动项目管理中必须贯彻基本的沟通原则。

休闲体育活动项目沟通主要包含以下基本原则。

（一）精确性原则

就休闲体育活动来说,项目沟通管理中的精确性能使设计者所要表达的信息含义通过语言或其他表现方式准确地传达给接收者,使接收者在休闲体育活动中能够明确无误地理解,并进行运用。精确性原则要求活动项目设计者语言、文字表达清晰,运动项目熟悉,设计方案明朗;同时,也要求项目团队其他人员的理解传达能力、记忆能力、专业运动术语熟知程度达到规定标准。只有这样,才能使设计者在沟通中所传递给活动项目中其他工作人员的关于运动项目的运作、情景的搭配、颜色的选取、活动的规则、符号标记等方面的信息是准确可靠的。活动项目的组织人员才能进一步将设计者所要表达的休闲体育活动项目的运动方式、文化含义等通过场地设施、语言行为等准确传达或展示给消费者。消费者利用视觉、听觉去感知与理解,去精确掌握休闲体育活动的游戏规则,去体验休闲体育活动所带来的休闲、放松和快乐,进而深入地领悟到休闲体育活动中蕴含的休闲体育文化意义。

（二）完整性原则

在休闲体育活动项目沟通管理中,需要注意信息的完整性与沟通的全面性。设计者在策划出一个新的休闲体育活动项目时,需要对团队中的下属人员完整地传达全部信息。对于新颖的运动项目、游戏规则、情景模式等,需要从历史定位、项目发展、文化分析等角度进行全面介绍;否则,团队成员将很难正确地理解设计者的创新理念与设计方案,出现沟通障碍。这容易导致团队人员在实际的休闲体育活动过程中,无法向消费者提供完整而全面的活动项目理念,从而使休闲体育活动项目难以顺利进行。

（三）及时性原则

作为休闲体育活动项目沟通管理中的重要原则,及时性原则要求设计者与团队其他成员能够及时获得政策、计划、资源、消费者的反馈信息等,及时了解什么样的休闲体

---

①

育活动是当下社会流行的,及时沟通与交流最新信息。这有利于团队成员掌握活动情况,有利于掌握最新的运作动态,把握消费者心理状态,从而提高休闲体育活动项目管理水平。

(四)灵活性原则

在面对特殊事件特殊情况时,休闲体育活动项目沟通管理要有灵活性,项目团队应有灵活的沟通应对能力,妥善处理应急情况,使休闲体育活动顺利进行。

三、休闲体育活动项目沟通的主要方式

(一)按照沟通的方式分类

休闲体育活动项目沟通形式的种类较多,如语言表达、电子邮件、网络软件、电视媒体等,主要的沟通方式可根据休闲体育活动特征分为言语沟通非言语沟通两大形式。近年来,随着互联网和移动电子设备的广泛使用,电子媒介也成为一种新的沟通渠道。

1. 言语沟通

作为休闲体育活动项目最常用的沟通方式,言语沟通既可以指个体间近距离视觉范围内的口头沟通,也可以指利用电话、视频等媒介工具进行远距离的口头沟通。"奔跑吧,兄弟"这一以体育运动为主的休闲类综艺节目,就曾多次通过模糊不清的视频话语将活动任务传达给参与者们。不过,相较于通过媒介工具的远距离口头交流,个体面对面地进行言语交流时,能表现出语调的变化。言语沟通能有效地为开展休闲体育活动服务。

在进行言语沟通时,设计者的话语应简明、清晰,团队成员则通过言语指导消费者,而消费者在参与休闲体育活动过程中利用言语表达对休闲体育活动的理解。然而,这种经过"再次传递"的言语表达方式,无疑对言语方面的表达能力和理解能力有了更高的要求。同时,在言语沟通中应着重向消费者说明一些体育活动中的专用词语,以免参与者无法领会。另外,值得注意的是,团队成员应严格注意言语表达中不能出现性别歧视、民族歧视、宗教习俗禁忌等用语,不能做出攻击性或令人不悦的评论。

2. 非言语沟通

非言语沟通往往是休闲体育活动项目沟通管理中非常重要的方式,可分为身体语言沟通、艺术性沟通、与书面沟通等。身体语言可作为向对方提供信息、展示心理活动的沟通形式,包括面部表情、身体动作等。艺术性沟通是指运用舞蹈、演奏、绘画等向对方传递信息等。而书面沟通包括报告、计划、方案、策划书、备忘录、便条等形式。

在休闲体育活动项目的设计中,某些环节可以设定为只能借助非言语性沟通。如休闲体育活动中的"你做我猜"游戏,需要一方根据另一方的肢体动作或是表情来推断出正确的答案。在有的活动中,参与者还可以借助身体语言进行暗示,竖起大拇指、点头、微笑、眼神示意等表示肯定,皱眉、摇头、坐立不安、摊手耸肩等表示否定。另外,还可运用运动设施的摆放、标语进行暗示,也可用书面语言直接、简明地向对方传递信息。

在非语言沟通中,沟通双方彼此间的默契或是理解程度会直接影响到沟通的准确性。

3. 电子媒介沟通

在互联网和移动电子设备普及的今天，电子媒介以其快速、便捷、不受时间和空间的限制等优势很快得到推广、广泛运用，成为新型的沟通方式。

沟通中常见的电子媒介有电子邮件、即时信息、网络会议等。和传统的沟通方式相比，电子媒介沟通具有明显的优势：一是打破了时间和空间的限制，让工作时间不同或是工作地点不同的人们能够有效、便捷地沟通。二是沟通对象的范围扩大，电子邮件的群发功能能够显著提高沟通效率，在由特定人群组成的QQ群、微信群中，重要信息能够快速发布并及时收到回馈。三是沟通信息量大，不仅有文字，还有图片、表格、动画，通过音频、视频还可以进行声音和图像的沟通，使得沟通信息更为丰富，增加了用户的感受性。四是沟通速度快，随着移动通信设备和网络的普及，即时沟通已不再困难。

当前，在休闲体育项目活动的组织、实施过程中，电子媒介得到了广泛使用，如在户外进行的休闲体育活动中，运用电子媒介帮助参与者及时传递信息、确定方位。

(二) 按照沟通的互动性划分

1. 单向沟通

单向沟通是指在沟通过程中，发送者和接收者这两者的地位不变，一方只发送信息，另一方只接收信息，如演讲、报告、下指令等。单向沟通中，信息呈单向流动，双方无论语言或情感上都没有反馈。单向沟通的速度快，信息发送者的压力小，能够保持发出信息的权威性，适用于任务急、工作简单、无须反馈的情形。但是，接收者没有参与感，容易产生抗拒，不利于双方的情感交流。并且，由于缺乏反馈，单向沟通的信息接收率较低，难以把握沟通的实际效果。

2. 双向沟通

双向沟通是指在沟通过程中，发送者和接收者两者之间的位置不断交换，且发送者是以协商和讨论的态度面对接收者，信息发出以后还需及时听取反馈意见，必要时双方可进行多次重复商谈，直到双方共同明确和满意为止，如交谈、协商、谈判等。双向沟通的特点是气氛活跃，有反馈，准确性高；接收者有参与感，人际关系较好。但是，发送者随时可能受到接收者的反驳与挑剔，因此，发送者的心理压力较大，同时，信息传递速度相对较慢，易受干扰，且缺乏条理。在休闲体育活动中，双向沟通的效果明显优于单向沟通。

第二节　休闲体育活动中的项目沟通管理

一、项目沟通管理在休闲体育活动中的作用

项目沟通管理就是在合适的时间，由合适的人，把合适的信息，通过合适的方式传递给合适的人。项目沟通管理主要包括规划沟通管理、管理沟通、控制沟通三个过

程。① 规划沟通管理是根据关系人的信息需要及组织的可用资产情况，制定合适的项目沟通方法和计划的过程，目的在于识别和记录与关系人的最有效率且最有效果的沟通方式。管理沟通是根据沟通管理计划，生成、收集、分发、储存、检索及最终处置项目信息的过程，主要作用是促进项目关系人之间实现有效率且有效果的沟通。控制沟通是在整个项目生命周期中对沟通进行监督和控制的过程，以确保满足项目关系人对信息的需求，主要作用是随时确保所有沟通参与者之间信息流动的最优化。

任何一项休闲体育活动项目都离不开有效的沟通管理。良好的沟通使休闲体育活动项目在活动前、活动过程中以及完成活动后，都能够在团队内部、消费者与团队组织者、消费者之间形成正确的信息指向与交流联系，以保证活动的组织、指挥、协调的积极运转。项目沟通管理的有效与否，会直接影响到休闲体育活动的组织方式、内容呈现、特色文化、目标市场、人群参与度，对休闲体育活动的持续、深入发展有着不可忽视的重要作用。

2012年伦敦奥运会的马拉松比赛路线的更改便是体育活动中沟通管理较好的例子。最早的马拉松路线计划将比赛的起点设在塔桥，终点为奥林匹克体育场，但是这一路线在奥组委看来并不够理想。经过多次调整后，新路线避开了伦敦东部地区，改为途经多个伦敦的标志性建筑。有评论认为，由于奥运会期间电视转播的高收视率，这一取舍将有利于伦敦旅游宣传，因为经济危机导致预算缩紧，伦敦奥组委此举是"勒紧裤腰带"办事，不过会导致伦敦东部地区的曝光率降低，影响该地区的形象建设和未来发展。而作为对奥运会马拉松比赛变更路线的补偿，奥组委与伦敦东部地区机构达成协议，将为该地区提供更多门票和就业机会。同时，奥组委也表示，新马拉松路线的公布距离伦敦奥运会前还有很长的时间，运动员可以到新的马拉松路线上适应一下，期望新路线能够达到更好的效果，而不希望给运动员带来任何困扰。这样，伦敦奥组委通过与各方面进行的良好沟通，利用媒介发声，既考虑了伦敦经济现状，给予了东区的利益补偿，而且也为运动员的赛前"踩点"做出了时间方面的保证。从而平息了一场马拉松比赛路线更改风波。

对休闲体育活动而言，没有良好的沟通，会提升活动实施过程的模糊性，使团队人员无法相互交流，产生稳定的思想、清晰的信息指示与统一的行为动向，容易导致团队人员对活动任务理解出现偏差，无法按照设计者的初衷布置出活动场所，无法较好地应对消费者的需求，可能会延误某些新型的休闲运动项目。同时，如果缺乏对项目团队科学的沟通管理，会使数据的收集滞后，不能及时反映最新的市场情况，信息的传递得不到妥善处理，使团队管理者做出失败的决策，从而导致休闲体育呈现出不必要的活动情景。

一个善于沟通管理的团队，首先需要团队成员间时常发生思想碰撞。对于休闲体育活动来说，相互碰撞而产生出的思想可能是新颖的、怪异的，能紧跟时代潮流的奇思异想。

休闲体育活动项目沟通管理有着不同于一般项目沟通管理的特殊性，其最大的特点

---

① 周苏等：《项目管理与应用》，高等教育出版社2015年版，第227页。

是鼓励团队成员勇于表达创新性想法，并且能够接受、理解各种创造性思维观念，在交流与沟通中，将休闲体育活动放置在体育、文化、时尚、社会的大舞台布局中，使多元化、多维度的设计融入休闲体育活动中。其次，一个有着良好沟通管理的休闲体育团队，能够使团队成员运用各种方式面向消费者进行活动宗旨、目的、内容的介绍，将活动的创新性清楚无误地展现给消费者，提升消费者的参与欲望。并使消费者在参与活动的过程中，真切地感受到此活动的乐趣、魅力，以及所要表达的运动休闲理念。无疑，团队成员之间的细致沟通，为项目团队和消费者之间的良好沟通奠定了基础，而团队带给消费者的良好沟通印象，也会使多数消费者相互间对休闲体育活动进行较好的评价与宣传。

二、休闲体育活动项目沟通计划

在休闲体育活动中，项目沟通计划是整个项目工作中基础性阶段，是对于项目过程中的沟通方式、沟通内容、沟通途径的计划与安排。沟通计划的好坏直接决定了项目沟通的有效与否，并进一步影响着休闲体育活动的成效。对一个科学合理的项目沟通计划而言，具体包含信息准备、沟通需求与方法的确定，以及项目沟通计划书的完成三个层面的工作。

（一）活动项目沟通计划的信息准备工作

在编制项目沟通计划之前，首先应完成的是信息收集工作。信息收集主要分为市场信息收集、项目采购信息收集、时间和频率的信息收集、用户信息收集这几方面的内容。

在对市场的信息收集方面，需要了解休闲体育的市场状况。应调查哪类休闲体育活动项目较受大众欢迎，哪类活动项目较为小众，但又具有时尚且不易被模仿的特质。由此，通过信息收集，对休闲体育的市场情况进行下一步的沟通计划与管理。另外，针对活动项目细化市场人群，了解青少年、年轻人、中年人、普通阶层、精英阶层等不同人群特征的需要，并以此制定出明确的市场人群沟通计划表。在项目采购信息收集方面，应在采购之前，确定团队成员能够熟悉将对购买的运动设备、服饰等产品的数量、品质、包装、供应商、售后服务等，避免遇到紧急情况而无应对措施。在休闲体育活动项目时间和频率的信息收集方面，需要确定以活动项目为中心的沟通时间与频率，确保团队成员间的信息交流，以便适时更新；同时，还要确定休闲体育活动举行的时间，制定出详细的计划安排表。在用户信息收集方面，确保收集到每一位参与活动的用户信息，并将用户意见反馈至团队。

在信息收集工作完成后，团队内部需要对接收的信息进行整合、筛选，将收集的信息进行归纳、分类、汇总与提取。只有经过整合、加工后的信息，才能作为休闲体育活动项目沟通计划采纳的有效信息。

（二）活动项目沟通的需求与方式的确定

在收集信息，并对信息进行加工处理的基础上，项目管理团队需要根据实际情况进行沟通，以确定项目团队在信息内容、活动方式、项目设计模式等方面的需求。休闲体育活动项目团队的基本沟通需求是对有关组织结构、管理关系、人力资源等层面的沟通需求。在对管理层面进行沟通后，项目团队需要首先确定能够满足目标人群需求的休闲体育活动方式。随后，依据休闲体育活动方式的特点，就项目设计模式进行沟通；进一步对项目资金进行预算。并且，需要对休闲体育活动项目举办地区的政治、文化、风俗、环境等进行了解。

在对项目团队和目标人群的需求充分了解之后，即可制定包含具体沟通内容和要点的沟通提纲，确定沟通程序，约定合适的沟通时间、地点，准备沟通不顺畅时的预案等。

在休闲体育活动项目沟通中，不同的沟通需求要采取不一样的沟通方式，其沟通方式的选择会直接关系到休闲体育活动项目的开展顺利与否。因此，应按活动项目特点选择对应的沟通方式。

（三）拟定项目沟通计划书

当休闲体育活动项目沟通计划的信息准备工作、沟通需求与方式都明确后，便能编制项目沟通计划。一般而言，项目沟通计划编制的结果是项目沟通计划书。其中，需要对活动信息进行描述与规定，并呈现活动的周期、内容，活动存在的风险等。

三、休闲体育活动项目沟通的主要内容

（一）活动项目目标介绍

在休闲体育活动项目沟通中，首先要介绍休闲体育活动项目目标，一般是增进身心健康，丰富生活情趣，完善自我，改善人际关系，增强团队凝聚力等。

（二）活动项目组织者介绍

休闲体育活动和其他的体育活动不同之处在于，项目参与者对项目组织者和实施者的接纳程度会直接影响项目活动效果，项目参与者对组织者的认可度越高，越有利于活动的开展。因此，在休闲体育活动实施之前，应对项目组织者和实施者进行全面介绍，增进彼此的了解，以便在休闲体育活动实施的过程中顺利合作，达到预期目的。

（三）活动项目内容及实施方式介绍

休闲体育活动项目繁多、形式多样，不同项目有各自的特点和要求。为了便于项目的顺利实施，需要在沟通时对项目的具体内容和实施方式进行介绍，使参与者在项目实施之初就能对即将参与的休闲体育活动有所认识，在活动过程中能够主动的参与和配合。参与者在对休闲体育活动项目了解的过程中，还能为组织者的活动方案提供反馈意见，帮助组织者根据参与对象的特点和要求适度修改活动方案，为活动的顺利开展奠定良好的基础。

（四）活动项目实施过程中的应急预案介绍

多数休闲体育活动需要身体运动，并在户外进行，因此，实施过程中难免出现一些意外情况，如参与者意外受伤，户外活动时团队成员迷路或脱离团队，团队成员在活动中出现冲突等情况。为此，必须提前制定应急预案，并就应急预案达成共识，以免在活

动项目实施过程中因准备不足出现无法应对的情况。应急预案考虑得越周到，活动项目的开展越安全。

四、休闲体育活动项目沟通的主要过程

沟通过程就是信息发送者将特定信息通过选定的渠道传递给接收者的过程。这一过程包括9个要素：发送者、信息、编码、通道、解码、接收者、背景、反馈和噪声。具体来讲，信息沟通过程就是信息发出者把要沟通的信息进行编码，选择一定的信息沟通渠道传递给信息接收者。信息接收者把接收到的信息进行分析、解释，从中获得一定的意义，然后再把自己的意见进行编码，沿着一定的反馈通道反馈给信息发出者，从而形成一个完整的沟通环路。

在整个沟通过程中，我们需要关注沟通的准确性。影响沟通准确性的因素有很多，其中最重要的是发送者和接收者对信息的编码、解码是否能够被对方准确接收和理解。这就要求双方在沟通前首先建立彼此信任的关系，其次对彼此的编码、解码方式有一定的了解，且均具备相当的逻辑推理能力。双方的了解越深入、共享经验区域越大，沟通越容易进行，沟通的准确性就越高。此外，信息的准确发送和接收还受到双方的经验、知识、才能、个人素质以及对对方的期望等因素的影响。总的来说，发送者应该擅长写作或说话，接收者应该擅长阅读或倾听。

噪声是沟通过程中的干扰因素，妨碍人们进行有效的沟通。噪声作为一种干扰源，存在于发送者、接收者、渠道等各个环节。避免噪声干扰的主要手段有：确保信息准确明了、重复传递信息、尽量直接沟通、使用沟通双方都熟悉的编码方式等。[1]

五、休闲体育活动项目沟通中的注意事项

（一）沟通的是利益而非内容

沟通表面上看是信息的传递、表达，说的是事情，但沟通实质上是利益的生产、分配、选择，谈的是利益。许多管理者相信纯粹的说服可以解决一切，如清晰的成本收益分析会说服他人支持某一行动步骤。然而，事实往往并非如此。事实上，利益决定了人们对不同事物的态度，进而影响人们的行动。所以，应针对利益进行沟通，才能取得良好效果。

（二）沟通中的语言要做到逻辑清晰，表达准确而简洁

语言表达中，逻辑清晰能帮助合作者正确理解你的思路，遵照约定的方式实施行动方案，达到理想的目标。在语言表达中，符合语法标准是有效沟通的底线，错别字和句子结构错误使人对你的表达能力产生质疑。简洁的语言表达一方面可以帮助倾听者更高效、准确地记住发言者所表达的关键信息，排除非重要信息的干扰；另一方面还能节约双方的时间，这在休闲体育活动的实施过程中显得尤为重要。

此外，在表达时适当幽默的语言还能给对方带来愉悦的感受。

---

[1] 颜明健：《管理学原理》，厦门大学出版社2014年版，第462页。

(三) 休闲体育活动项目沟通中的倾听技巧

在沟通过程中，最常用的方式便是倾听与诉说。然而，对休闲体育活动项目沟通而言，最大的困难并不是如何表达自己的观点，而是如何安静地倾听对方的意见。在当今浮躁的物质社会中，人们更多的沟通方式是急于发言，急于挑剔讲话者的毛病与观点，促使自己成为交流的中心。这种过于喜好表现自我的心理特征，使个体很难做到认真地倾听完对方的话语，取而代之的是假装性的点头赞同，表现出认真倾听的模样。这种急于求成、毫无倾听耐心和技巧的表达方式，无益于任何一种休闲体育活动。在休闲体育活动中，相关人员应具备倾听技巧。管理者的大部分时间可能会花费在与团队成员、与上司、与消费者的沟通中。

在倾听过程中，倾听者不仅要聆听和接受对方的话语，同时要思考、理解对方所传递的信息，并给出反馈建议，如目光的接触、点头示意，或进行提问、复述等。在休闲体育项目团队中，善于倾听的管理者不但能够及时发现其他成员的优点，给予成员鼓励，调动其积极性，加深团队的情感与凝聚力，而且还能通过倾听，获得团队里最新的信息资讯。对休闲体育项目团队成员来讲，倾听是他们赢得消费者青睐的重要方法。耐心地倾听消费者的意见，除了能获取消费者的好感、给消费者留下良好的印象，还能进一步地激发消费者的谈话欲望，获得更多有价值的信息。而对于缺乏经验的团队成员来说，倾听可以弥补自己的不足，掩饰自己的弱点，并通过听取他人的建议来不断提高自己。

在休闲体育活动过程中，倾听技巧能够带给参与者更多的趣味与娱乐体验。如用心地倾听队友的想法，使参与者在队友的话语中获取重要信息，在活动中增进彼此的了解，加深情感交流。在休闲体育活动中，会设计一些迷惑参与者的语音提示，面对这种情况时，参与者通常会选择质疑式倾听。参与者会根据活动内容与场地设置，对获取的信息进行分析、筛选、整理，并在活动中寻找信息的可靠来源。同样，设计者会添加与活动场景、活动阶段的难度系数相符合的背景音乐，如果参与者采用了享乐式倾听，并融入活动的听觉"盛宴"中，那么紧张的音乐必定会不同于轻松的音乐，将带给参与者不一样的感受与体验。在活动中对背景音乐的倾听会改变人的情绪，从而导致参与者心理状态的变化，使参与者能够更加享受、深刻地融入休闲体育活动中。

第三节 休闲体育活动项目的冲突管理

一、休闲体育活动项目冲突根源

休闲体育活动项目冲突是指在策划或参与休闲体育活动中，由于某些关系难以协调，从而感知到对方的矛盾与对立，进而产生相互对抗的行为。休闲体育活动项目的冲突源来自多方面，既有项目内部的冲突，也存在活动项目以外的冲突。因此，在休闲体育活动项目实施过程中，较好地把握冲突源，有利于协调活动项目内外关系，以便对项目冲突进行有效管理。

(一) 活动项目团队冲突

项目团队成员的冲突管理对休闲体育活动的发展至关重要，项目团队冲突属于组织内部冲突，是管理者能够掌控并能够较好调整的。虽然团队成员有着个体差异，但此类冲突的产生原因很大程度上来自于个人利益、权力、价值观等因素。因此，要平衡团队内部的个人利益冲突关系，需要缩小团队成员的专业技术差距，专业技术差异越大，越可能发生冲突；降低项目经理或管理者的奖励权力；明确每位成员的岗位角色；确保成员对活动内容、活动费用、活动计划有着清晰的了解；制定团队统一的目标；确定团队精神，使团队文化理念深入至每位成员的日常生活，进一步减少团队内部冲突。

团队成员个性冲突也是常见的项目团队冲突之一。团队成员个性冲突发生频率较低，且冲突强度较小，但一旦产生冲突，是最难以解决的。团队成员发生个性冲突的对象，既存在于团队内部成员相互间的冲突，也存在于团队成员与消费者之间的冲突。其产生的原因主要由于双方个体具有不同的价值观与个性，且互不相让。

(二) 活动项目进度冲突

在休闲体育活动中，由于实际情况的不同，导致活动项目的完成量、完成效果、所需时间与预计进度不一致，从而产生了项目进度冲突。从休闲体育活动的整体来看，项目进度计划的冲突强度最大，从活动初期到计划与实施过程，再到收尾阶段，项目进度冲突都贯穿于休闲体育活动中。此类冲突可能来源于对运动项目的熟悉程度较弱、对活动设计方案的不明确、布置场地所需时间较长、人力资源利用不当等因素。

2016年里约奥运会的场馆及设施建设问题便是活动项目进度冲突的典型案例。一般而言，在奥运会开幕的前几年，主办国便开始了奥运会场馆及周边设施建设。雅典在奥运会开幕前2年就已经完成了40%的奥运场馆设施建设，伦敦奥运会开幕前2年，也已经完成了场馆建设的60%，可是巴西里约奥运会场馆建设在距离奥运会开幕还有2年时只完成了计划建设的10%，而其理由是里约州财政破产。因为资金缺乏，一些场馆建设偷工减料，本来应该修建的3个游泳场地，因为没钱变成了两个，而且连屋顶都修不起了，直接变成露天的；本来应该可以容纳1.5万人的比赛看台，因为没钱所以只修了1.1万个座位。在距离奥运会5周的时间，已经宣称竣工了的网球场地，被记者发现场地上面的脚手架还没拆；自行车馆中的工人明显还在赶工，重型挖掘机在场馆外面随处可见；沙滩排球的场地也只有个钢架子而已；曲棍球场地号称建成了，但是地面上随处可见各种水泥墩子和沙堆；用于各种水上项目比赛的4个污水处理厂，只修建了1个，并且水也完全没有净化过。直到奥运会开幕前4天，赛艇、皮划艇等场馆还没有修建完成，场馆里的脚手架四处散落，没有要收工的意思。虽然最终里约奥运会如期顺利举办，但奥运场馆的修建与预期完成的质量、效果和时间发生了冲突，成为"史上最差"的奥运会。

(三) 项目技能的冲突

在休闲体育活动中，运动技能层面的冲突是较常见的。这种冲突主要集中在运动项目技能、运动设施、实施手段上。如活动策划者为了达到较好的效果，主张采用较高大上的运动项目（马术、滑翔伞等），在布置场地方面采用较先进的技术与材质；但是项目管理者为了节约成本，建议举办较普通的运动项目，采用一般的技术材质。某些活动项目的设计方案的重点是通过对运动项目的多元化设计而体现更多的娱乐性和休闲性，并非旨在展现运动项目本身的专业性。但是一些具有较高运动专业技术的团队成员，在指导消费者参与活动中，却缺乏对于活动娱乐性与休闲性的领悟，向参与者展现的是运动项目的竞技性与技术性。由于设计师与专业技术人员的理念不同，并且没有进行较好的沟通，从而产生运动技能方面的冲突，促使消费者无法感受到休闲体育活动所要表达的真正含义。

（四）活动项目费用的冲突

在休闲体育活动项目中，时常会因为成本超支而产生冲突。运动场地设置，运动项目的更新、进度的调整，活动设计师的引进等都会造成费用的增加，从而产生冲突。就奥运会而言，它比其他任何巨型运动项目的超支都严重，平均超支在156%左右，有47%的奥运会超支在100%以上。最高超支的奥运会是1976年蒙特利尔奥运会，超支720%；其次是1992年巴塞罗那奥运会，超支266%。而冬季奥运会中，超支最多的是1980年的普莱西德湖冬季奥运会，超支达324%；随后是2014年的索契冬奥会，超支289%。2016年的里约奥运会，成本是46亿美元，是举办夏季奥运会的平均水平；超支为51%，是1999年以来的平均水平。研究数据显示，夏季奥运会的平均真实成本支出是52亿美元（2015年价格水平），冬季奥运会是31亿美元。目前，成本最高的夏季奥运会是2012年伦敦奥运会，支出是150亿美元；冬季奥运会则是2014年的索契冬奥会，支出是31亿美元。奥运会知识管理计划对于减小奥运会成本风险是有用的，提前进行知识管理计划和风险预估对费用项目的规范化和最终的效果其作用是显著的。

（五）活动项目资源冲突

项目资源冲突是指在项目实施过程中，由于项目团队成员对资源的分配意见不同而造成的冲突。在大型休闲体育活动中，常常存在着多种运动项目、多个项目团队同时进行的情况，这时最容易发生项目资源冲突，由资源冲突而导致的矛盾会严重影响活动的组织与开展，甚至引发混乱。解决项目资源冲突的关键在于活动前的周密安排、统筹规划，活动中的统一指挥、及时沟通。为了避免冲突带来的严重后果，准备切实有效的应急预案是非常重要的。

二、休闲体育活动项目冲突解决模式

任何一项休闲体育活动项目必然会存在冲突，不同的冲突可以通过不同的模式来解决。由此，项目管理者在处理冲突中将担任非常重要的角色，管理者旨在了解冲突情况，寻找冲突发生的根源，并对冲突进行及时处理，最大限度地使活动项目不受影响。

有经验的管理者会在休闲体育活动项目中，使团队成员进行经常性的沟通。因为，多数冲突的产生原因是缺乏沟通。沟通一般为面对面地进行交流，或利用媒介平台，如电话、网络进行信息传递。团队成员之间应通过这两种方式对运动项目、设计方案、场地安排等事项进行提前沟通，同时，与消费者做好活动费用、时间、效果方面的协调。这样，即便冲突发生后，事先的沟通也有助于控制冲突的进一步扩展，并及时采用有效的冲突管理模式，使冲突得以解决。在采用沟通方式进行活动项目冲突的管理时，解决冲突的模式有回避或撤退、缓和、逼迫或强制、妥协、正视五种[1]。

（一）回避或撤退

回避或撤退模式是指使卷入冲突的其他成员从冲突情况中撤退或让步，以免再次发生进一步的争端[2]。比如，当休闲体育活动的场地设置与原有的设计方案出现较大的不同，并引起了团队场地设置成员与设计师的冲突时，那么团队成员或者设计师两者中的某一方就此不再发表意见或做出过激的行为，而是沉默，便可在短期内压制冲突的发展。但是，回避或撤退的解决模式属于消极的冲突解决模式，只适合于短期内的冲突控制。这种模式会使双方矛盾不断地积累，并在未来的活动过程中升级成为更大的冲突。

（二）缓和

当休闲体育活动项目面临冲突时，管理者尽量在冲突中找到双方意见一致的方面，最大限度地淡化、缓和有分歧的地方，不再就冲突产生的原因和过程进行详细、深入的探究。相较于回避模式的直接沉默态度，采用缓和管理模式，能使双方看到彼此在冲突中意见相同的地方，使冲突双方之间的关系得到改善，减少彼此矛盾的积累。虽然缓和模式能够在冲突中起到一定缓解作用，但不能从根本上解决问题。

（三）逼迫或强制

在项目冲突中，管理者有时会使用权力，选择强制性的方式来解决冲突。逼迫或强制的模式会使冲突得到有效抑制，减少其发生几率。但是，此模式中使用强权，将忽视团队成员的情感，导致成员对管理者产生不满情绪，使工作氛围紧张。

（四）妥协

项目团队成员通过协商、权衡、分散异议和互让等方式，寻求一个协调冲突的解决办法，使冲突的各方都能得到某种程度的满意[3]。比如，在休闲体育活动中，当团队成员与消费者就某项事宜发生冲突时，无论团队成员之间是否存在冲突，都应该相互让步，共同协商解决与消费者的冲突。

（五）正视

对休闲体育活动项目的冲突管理而言，最合适的管理模式是既直接面对冲突，正视冲突的根源与结果，又重视团队成员的情绪与关系。这种冲突管理模式是管理者最常用的方法，该模式注重双赢的策略，管理者既解决了冲突，又使团队成员的团结增加，关系变得更加友善和坦诚，成员的工作态度会更加积极。当冲突以正视的模式被解决后，同样类型的矛盾冲突的发生概率便会降低；同时，当团队成员再次面对冲突时，都尽力去理解他人的想法，并进行良好的沟通。

2014年波士顿马拉松比赛便汲取了2013年波士顿马拉松恐怖爆炸袭击的教训，赛事组委会大幅提升了安保措施，投入大批警力，实施大范围道路管制，并正式启动赛期

---

[1] 徐宁：《项目管理实务教程》，兰州大学出版社2014年版，第131页。
[2] 徐宁：《项目管理实务教程》，兰州大学出版社2014年版，第131页。
[3] 徐宁：《项目管理实务教程》，兰州大学出版社2014年版，第131页。

安全应急机制；同时，还启用大批便衣警察以及安保公司人员，设立大量安保检查点，安装上千个监控摄像头，为安保人员配备金属探测器、炸弹搜寻犬等。组委会还呼吁观众使用透明塑料袋携带他们的随身物品，以便加快安检进度。组委会还希望观众不要使用背包、手提箱或便携冰箱、穿有口袋的背心或携带婴儿车，以确保赛事安全进行。尽管安保措施大幅升级，赛事组委会也表示，并不希望让来到波士顿的选手和观众有任何如临大敌的感觉，他们宣布会努力维护赛事期间的节日氛围和传统习俗。

波士顿马拉松组委会针对恐怖袭击事件，利用媒介、网络，通过加强运动项目方案设计、场地安排与安保措施，并与参赛者进行提前沟通，采用缓和、逼迫或强制、正视等方式解决了来自外界的恐怖威胁。2016年波士顿马拉松比赛，现场仍然调动上千名警力，有无人机航拍，随时监测比赛赛道内外的动态，选手们也不被允许携带任何背包、冷却器和玻璃容器进场。而这种有效的项目冲突解决模式，使波士顿马拉松比赛顺利完成了它的第120次鸣枪开跑。

第八章　影响休闲体育项目设计与管理的因素

设计与管理是企业发展策略和经营思想的体现，是产品主题与技术高度统一的载体。随着社会经济的快速发展，设计与管理已成为各行各业创新发展所不可或缺的要素之一，并且，设计与管理水平的高低也会直接影响企业的经营和发展。对于休闲体育活动项目来讲，设计与管理水平的高低同样会影响其创新和发展。作为人类的具体行为表现，休闲体育活动项目的设计与管理可以说是社会的一个缩影，并与其所处的时代环境紧密联系。一般而言，影响项目设计与管理的因素主要有自然环境、政治环境、经济环境、文化环境、安全环境和教育环境等。而本章主要从影响休闲体育活动项目设计与管理的自然环境因素、社会环境因素和安全环境因素三大方面分别进行阐述。

第一节　自然环境因素的影响

自然环境千变万化，多姿多彩，是人类社会赖以生存与发展的物质基础，同时也是开展休闲体育活动不可缺少的基本条件之一。自然环境包含了复杂多样的地形、纵横交错的山脉、西高东低的地势、宽广辽阔的水域、丰富多样的动植物资源、变化莫测的气象条件等。因此，根据自然环境的特点，可将其分为地形环境、大气环境、水文环境、生物环境等。并且，每一种自然环境所呈现出来的形态和特点都与休闲体育活动项目的开展有着密切的联系，两者之间具有相辅相成的关系。由此可以看出，休闲体育活动的开展以自然环境为依托，同时，休闲体育活动项目的发展也需要适宜的自然环境作为支撑。因此，休闲体育活动项目的设计与管理自然会受自然环境的影响，如受气候、气象、地形、水文、生物等因素的制约。

一、自然环境的概述

自然环境是指自然界中可以直接或间接影响到人类开展生活、生产的一切自然物质和能量。组成自然环境的物质种类多种多样，主要有土壤、水、空气、动物、植物、太阳辐射、岩石矿物、宇宙中的星体物质等。自然环境是人类社会赖以生存的物质基础，同时也是开展休闲体育活动的环境基础。从影响休闲体育活动项目设计与管理的因素来看，自然环境属于影响其发展的客观因素，并且这一因素伴随着休闲体育活动开展的始终。自然环境是休闲体育活动产生和发展的前提，并且在不同的自然环境下所产生的休闲体育活动项目也存在着很大的差异。从休闲体育活动项目设计与管理的角度看，自然环境则是休闲体育活动项目设计与管理的前提条件，为休闲体育活动项目设计与管理提供场地、资源等。换言之，休闲体育活动项目设计过程中所需要的物质资料等都需从自然环境中获取。因此，休闲体育活动整个过程的开展不仅受自然环境因素的影响，并且其还制约着休闲体育活动项目设计与管理的运行和发展。

二、自然环境的特点

（一）天然性

自然环境具有天然性的特征，是指其各种现象的产生、变化和发展都是在自然规律作用下的结果，不受人的主观意愿的制约、影响。因自然环境的天然性，其常常会使人们在自然环境中，感受到大自然所呈现出来的生态、自在、自由、原始的美感。

（二）季节性

自然环境所呈现出来的季节性特征，主要是指受气象与气候、空间和时间等因素的影响而呈现一年四季，春、夏、秋、冬循环变化的现象。因此，自然环境会随着季节的变化表现出一定的周期性，在一年四季中呈现出不同的景象、景色。然而，这一特征对休闲体育活动者选择参与休闲体育活动的项目、时间、地点和参与程度等都有一定的影响。

（三）区域性

自然环境具有独特的区域性特征，如从地理方位来看，从南至北、从东往西、从赤道向两极，再从平原、沙漠到高山，从海洋、河流、湖泊到内陆等的自然环境，其所呈现出来的地貌和景象等都是截然不同的，并且，不同区域的自然环境也使动植物的类型、特征、分布等方面表现出不同的特点。

三、自然环境的分类

这里所探讨的自然环境不是指广袤无边的大自然，而是指开展休闲体育活动所依存的自然环境；换言之，是指与开展休闲体育活动项目具有相关性的自然环境。因此，休闲体育活动的自然环境的分类与环境科学中自然环境的分类方法有所不同。根据自然环境的构成，可将其大致分为4个子环境，即地形环境、大气环境、水文环境、生物环境。从休闲体育活动项目的形成和发展来看，这四种不同的环境类型为其提供了物质和环境基础；同时，休闲体育活动项目的开展也对自然环境的发展、变化产生一定的影响，两者之间相互制约、相互影响。

四、自然环境与休闲体育活动的关系

休闲体育活动与自然环境之间具有密切的联系，一方面，自然环境对休闲体育活动的产生、发展有制约作用；另一方面，休闲体育活动的开展以自然环境为依托或载体，并且受自然环境的制约。相宜的气候条件、适宜的地势和地形，有利于休闲体育项目的开发和开展，如我国的南方，气候宜人、环境优美、绿水青山，拥有丰富的水资源，则可以根据其环境特点设计出某些适宜山地或水上开展的休闲体育活动项目，如划船、游泳、登山、徒步、潜水等，而不适合开展溜冰、滑雪等项目。而在我国的北方，一年中大部分时间天气寒冷,主要开发和设计滑冰、雪橇等冰雪项目,而不适合开展游泳、溯溪、划船等项目。因此,自然环境的不同,导致人们开展休闲体育活动的项目也有所不同。

五、自然环境对休闲体育项目设计和管理的影响

(一)地形环境对休闲体育项目设计和管理的影响

1. 地形环境概述

地形环境是自然环境中的重要组成部分之一,地形包括一望无际的平原、起伏和缓的丘陵、四周高中间低的盆地、高耸的山脉和山地、海拔高而冷的高原等。不同的地形呈现出了不同的景观和地质地貌资源,如花岗岩风景地貌、石灰岩风景地貌、玄武岩风景地貌、变质岩风景地貌、流纹岩风景地貌、峡谷风景地貌、洞穴风景地貌,以及由红色砂岩构成的丹霞地貌,由沙漠、戈壁等构成的干旱地貌。绚丽多姿的地形地貌不仅给人类生产活动带来了宝贵的资源和丰厚的物质条件,同时也为休闲体育活动的发展带来了契机,使休闲体育活动项目的开展得以拥有天然的场所,为人们的闲暇生活增添趣味。

2. 地形环境对休闲体育项目设计和管理的影响

地形环境作为开展休闲体育活动的重要场所,其不同的特征对休闲体育活动项目的设计和管理具有一定程度的影响。根据不同的地形环境设计出与其地形特征相匹配的休闲体育项目;同时,不同的地形环境决定了休闲体育活动项目的不同设计和管理。换言之,地形的起伏幅度、地势的高低、地貌的景观、动植物资源的丰富程度等,将会直接影响休闲体育活动项目设计的种类以及规模的大小。

在辽阔的平原地区,因其地形平坦,适合于设计和开展具有群体性特征的休闲体育项目。例如,内蒙古地区地域辽阔平坦,畜牧业发达,以"马背上的文明"而著称,因而有条件开展赛马、骑马、射箭等休闲项目。其参加人数多,易激发人们的参与热情。在高山地区,因其地势起伏较大,适合开展攀爬类的休闲体育活动项目。例如,贵州东南部山区的及壁运动,就是苗族聚居区人们传统的爬山活动。怒江两岸居住的傈僳族的爬绳运动,借用绳索爬上高峻险要的山峰,这一地区主要以登山、绳索攀爬、竹竿攀爬等休闲体育项目为主,这些项目集力量与技巧于一身,充分体现了人类对自然环境的征服心理。[①] 而在高原地区,由于海拔比较高,空气密度相对较小;氧含量低,大气气压也较低,因此,在高原地区适合开展一些锻炼耐力性的休闲体育活动项目,如高脚竞速、板鞋竞速等。此外,休闲体育项目的开展和设计还受海拔和纬度因素的影响。不同地形地貌的海拔纬度不同,致使其开展活动的时间和类型等也不相同。

根据地形环境的特点,科学地对休闲体育活动项目进行设计和管理是有效开展休闲体育活动的前提和保障。只有充分地了解了地形环境的特点,才能有效地组织和利用各要素(人力、财力、物力、信息等),有针对性地利用地形环境因素的影响,趋利避害

[①] 孙江涛:《浅析地理环境对我国少数民族体育运动项目形成的影响》,《邢台学院学报》2005年第2期,第85~86页。

地对休闲体育活动项目进行设计与管理。如在山地开展攀岩、山地自行车等户外运动，若突然发生滑坡、泥石流等自然灾害，则会给休闲体育活动项目的管理带来不利的影响，因此，需对休闲体育项目设计好相应的防护和保障方案。再如，四川多山地、平原较少，因此不利于开展大规模的赛马活动，但只要充分发挥其山地的优势，则可以打造丰富的户外运动项目。成都处于四川盆地，深居内陆，气温暖和，降雪少，虽然不适合开展滑雪运动，但可以根据其地势和借助外力打造人工滑雪场，依然可以开展滑雪运动，满足人们对休闲体育运动的需求。

（二）大气环境对休闲体育项目的设计与管理的影响

1. 大气环境概述

大气是维持生物存活的基本条件之一，同时也是人类生存环境的重要组成部分，是满足一切生命生存所不可或缺的物质资源。大气也称之为大气环境，是一种无味、无色、无形的混合型气体，主要汇集在地球周围的气体"库"中。大气环境的厚度一般在1000~1400公里。

大气环境可以分为两种类型，一种是气候，另一种是气象。气候与气象是两个既相互区别又互相关联的概念。气候是由大气环流、地面性质、太阳辐射、海陆分布等因素相互作用所形成的规律性天气特征；气象则是大气中干、热、湿、冷、云、雪、风、雾、雨、闪电等各种物理现象与物理状态的总称。其中，气象要素包括气温、气压、湿度、风力、能见度、日照辐射、云量、降水量等。气候、气象与人们的生活、生产有着密切的联系，因而与人类的休闲体育活动有着割舍不开的关系，其直接或间接地影响着人们对休闲体育活动项目的参与和选择。

2. 大气环境对休闲体育项目设计与管理的影响

气候与气象条件不但是人类生活与生产的环境基础，同时也是形成自然地理环境的基本因素，与休闲体育活动的关系非常紧密，是开展休闲体育活动的必要条件之一。如滑翔、滑雪、放风筝、滑冰、帆板、热气球、跳伞等项目，正是利用环境中气象与气候因素的变化而开展的。同时，其对休闲体育活动项目、场所等的选择也具有深刻影响。因此，在开展休闲体育活动之前，需要对活动过程中的气象、气候因素进行分析，通过这些分析，有助于休闲体育活动项目、装备的选择，降低运动损伤的概率等。

休闲体育活动项目的设计与管理受气温、湿度、风向、大气压等因素的影响，所以，参加休闲体育活动一定要充分考虑气候、气象条件。当运动环境处于高温高湿状态时，不宜设计和开展运动强度较大的休闲体育活动项目；应避免雾霾天气在户外进行休闲体育活动。因此，休闲体育活动项目的设计与管理，应在适宜的气象与气候条件下进行。

（1）气候条件对休闲体育活动项目设计与管理的影响

大气环境中气候的变化，影响着休闲体育活动的开展，休闲体育活动项目的设计与管理受制于大气环境。一方面，适宜的大气环境有利于休闲体育活动项目的管理；另一方面，大气环境会给休闲体育活动项目的设计与管理带来不利影响。如2014年尼泊尔发生暴风雪引发山难，这种异常的天气状况给大量的攀登爱好者带来了毁灭性的灾难。所以，气候的多变性往往会给休闲体育活动项目的管理带来极大的挑战。因此，在开展休闲体育活动前应提早做好应对突发状况的各种准备（如配备救护人员、完善设施装备、自身贮备相关知识技能等）。

近年来，国内外不少学者对气候的舒适度展开了相关的研究。气候的舒适度是大气的温度、湿度、风速、日照等气象要素的综合效应，通过人体的感觉反映出来。适宜的气候是满足人们正常生理需求并进行休闲体育活动的良好条件，即人们不需要借助其它任何外力，便能保证休闲体育活动的顺利完成。大气环境瞬息万变，为设计多样化的休闲体育项目创造了条件，而舒适的气候条件是休闲体育活动顺利开展的保障。只有在舒适的环境下选择适宜开展的休闲体育活动项目，才能使人感到舒适、快乐；而宜人的气候往往能吸引人们走出家门参与休闲活动，锻炼身体、体验生活、愉悦身心、消除疲劳；反之，不良的气候往往会使人们产生不适感、心情抑郁，甚至影响工作和健康。

此外，多变性的气候条件也为开展各具特色的休闲体育活动项目提供了一定的基础，休闲体育活动项目的开展与各个地方的地理环境、气候条件有密切的联系。我国传统体育项目具有因地制宜的特点，如盛夏季节湿闷多雨的天气，常会给人们带来多种疾病，于是产生了气功，用"导引按跷"的方法来治病。再如，踢毽子最先起源于北方地区，北方地区冬季气候严寒，因此成为踢毽子这一民间体育项目的起源地；东北地区冬季气候寒冷，千里冰封，万里雪飘，使得人们可以在白雪皑皑的大地上开展溜冰、滑雪等休闲体育活动。在国外，伯明顿的静风气候，使得羽毛球运动得以起源和发展。

（2）气象条件对休闲体育项目设计与管理的影响

气象变化的规律性和动态性，不仅衍生了多种多样的休闲体育项目，同时制约了休闲体育项目的开展。因此，对休闲体育项目的设计和管理应根据不同地域气象条件的变化，如风速、风向、风力、气流、湿度、温度等，来制定科学、合理的休闲体育活动项目。例如，滑翔伞因受风力、风向与气流等的影响较大，即其需迎风才能起飞，升空后才能顺风滑行；如没有合适的风向、风速，滑翔伞则起飞不了；如风速过小，导致其张力支撑不够，也难以滑行；若风速过大，则容易引发事故等。因此，选择适宜的风速、风向对滑翔伞运动的开展尤为必要。一般在开展滑翔伞运动时，适宜的气候条件应该是晴朗少云，云高且量少，能见度不小于3公里；如果选择中层云天气，空中无热力对流，则滑翔上升不了其所需高度；如果是低层云天气，气流较强则不易操作，易造成身体伤害。

不同的温度适宜开展的休闲体育项目有所不同，如羽毛球运动适合在常温下开展；13℃~16℃适合开展射箭、拳击、柔道等项目；温度为17~20℃适宜开展径赛运动；当气温高于20℃，同时相对湿度高于70%，或者气温高于28℃时，不适合进行剧烈运动；而当气温低于0℃时，最适合开展冰雪运动，如气温在大约零下10℃，最适宜开展冰上运动；在零下20℃时，适宜开展滑雪运动；气温帆板在12℃~14℃的条件下举行最为理想。

由此可知，不同的气象条件适宜开展不同的休闲体育项目。所以，在选择和参与休闲体育活动的过程中，需要考虑大气环境条件是否适合，以期达到最佳的运动效果。

(三) 水文环境对休闲体育项目设计和管理的影响

1. 水文环境概述

(1) 水文环境的概念

水文环境是指自然界中，水的形成、分布和转化所处空间的环境，也指相对稳定的、以陆地为边界的天然水域所处空间的环境。水环境又常被分为地下水环境和地表水环境两个部分，地下水环境包括浅层地下水、泉水、深层地下水等；而地表水环境则包括海洋、湖泊、水库、河流、沼泽、池塘等。水文环境是最活跃的自然环境中的子环境之一，其中，水体对周围的其他环境起着重要的作用，其具有潜热的性质，庞大的水体拥有着充足的热能；而地球重力给予水一定的能力，因此其对自然地理环境中的地形表层具有一定的塑造能力；同时，水涵养着自然界中动植物等一切生命，其缺乏了水就缺乏了生机。水文环境的形成过程是自然环境中各内部因素发生关联的桥梁。

(2) 水文环境的特点

与其他自然环境中的子环境相比，水文环境除了与自然环境具有共性特点外，还具有其独特的地方：

第一，有限性。地球是一个有限的空间体，因而在其中所形成的自然环境也是有限的，水文环境作为自然环境的组成部分，也有其自身的局限性，如江河湖泊的水资源有限、湖泊环境容量有限、江河生物资源有限、可容纳的生物数量也具有一定的限度等。

第二，整体性。水文环境的各个组成部分之间呈现着互相制约、互相影响的关系。如水文环境中的某一个组成部分濒临威胁或受到污染，那么随之水文环境的其他部分也会受到相应的影响，因为水文环境系统的平衡是一种整体性的平衡。

第三，相关性。水文环境的各个部分之间存在着互相作用、互相关联的关系，形成了一个统一的体系。在治理湖泊的水文环境时，不能以湖治湖，而应该从湖泊地区整体的水文环境着手，进行综合性的治理。

第四，不可逆性。人类所生存的环境系统在其运行的过程中，存在着物质循环和能量流动的过程，而其中的能量流动是不可逆的。因此，水文环境一旦遭到破坏，利用物质循环的规律虽然可以实现局部的恢复，但却不能彻底地恢复至原本的状态。

第五，多样性。水文环境是由各种不同的水生物和水源所构成的，其环境构成要素的多样性，对水文环境系统的稳定起着十分重要的作用，水文环境要素越丰富，其系统就越稳定。

2. 水文环境对休闲体育项目设计与管理的影响

我国疆域辽阔，海岸线宽广，江河湖泊相互交织。近年来，在国家政策的引导下，很多地区已将开发和建设水上体育运动场馆和设施作为发展当地经济的一大举措。同时，随着现代科学技术的发展，高科技设备的使用不断地增加，这些都为在水文环境中设计丰富多彩的休闲体育项目提供了有利的条件。虽然水文环境为休闲体育项目的设计提供了优越的条件，但同时其也对休闲体育项目的设计和管理产生一定的制约。水文环境对休闲体育项目设计与管理的影响可分为水上环境的影响和水下环境的影响两部分。

在水上开展的休闲体育项目相对于在水下开展的休闲体育项目而言，其所受到的制约因素较少，并且，水上环境因其具有开放性的特征，因而可以设计和开展多种多样的水上休闲体育项目。例如，帆船、冲浪、摩托艇、皮划艇、滑水运动等，此类项目集竞技、娱乐、观赏和探险于一体，备受各类群体的喜爱。但是，水上休闲体育项目的开展也容易受到水文环境的制约，如水流速度的影响，若水流速度过于湍急、浪花过大等，都会影响水上休闲体育项目的开展。

水下环境对休闲体育项目设计和管理的影响较大，诸多因素制约着设计出适宜的水下休闲体育活动项目。在水下休闲体育活动项目的管理方面，还需要参与者掌握一定的水下活动技能，首先，熟悉水性是最基本的条件之一，同时还需具备良好的身体素质。水下休闲体育活动项目为参与者提供了别样的运动空间，因此使其赋予明显的挑战性和刺激性，从而满足一些年轻人追求冒险、探寻刺激的需求。例如，潜水主要以水下活动为主，并且其开展形式十分广泛，如可以进行水下狩猎、海底探宝、水下游戏等，使参与者在感受休闲体育乐趣的同时，也锻炼了其身体，因此，这项运动很受欢迎。但是，由于潜水是在水下环境中开展，因此想要进入更深的水域，则需参与者具备较高的技能、身体素质，还要完善各项安全保障设施，以避免水下缺氧和其他意外情况的发生。

总之，稳定的水文环境对休闲体育活动项目的设计与管理具有促进作用，能为大众广泛参与水上或水下休闲体育活动项目提供良好的环境，同时也便于对休闲体育活动项目的管理。反之，不稳定的水文环境不仅会阻碍休闲体育活动项目的开展，同时还会影响休闲体育爱好者参与活动的积极性。尤其是在大海中开展的休闲体育活动项目更是如此，因海水受气候和气象等的影响较大，使其具有不稳定的特征。因此，在海中开展休闲体育活动经常会受到海浪、海啸、离岸流等因素的影响，稍不慎将给参与者带来生命危险。所以，对休闲体育活动项目的管理者而言，在开展水上或水下活动的过程中，需具备相当的技术水平和管理能力，不仅需要对水域休闲体育项目掌握得十分熟练，并且还需掌握熟练的急救方法、制定完善的应急措施，以不变应万变。在开展水上或水下休闲体育活动项目的前、中、后全过程都能组织有序，甚至在遇到紧急状况的发生时，也能够有序地处理应急事件，安抚和稳定参与者的情绪。

（四）生物环境对休闲体育项目设计和管理的影响

1. 生物环境概述

生物是自然环境的重要组成部分，同时也是构成生物环境的重要组成部分。生物环境，又被称之生命环境，生物具有生长发育、吐故纳新、自我繁衍、遗传变异等生命特征。从生物的种类来看，其类别繁多、姿态万千；到现今为止，已鉴定的生物类别已有200余万种。一般而言，可将生物分为3大类，即植物、动物和微生物，而这三类生物也正是形成生物环境的基本要素；同时，它们也是自然环境中最有活力、独具特色的一类，以其自身生命规律的周期性活动和千变万化的形状特点充实自然环境、点缀人文景观和粉饰周围的环境，从而也为休闲体育活动的开展增添了色彩。

2. 生物环境的特点

（1）生命性

生命性是指生物环境中的各类生物具有生长繁衍、花开花落、衰老死亡、栖息渔猎等生命的特质。对于休闲体育项目开展的活动空间而言，正是由于生物环境的生命性特征，即充满着活力、生机，因此才使休闲体育活动展现出了其自然性的特点。

(2) 观赏性

观赏性是指由于生物的姿态、色彩、习性、形状、声音、动态等特征吸引人们去感知自然环境的美,这一特征也正是生物环境能成为人们在进行休闲娱乐时,将其作为首选的根本原因所在。

(3) 季节性

季节性是指生物随着自然环境的变化,其形态、颜色、大小等发生规律性变化的特征。例如,许多动物伴随着季节的变化会出现有规律性的南北迁徙;植物会随着季节的变化,呈现出不同的颜色等。

(4) 丰富性

丰富性是指生物的种类和其空间的分布具有广泛性的特征。地球的每一个角落,从天空至陆地,从陆地到海洋,从高山到平原,从平原到丘陵等,都有生物的存在,而且其种类多种多样、变化万千。

(5) 再生性

再生性是指生物的繁衍、交替、变换和进化等所形成的一大特征,而生物具备繁衍等功能也是其区别于无机物的重要特性之一。同时,生物所具备的可驯化性和空间位置的可移动性等,也决定了人们可以在改变局部环境条件的基础上,在自然环境中,利用已驯化的动物,创造、设计出人与动物一同游戏的休闲体育生物景观,即将野生动植物驯化、移置、栽培、饲养等,形成动物园、植物园和农村田野风光等,为休闲体育项目活动空间的多样性提供条件。

(6) 脆弱性

虽然生物环境具有再生性的特点,但是人类一旦无休止地进行利用和开发,同样也会导致其遭到破坏、威胁,从而致使整个生物环境变得脆弱。例如,地质时期白垩纪时环境突变,使恐龙遭遇了灭绝。再如,人类原始的刀耕火种,大面积地砍伐和毁坏森林,从而导致了水土流失、泥石流等灾害,使树木的生长环境失去了根基。从休闲体育项目的设计来看,生物环境的脆弱性不仅会限制其创新和开发,而且还会因其脆弱性而失去休闲体育的美学价值。

3. 生物环境对休闲体育项目设计与管理的影响

生物环境中的各种生物是反映自然环境特征的重要标志之一,其不仅能反映出一个地区的地理环境特点,同时也是构成某一地区自然特色的重要组成部分。对休闲体育项目的设计而言,生物环境中各类生物的多样性和再生性,不仅为设计丰富多彩的休闲体育项目提供了可能,同时也为参与者在开展活动的过程中增添了很多乐趣。比如,植物以其形、色、香、味等要素供人们游览观赏,特别是森林景观,包括原始森林和人工森林,以其浩大茂密、葱郁苍翠,幽深神秘等为特色,因此可设计和开展探险、探奇、科学考察、定向寻宝、定向越野、徒走穿越等休闲体育项目;可以利用生物资源丰富的林场、农场、果园等开展休闲体育活动,设计和开展品尝、狩猎、采摘等参与型的休闲体育项目。而动物作为生物环境中最活跃的物种之一,可为休闲体育项目的设计注入活力,即动物可为参与者带来别样的休闲体育体验方式,如可开展骑骆驼、骑马、赶羊车、骑牛、饲喂动物等休闲体育项目。

虽然丰富多彩的生物环境能为开展休闲体育活动提供优良的条件，但作为管理者而言，需注意生物环境对参与者在休闲体育活动过程中所带来的某些威胁。在生物环境中，开展休闲体育活动可以使人增长知识、开阔视野，增进与动植物的亲近感，提高人们参与休闲体育活动的兴趣。但生物环境中有的动植物对活动者有不利的影响，有些动植物时常会给参与者的休闲体育活动带来消极后果，以不同的方式影响参与者的活动甚至危害参与者的人身安全。因此，在生物环境中，管理者在安排活动者外出参与休闲体育活动时，特别是在山区和林区行进的过程中，要提醒活动者提高自我保护意识，注意安全防范。出行前，着装应为长袖上衣和长裤，并且带上驱虫剂，喷洒在衣物上以防蚊虫叮咬。同时，管理者也应该准备一些应急药物，如果发现参与者被蚊虫叮咬或者皮肤有红斑，应及时涂抹或服用药物，严重的应送往医院检查治疗。因此，一些存在有危险性的区域开展休闲体育活动，如爬山、户外生存、定向越野等，管理者都应尽量不要安排在陌生的区域活动、露营。若是在我国的天山、长白山、六盘山、太行山、祁连山和武夷山等地开展休闲体育活动，在穿过草丛时应谨慎小心，注意预防莱姆病的感染。

第二节　社会环境的影响因素

社会环境是指人类生存及活动范围内的社会物质、精神条件的总和，广义是指社会、经济、文化体系，狭义则是指人类生活的环境。而体育社会环境是指与体育这一主体相互联系、相互影响、相互作用的一切社会现象和社会结构，是多种社会环境的统一体。社会环境的变化也会影响、制约休闲体育活动项目设计与管理。以下主要从社会政治环境、社会经济环境和社会人文环境三个方面来阐述其对休闲体育活动项目设计与管理的影响。

一、社会环境的概念

社会环境是与自然环境相对的概念，它是在自然环境的基础上，人类通过长期有意识的社会劳动，加工和改造的自然物质、创造的物质生产体系，积累的物质文化等所形成的体系。社会环境一方面是人类精神文明和物质文明发展的标志，另一方面又随着人类文明的演进而不断地丰富和发展，所以，也有人把社会环境称为文化—社会环境。

二、社会环境的构成要素

社会环境的构成要素是众多而复杂的，但就其对休闲体育活动项目设计与管理的影响来说，它主要有4个因素：①政治因素，包括政治制度及政治状况，如政局稳定情况、公民参政状况、法制建设情况、决策透明度、言论自由度、媒介受控度等；②经济因素，包括经济制度和经济状况，如实行市场经济的程度、媒介产业化进程、经济发展速度、物质丰富程度、人民生活状况、广告活动情况等；③文化因素，包括教育、科技、文艺、宗教、价值观念、风俗习惯等；④信息因素，包括信息来源和传输情况、信息的真实公正程度。

三、社会环境的特点

（一）多样性

社会环境的内容涵盖了社会的各个领域和不同层面，多样性是社会环境的主要特点。无论是从社会环境的整体来看，还是从个体成长的社会环境看，体育社会环境都不是单一的，而是多重的、多样化的。

（二）稳定性

对于个体来说，体育社会环境尤其是大环境是相对稳定的，国家实施的政策和法律制度等在很长一段时期内是相对稳定的，这有利于社会的良好运行，个体的正常、平稳发展。

（三）动态性

任何事物都是处于不断运动、变化、发展的过程中的，体育社会环境也是如此。社会环境是相对稳定的，但社会环境又是处于不间断的变化当中，而且在某些时期会出现根本性的改变，这使得社会变得有活力、不断向前发展，使得身处社会环境中的人伴随着社会的发展变化而不断与时俱进。我们说当前的国家态势"日新月异"，或社会发展"一日千里"，都是在说一种动态的环境变化。因此，体育社会环境也是动态、变化的，也具有动态性。

四、社会环境对休闲体育活动项目设计与管理的影响

（一）政治环境对休闲体育活动项目设计与管理的影响

1. 体育政治环境的概述

在社会生活中那些被承认、被利用、被否定、被排斥的社会力量，其对体育所产生的种种作用，构成了影响体育运动发展的政治因素，称之为体育政治环境。体育是人类社会的一种特殊的文化现象，体育不仅仅是一种纯粹的体育行为，更是一种内涵广泛，包含经济、文化、政治等多种因素的综合性人类行为方式。正因为如此，从体育诞生的那一刻起，它就注定了要与政治结下不解之缘。体育与政治存在着复杂、互动的深刻关系。作为人类社会活动的具体行为方式，体育可以说是社会的缩影，体现社会的方方面面，必然与所处时代的社会上层建筑存在着密切的联系。体育作为社会文化教育的组成部分，不是孤立存在的，它总是和一定社会的政治环境有着密切联系。因此，通过对体育行为的研究可以直接把握社会的动向及其政治背景。

2. 政治环境对休闲体育活动项目设计与管理的影响

体育活动作为社会发展的组成部分，不是孤立存在的，体育活动与政治存在着复杂、互动的深刻关系，其发展规律受到一定社会政治的制约，并在社会文化现象的相互影响中体现其规律。体育活动作为社会文化的组成部分，从历史角度看，与政治的联系是一种客观存在，与一定历史发展阶段相适应。同时，体育对政治环境也具有积极和消极的反作用力。它以其特有的方式反作用于政治环境，从不同的方面能动地影响、改变着政治环境。

(1) 政治需要影响休闲体育活动项目的目的和性质

社会对体育的需要，体现了政治的控制，制约着休闲体育活动项目的目的和性质。政治既然是对社会最根本、最宏观的控制、调节系统，那么政治必然要对社会的各个系统施加影响，政治对休闲体育活动项目也必然要施加影响。在阶级社会里，社会需要集中体现统治阶级的利益、愿望和要求，因而使体育的目的、性质带有鲜明的阶级烙印和时代特点。体育的领导管理机构控制在统治阶级手中，并通过一定的具体政策、组织、管理和措施来实现这种控制。在特定历史时期，由于政治任务的紧迫性，体育的目的、性质受政治的影响就表现得极为明显。

(2) 政治制度影响休闲体育项目的管理制度

体育制度是政治制度的一部分，它是政治的缩影，不同的社会政治制度制约着不同时期的体育制度。政治制度的变革与体育体制的改革是相联系的。对于休闲体育活动项目而言，其种种具体制度的建立和完善必须同政治制度协调。在各个历史时期，政治制度对体育制度具有直接的或间接的、积极的或消极的制约作用。资本主义国家具有高度分散特征的政治管理制度，就形成了私人控制基础上的体育体制。在我国计划经济时期，国家实行高度政府统治的体制，体育实行的是具有国家集中型特征的举国体制。因此，不同的政治制度会影响休闲体育活动项目的管理制度。

(3) 政治思想意识影响休闲体育活动项目设计与管理的价值观念

政治思想意识决定着体育的价值观念，影响着休闲体育活动项目设计与管理的价值观念。在科学发展观的引导下，以人为本的思想作为体育核心价值理念，注重个体对体育的需求，真正惠及全民，融入世界体育之中。

(二) 经济环境对休闲体育活动项目设计与管理的影响

1. 体育经济环境概述

一个国家体育的发展水平，受到国家发展的阶段性目标和经济发展水平的制约、影响。经济是体育发展的物质基础，只有国家的经济发达、综合国力强盛，才能为兴办、发展体育事业提供物质技术条件和财力支持。雄厚的经济实力是促进体育迅猛发展的基础。体育经济环境是指影响、制约和促进体育运动运行与发展的经济因素的总和。体育经济环境因素对体育的运行与发展有双重效能，这是由体育经济环境的构成要素、经济发展模式与经济发展水平中的价值规律、竞争规律、供求规律和交换规律等内在规律的双重性所决定的。

2. 体育经济环境的构成

社会经济环境对体育施加的作用，来自经济领域的各个方面，既涉及资源利用，又涉及资源配置等经济学问题，纷繁复杂，种类繁多。体育经济环境是由影响体育发展及实施的经济发展水平和各国各地区所实行的相关经济发展模式所构成的，前者决定体育事业发展的速度和整体水平，后者决定体育事业发展的具体模式。

经济发展模式常常按生产力和生产关系的标志划分，如按社会制度划分，通常分为社会主义经济模式和资本主义经济模式。经济发展模式按经济决策结构来划分，有的采取宏观、微观和个人三个层次，并集中于国家决策类型的模式，简称为集权型模式；有的则采取集中决策与分散决策相结合类型的模式。经济发展模式按经济调节体系来划分，有的采取高度集中的计划经济模式，有的采取计划与市场相结合的计划经济模式；有的采取社会主义市场经济模式。按管理组织结构来划分，经济发展模式有的侧重采取行政手段组织管理的模式，有的侧重采取经济组织管理手段，有的采取把两者在不同程度上组合的模式。根据行政组织管理与经济组织管理两者的不同程度组合，当今世界具有鲜明特点的经济发展模式主要有西欧模式、东欧模式、东亚模式和中国道路。

经济发展水平有众多指标，由于侧重点不同，选择评价指标体系也不尽相同，在选择衡量指标时主要遵循完整性原则、简明性原则、数据的可得性原则。根据上述原则，常采用以下指标衡量经济发展水平或者经济发展速度：人均国内生产总值；城镇人口比重；第二、三产业劳动力占就业总量的比重；第二、三产业增加值占国内生产总值的比重；制成品出口占总额的比重；总投资占 GDP 的比重，用于反应需求结构；基尼系数；城乡居民恩格尔系数；市场化指数。指标综合的核心是各指标权数的确定和指标值的标准化处理或无量纲处理。

3. 经济环境对休闲体育活动项目设计与管理的影响

经济是体育发展的物质基础。在所有的体育产业环境因素中，经济因素对体育产业的影响最为重要。它不但对体育产业产生着直接的影响，甚至产生着决定性的影响，而且还通过对政治、法律、文化教育等其他环境因素的影响来间接地对体育产业产生影响。经济因素包括国家的经济特点、经济发展速度、经济制度的基本方向、国家的货币财政政策、经营资金的供应渠道、参与国际经济活动的程度、通货膨胀的趋势、一国与其他国家的经济关系、经济联系和经济来往等。在所有这些因素中，与体育产业最密切的有经济体制、经济发展水平、国家的投融资体制这三个方面。

随着经济的发展和体育事业规模的扩大，体育作为社会的文化事业与经济的联系越来越密切，体育明显地依赖于经济，受经济的制约，无论是举行大型的运动会还是培养优秀运动员和后备力量，都需要巨大的财力支持，不单依靠国家的巨额拨款，企业的资助也大幅增加，而且各体育机构还通过有偿体育服务及各种途径增加经济收入、扩大体育经费来源，从而保证我国体育事业稳定发展。所以，经济的制约，使体育工作者普遍增强经济意识和经济观念，充分认识到经济发展是体育发展的基础，经济发展制约着体育发展，体育发展对经济发展又起到促进作用。体育的发展离不开经济的支持，体育的发展速度和水平受国民经济发展的规模、速度和水平的制约。归根到底，体育受社会生产力发展水平的制约。

（1）经济发展水平对休闲体育活动项目设计与管理的影响

经济发展水平是指一个国家经济发展的规模、速度和所达到的水准，反映一个国家经济发展水平的常用指标有国民生产总值、国民收入、人均国民收入、经济发展速度和经济增长速度。近年来，我国人均 GDP 持续增长，我国总体进入了小康社会，人们的生活水平明显提高，社会消费结构将向着发展型、享受型升级，人们对于娱乐及住房条件改善的需求也将增长。国家经济发展水平对体育事业的运行和发展产生直接的影响，决定了体育事业的发展规模与速度；同时，也影响着休闲体育活动项目的结构、方式和手段，以及活动项目规模的大小。

在进行休闲体育活动项目设计与管理时，我们必须充分考虑经济发展水平这方面的因素。当经济发展水平较高时，人们的收入水平较高，参与休闲体育活动的需求就强烈，对休闲体育活动项目设计与管理的结构、方式和手段就应做出相应的调整，从而与经济发展水平相协调。

(2) 经济发展模式对休闲体育项目设计与管理的影响

所谓经济发展模式，是指在一定地区、一定历史条件下形成的独具特色的经济发展道路，主要包括所有制形式、产业结构和经济发展思路、分配方式等。但它表示的不是经济生活中的物质实体，而是经济主体运行中带有本质性和总体性的特征，是指一个国家或地区对国民经济进行调节或管理的形式和方法。经济发展模式是制约体育产业发展的重要因素，决定着体育市场与体育产业的发展，世界各国体育的发展模式无不打上了经济发展模式的烙印。休闲体育活动项目设计管理与国家经济发展模式有着密切的联系。

(3) 国家投融资体制对休闲体育活动项目的影响

国家投融资体制对休闲体育活动项目的影响体现在以下几个方面：首先，在体育产业发展初期，如果政府能在资金上加以引导和倾斜，加大体育事业的投入，就可以为体育产业的发展提供基础条件。其次，政府通过制定鼓励政策，积极吸引多种投资主体进入体育产业，从而为发展体育产业提供更多的启动资金。再次，在体育产业发展初期，由政府建立一定规模的产业组织是必要的，只有当市场初步拓开，并取得一定的投资效益后，其他投资主体才会进入该产业。最后，体育产品和体育服务是体育产业的重要组成部分，我国体育用品的生产规模在不断扩大，体育用品的生产厂家也在飞速增长，这带动了体育产业的全面启动，体育厂家成为投融资主体的重要组成部分，可以以上市的方式、贷款的方式来筹集大量的社会资金。这就需要国家完善投融资体制改革，为体育产业发展创造良好的投融资环境。

(三) 社会人文环境对休闲体育活动项目设计与管理的影响

1. 社会人文环境的概述

人文，是指人类社会的各种文化现象，一个非常宽泛的概念。但综合起来，主要体现在两个方面，第一，是指与自然地理环境相对的、与人类行为相关的社会环境。但习惯上，军事、政治和经济环境不在考虑之列，因而从宏观上看，人文社会环境实际上是指一个国家或地区的文化传统、社会心理、政府的相关政策及管理体制；从微观上看，是一个团体的文化。第二，是指一个能否有利于人的思想自由思维、创造性潜能充分发挥和重视人才的社会环境。文化传统是人文社会环境的一个最重要组成部分。体育是人的社会实践活动，不同的人文因素通过影响社会成员的道德和文化水平，在不同层面上制约着体育的发展。

2. 社会人文环境的构成

社会人文环境是社会中隐藏的无形环境，反映了一个群体或一个民族的灵魂。社会人文环境是当今最时髦的一个词汇，它的产生和广泛使用适应了人类社会文明进步的客观需要，实际就是指人们周围的社会环境。体育是人的社会实践活动，不同的人文因素通过影响社会成员的道德和文化水平，在不同层面上制约了体育的运作和发展。体育人文环境是指围绕体育这一主题发生影响的社会各种文化因素，具体来说，主要包括文化因素、科技因素、信息因素等。然而，这些因素又构成相对更少的、更为具体的环境系统，即文化环境、科技环境、信息环境。

3. 社会人文环境对休闲体育活动项目设计与管理的影响

(1) 文化对休闲体育活动项目设计与管理的影响

文化的发展是现代企业经营管理的重要标志，强大的文化底蕴是企业在现代社会激烈的竞争中站稳脚跟的重要因素，是企业迎接将来更大挑战的必要准备，作为对企业发展具有重要影响的决策概莫能外，文化使企业的决策模式呈现出多元文化交融的色彩。随着市场经济的发展，文化逐渐成为推动企业战略发展，在激烈的社会竞争中提升核心竞争力的关键，同时也是现代企业经营管理的重要工具。地域文化和"圈子文化"对休闲体育活动项目设计与管理具有较大的影响。由于地理环境和自然条件不同，导致历史文化背景差异，使各个地域之间存在着各自不同的文化特征；同时，各地域文化之间又存在着相互联系、相互影响的关系。因此，在进行项目设计与管理的过程中，必须考虑不同地域文化对项目设计与管理的影响。当今社会存在着许多不同的"社会圈子"，在这些不同的"社会圈子"当中又形成了不同的"圈子文化"。然而，这些"圈子文化"又不是孤立地存在着，它们与各个"圈子文化"之间紧密地联系在一起，形成相互影响、相互制约的关系。为此，在对休闲体育活动项目设计与管理的过程中，也要充分考虑不同的"圈子文化"对项目设计与管理的影响。

(2) 科学技术对休闲体育活动项目设计与管理的影响

现代体育的发展历史表明，体育和现代科学技术是分不开的。有研究认为，现代体育的三大趋势就是国际化、科学化和社会化，其中科学化是决定体育现代化的决定因素。科学技术作为第一生产力，推动了企业设计管理技术与设计管理理论的完善，影响着设计管理环境、设计管理模式、设计管理手段以及具体的设计管理活动。科学技术对器材设备和项目难度有着直接的影响。随着科学技术的快速发展，各种器材设备在原有的基础之上有了很大程度的改进。各种先进的器材、高端的设施设备运用而生。对企业项目设计与管理来讲，新器材新设备的出现将会对项目设计与管理产生巨大的影响。企业在项目设计与管理的过程中必然要依靠各种器材和设备，而新器材新设备的出现对项目设计与管理的合理性和可操作性提供了重要保障。以前科学技术不发达时，存在着许多项目设计与管理难度的现象。如今科学技术突飞猛进，各种新的科技手段、科技知识、科技方法的运用，也使项目设计与管理难度问题得到了解决。

(3) 信息技术对休闲体育活动项目设计与管理的影响

信息技术的不断发展与完善对现代项目设计与管理影响巨大，它可以提高项目设计与管理的效率，同时也促进网络式项目设计与管理组织结构的出现，以适应如今变化多端的环境，并且，通过信息技术可以构建全通道的沟通渠道，提高项目沟通的有效性。信息技术与项目设计管理相结合是与项目设计管理本身的特点相联系的，项目设计管理是一门依靠信息的科学，从项目的产生一直到项目的结束，所有的一切活动都需要详细、真实而及时的信息量、信息。现如今各行各业都在应用信息技术，从而促进自身不断发展、完善，各种产业迅速与电子信息技术相结合是各行各业发展中的一个最为重要的特征，而信息技术应用到项目设计与管理中也是大势所趋。项目设计与管理借助信息技术，不仅可以更加有效地对时间、绩效、成本等项目的基本目标进行管理，而且还可以提高对项目的范围、人力资源、沟通、风险、变更等各项设计的效率。可见，拥有丰富的信息量和信息可以促进项目设计与管理的健康快速发展。

第三节 安全因素的影响

随着我国经济社会的不断发展，国民的体育观念也在发生变化，许多休闲体育运动项目逐渐被国民所接受，参与的人员逐年增多，休闲体育逐渐成为备受瞩目的时尚社会文化活动。但是在休闲体育活动众多的项目中，往往存在安全隐患，使得原本快乐变成了伤心或悲剧之行的情况时有发生。因此，在休闲体育项目设计与管理中充分考虑安全因素，对其给予高度的重视，最大限度地避免、防范和减少安全事故的发生。

一、休闲体育活动项目的安全

（一）休闲体育活动项目安全的定义

安全是指不受威胁，没有危险、危害、损失，免除了不可接受的损害风险的状态。而不可接受风险的发生，通常会造成人的伤害或物的损失。因此，人们常常将系统运行可能对人和物产生的损害控制在人们能够普遍接受的水平以下的状态，称为安全。休闲体育活动项目安全是指在进行休闲体育活动中，各相关主体避免受到不可接受损害风险的状态，包括休闲体育活动过程中所涉及的人、物、环境等。损害风险包括休闲体育活动过程各环节中的不安全因素。

（二）休闲体育活动项目安全的地位与作用

随着休闲体育活动的开展，安全问题在休闲体育活动过程中日显突出。首先，人身安全必须放在休闲体育活动过程中的第一重要位置，这不仅影响到个人，对集体安全也会构成威胁，影响到休闲体育活动的顺利进行，也影响到参加者的活动参与情绪，良好的休闲体育活动安全为参与者的精神愉悦、身心放松提供了最大保障，使参与者能真正融入休闲体育活动体验中；其次，安全是休闲体育活动发展的重要前提，组织任何一种休闲体育活动，都要在安全保障下进行；第三，安全是休闲体育活动发展的保障，安全随着休闲体育活动的发展而日显突出，对休闲体育的管理提出更高的要求。

（三）休闲体育活动项目的安全属性

1. 空间属性

休闲体育活动项目安全问题的发生与休闲体育活动目的地的类型关系密切，具有空间规律性，同时，安全问题的发生也与目的地的背景密切相关，如高山雪崩、森林迷路、海啸等。在选择休闲体育活动时，要充分考虑休闲体育活动目的地的各种相关因素。

2. 时间属性

休闲体育活动项目的安全与休闲体育活动项目开展的时间存在一定的联系，表现出明显的时间规律性，其中包括季节规律性和昼夜规律性两种。在开展休闲体育活动时根据休闲体育活动的类型、特点等因素，选择恰当的季节时间开展休闲体育活动，保证活动的顺利安全的开展。如在开展登山活动时，避开多雨季节的时间，避免发生山体滑坡的事故。

3. 活动属性

休闲体育活动作为一种特殊的体育文化活动，安全问题的发生规律和具体的活动类型有直接关系，并分别表现出不同的差异性。根据不同的休闲体育活动类型制定相应的预防措施，保证活动的安全开展。

4. 阶段属性

休闲体育活动项目安全问题在休闲体育活动不同的发展时期表现出不同的形态和规律，呈阶段性的特点。如徒步穿越开展初期，活动者进入设施设备尚不完善的休闲活动地区，安全问题往往与自然或设施方面的原因有关。在开展中期阶段，休闲体育活动管理明显重要，安全措施、手段日益完善。在成熟期，则自然环境得到改善，社会因素相对稳定，活动者的安全得到保证。

（四）休闲体育活动项目安全的分类

从安全的本义来理解，安全，即"平安、无危险、不受威胁、不出事故"。因此，从安全的角度分类，安全可以分为人身安全、财产安全、名誉安全、隐私安全等。而从休闲体育活动项目的设计环节和休闲体育活动项目的特点分类，休闲体育活动安全应包含贯穿于休闲体育活动的社会环境、人为因素、自然环境、项目自身四方面。

二、社会环境安全对项目设计与管理的影响

（一）社会环境安全对项目设计的影响

在休闲体育活动项目设计中，首先应考虑突发公共卫生事件、社会事故，如传染病疫情、群体性不明原因疾病、重大突发事件、政治动乱、战争频发、大型旅游节庆活动中人群过度拥挤、火灾、建筑物倒塌等造成人员伤亡的突发事件。这种社会安全事件有突发性、高度不确定性、危害性和破坏性、波及范围的广泛性等特点。在对休闲体育活动项目目的地进行选择时，就要充分考虑社会安全对于项目活动开展的影响。

（二）社会环境安全对项目管理的影响

国家、种族、宗教、社会阶层、政治集团等矛盾引发的或群体性冲突行为会造成各种严重的社会事件，如恐怖袭击事件、经济安全事件和涉外事件等。这些社会安全事件有以下几种特点。

1. 突发性

突发公共事件暴发的时间、规模、具体态势和影响深度具有突发性，一般难以预料或准确预测；事件大多变化迅速，如果不能及时采取相对措施，将会造成更大的危害和损失。

2. 高度不确定性

突发公共事件产生的原因、变化方向、影响因素和后果等都无规律，事件瞬息万变，难以准确把握和预测，应对处置不当极易恶化升级，引起连锁反应，增强人们的恐

慌感，扩大人们的不安全感。

3. 危害性和破坏性

随着突发公共事件扩散力和传染力的增强，其波及的范围不断扩大，给社会带来的危害也越来越大。突发公共事件不但会损害社会秩序、国家安全、社会稳定和人民群众的生命财产，还会造成公众心理恐慌和社会秩序混乱。

因此，根据社会安全事件发生的特点，在设计休闲体育运动项目时，要考虑到社会安全事件对于项目的管理的影响。

三、人为安全因素对项目设计与管理的影响

（一）人为安全因素对项目的设计的影响

休闲体育活动者人为安全因素包含安全意识因素、技术技能因素、身体因素和经验因素等。部分休闲体育活动者自身的安全意识明显不强，缺乏体育运动经验，活动前准备不充分，对活动中潜在的危险认识不清，没有经历过相关体育专业知识的培训，在活动中遇到身体不适情况后盲目行动或隐瞒不适宜体育活动的疾病，展现过分自信，与队友之间缺乏沟通，在困难面前缺乏相互帮助，不服从指挥……这些发生在参加休闲体育活动者身上的问题，都有可能酿成致命的灾难。个人休闲运动技术与技能因素是制约休闲体育运动开展的重要因素。休闲体育运动（尤其是户外休闲体育项目）与一般意义上的休闲和旅游不同，需要参与者具备一定的体育运动技术技能和体能素质。研究表明：缺乏对气象、地形、地貌特征的了解，安全意识淡薄、冒险逞能、体能不足、缺乏必要的技能指导等"人为过失"是造成运动意外伤害的重要因素。所以，参与休闲体育运动者需要具备综合性的运动项目知识和技能，包括生理、运动、医学、地理、气候、天象、动植物、人文等方面的知识，还需要参与者具备面对突发状况时镇定自若的心理素质和技巧，以防患于未然。

（二）人为安全因素对项目的管理的影响

在项目管理过程中要充分考虑人为安全因素。开展休闲体育运动活动时，要由具有专业背景的人对项目进行管理，制定专业的、全面的安全管理方案。在科学的预警、应急理论指导下，建立一系列快速、有效的应急机制，尽可能地将灾害降到最低的限度。比如，在突发事件预防方面，设立相应的应急处理指挥部，使突发安全事件发生后能在各自的职责范围内做好应急处理计划、组织、指挥、协调和控制工作，如批准和启动各级突发安全事件应急预案；在监测与项目管理制度方面，制订应急预案、建立预防控制体系和加强医疗服务网络的建设；在应急处理措施方面，专业技术机构进行突发安全事件的技术调查、确证、处置、控制和评价工作，保证突发安全事件应急处理所需的医疗救护设备、救治药品、医疗器械等物资的供给。

四、自然环境安全对项目设计与管理的影响

所有的体育项目都可以作为休闲的方式，但部分休闲体育运动项目受到客观地理位置、资源环境等外部环境的约束和影响，对活动项目的设计与管理提出更高的要求，有

的项目甚至具有较高的安全风险。自然环境安全风险因素包括天气因素和地质因素。在我国，参与人数众多、开展较为广泛的休闲体育项目有登山、游泳、攀岩、攀冰、探洞、漂流、峡谷运动、野外生存（露营）、徒步穿越、山地自行车、定向越野、海岛运动、荒漠运动等，这些休闲体育项目可分为水、陆、空的运动项目。这些项目的休闲活动大多是在特定的自然环境中开展，受到天气及地质因素的影响和制约，且具有活动环境的不确定性、变化性、不可控性、高风险性等特点。所以，这些休闲体育活动项目设计与管理要根据具体项目的特点考虑项目设计与管理安全因素。

（一）影响水域休闲体育项目设计和管理的安全因素

在对水域体育运动项目设计的过程中，我们必须注重以下安全因素：首先，水质对水域体育运动项目设计的影响。水质的好坏直接影响到水域体育运动的正常开展，必须考虑开展水域体育运动项目地区的水质问题。避免在工业与生活废水排污口附近和污染较严重的水域开展相关的体育运动，因为这些水域中的水质可能含有大量的有毒物质或各种病毒、病菌。如果在这样的水域中进行体育运动，这些有毒物质、病毒、细菌有可能通过人体器官进入体内，引发各种炎症甚至疾病，最终对人体的健康构成威胁。其次，水流对水域体育运动项目设计的影响。在江河湖泊中进行相关体育运动，还必须考虑到水流方向和大小等对运动项目的影响。如在进行帆船与漂流运动项目时，水流速度过快、过急可能会对器械造成损坏，也有可能对运动员的生命安全带来影响。因此，在进行水域运动项目设计的过程中必须加以注意。最后，水下环境对水域体育运动项目设计的影响。水下环境主要有温度、水草、礁石、野生动物、含氧量及洋流变化等因素。在这众多的因素之中，每一项都可能对水域运动项目造成重要的影响。如水下温度过低会引起运动员肌肉痉挛，帆船撞击在突出的礁石上会造成器械的损坏和人员的伤害，水草可能缠住游泳者的身体等。在进行水域体育运动项目设计时，必须对水下环境进行实地考察，找出影响水域体育运动的水下环境因素，为水域体育运动项目的安全开展提供可靠的保障。

影响水域体育运动项目管理的安全因素的重点在项目规章制度、从业资格证、安全培训、身体健康状况等，这些因素都会影响到水域体育运动项目的实施。在水域体育运动项目开展的过程中，需要制定符合水域体育运动项目的规章制度。如果体育运动项目的开展没有在相应的规章制度规范下进行，可能会给水域体育运动的进行带来安全隐患。为此，体育运动项目的管理部门务必要高度重视体育运动项目的安全性，狠抓法律法规学习，狠抓内部规章制度建设，加强安全监督，提升安全意识，服从执法部门的依法管理。

（二）影响陆地休闲体育项目设计和管理的安全因素

在进行陆地体育运动项目设计时，必须考虑影响陆地体育运动项目的安全因素。首先，活动场地地形对陆地体育运动项目设计的影响。陆地在体育运动项目中的一个主要功能是作为运动场所，场地地形因素对于体育运动项目的分布起着重要作用。地形的起伏、地势的高低，直接影响到体育运动项目的开展。随着海拔的升高，大气压，特别是氧分压会降低，肺泡气中氧分压也随之降低，因而进入肺毛细血管的氧量就减少，动脉血氧饱和度也就降低，便可导致不同程度的缺氧。缺氧会在不同程度上对人体各组织和器官造成影响，同时也会对体育运动者的心理健康产生威胁。其次，气候、气象对陆地体育运动项目设计的影响。气象包括风速、风向、风力、气流、降水、云及各种天气现象，而气候包括冷、暖、干、湿等因素。大气环境下气候、气象与体育运动项目的关系非常紧密，深刻地影响着体育运动项目的开展。在进行陆地体育运动项目的过程中，必须考虑气候、气象对陆地体育运动项目的影响。如运动员在空气相对湿度（气湿低于30%）较低的条件下运动，其呼吸道的防御功能则会降低，会感到咽喉干燥，口腔和皮肤易于干裂；在空气相对湿度较高时（气湿达80%以上）运动，身体的热蒸发受阻，出汗少，皮肤调节体温的功能失常，经常会导致运动员烦躁、疲劳和食欲不振。最后，装备对陆地体育运动项目设计的影响。随着体育事业的快速发展，体育运动装备也在不断地改进。在进行陆地体育运动的过程中，器材装备对体育运动的安全具有重大的影响。特别是对攀岩、登山、探洞及极限运动的影响。攀岩运动中使用的安全带，是连接攀岩者和攀岩绳的装备，是整个安全体系中最重要的一个环节。在登山、攀岩活动时，安全带一旦发生断裂，造成人员坠落，其后果可想而知。

陆地体育运动项目非常多，在对运动项目进行安全管理时要从多方面去思考，找出影响这些项目管理的安全因素。陆地项目管理的影响因素主要有规章制度、监管制度、营业资格、医疗保障等。如在山地进行户外运动时，突然发生滑坡、泥石流，这会给体育运动项目的顺利开展造成影响，甚至会对参与人员的生命安全构成威胁。因此，体育管理部门要切实履行监管职责，加强对陆地体育运动的重点地区、重点单位和重点环节的监管检查；对经营体育运动的团体，要落实部门和单位的主体责任，落实各项安全措施，完善组织接待条件和应急预案，增强安全保障能力；对已经形成规模的运动项目，要依靠当地政府，形成部门联动、齐抓共管的机制，共同做好安全保障工作。

（三）影响空中休闲体育项目设计和管理的安全因素

在进行空中体育运动项目设计时，必须从以下方面对影响空中体育运动项目的安全因素进行分析。首先，风速对空中体育运动项目设计的影响。在开展空中体育运动项目时，风速的大小将直接影响到体育运动项目的顺利进行。如开展滑翔伞时，风速过小，导致张力支撑不够，滑翔伞难以起飞；风速过大，滑翔伞难以控制，容易引起事故。其次，能见度对空中体育运动项目设计的影响。影响能见度好坏的主要天气现象是降水、大雾、积云、烟雾、风沙等。如果飞机在空中飞行，雪花或雨滴打在飞机挡风玻璃上，使得飞行员无法看清前方，会引起飞行事故，严重威胁飞行安全。特别是在降落过程中，飞机极易受大雨、大雪等天气影响而造成着陆困难。最后，地域饱和度对空中体育运动项目设计的影响。如今，空中体育运动项目的开展不是分散的，而是集中在某一特定的地域，如果游客集中在同一时间和地点进行空中体育运动，可能会达到地域饱和度。当地域饱和度达到一定的程度时，可能会造成飞行器械的相互碰撞，导致飞行器械的损坏和人员的伤害。

影响空中体育运动项目安全管理的因素主要有监管制度、营业资格、医疗保障、指导培训等。如在空中进行跳伞体育运动时，相应的安全跳伞问题已经成为越来越热门的话题，对于跳伞参与者来说，至关重要的是打开降落伞的时机，显然不能打开太晚，否则着陆时速度过大会造成伤害事故。因此，各部门应加强对参与空中体育运动项目人员的指导和培训，使参与人员了解、掌握更多的安全知识与操作技能，从而使参与人员的人身安全得到保障。

五、项目自身安全对项目设计与管理的影响

(一)设备对项目设计与管理的影响

在开展体育运动的过程中，必须高度重视体育运动项目设备的安全。体育运动中发生的安全事故，涉及设备方面的主要有设备数量有限、选用设备不当、设备安装错误、设备维修保养不当、设备操作不当，以及设备本身存在安全隐患等。装备设备在体育运动中起着重要的作用，特别是在户外运动中装备起到的作用非常大。优质的装备设备不仅能保证户外运动正常开展，更为休闲体育活动参与者的人身安全提供了重要保障。在户外攀岩运动中所用到的绳索、锁扣、下降器、安全带、头盔等任何一项出现故障，都会对攀岩运动的正常开展以及参与者的人身安全造成影响。因此，在进行项目设计与管理的时候，必须考虑装备设备对体育运动项目带来的影响。

(二)参与者、组织者对项目设计与管理的影响

休闲体育运动项目具有很强的自主参与性，可以吸引众多的体育参与者参加体育运动。在进行体育活动的过程中，参与者的安全也会影响到项目的设计与管理。参与者对体育运动缺乏基本的认识，或者盲目乐观、过高估计自己的能力；没有按照教练员的指导进行操作；身体状况和健康状况的好坏等，都可能对参与者的安全构成威胁。参与者突发的身体状况会对体育运动带来不利的影响。在进行体育运动时，可能会遇到一些突发性疾病，如突发性心脏病，突发性脑出血、心肌梗死等，这些疾病都会对参与者的生命安全带来影响。在进行体育运动之前，特别是进行户外体育运动时，应到医院进行一次全面的健康检查，以确保参与者健康出行。同时，体育运动项目中的组织者（亦称为领队及相关人员），是体育运动项目的具体活动带领者，尤其是在具有代表性的户外运动中，优秀的领队及相关人员能够为参与者提供必要的安全向导，并根据其丰富的经验识别户外活动过程中的风险，并采取必要的措施来应对；相反，缺乏风险识别能力、沟通能力、组织协调能力、应变能力的领队及相关人员会影响到体育运动项目进行。为此，在参与体育运动项目时，必须充分考虑参与者、组织者的安全因素。

(三)组织管理对项目设计与管理的影响

组织管理是指通过建立组织结构，实现一定的共同目标而按照一定的规则程序构成的一种责权结构安排和人事安排，以确保最高的效率实现组织管理目标。目前，我国体育运动组织管理体系还不健全，在一些体育运动进行中缺乏行之有效地组织管理。在进行项目设计与管理时，必须考虑组织管理因素对项目设计与管理的影响。科学的组织管理对于体育运动项目安全来讲是十分重要的，而我国体育运动项目组织管理还存在一些问题。在体育运动项目开展的过程中，如果体育组织管理部门、体育组织管理者对体育运动项目的组织管理协调不当、监督力度不强，可能会影响到运动项目的顺利进行、导致安全事故的发生。因此，体育组织管理部门、体育组织管理者应该提升组织管理能力，从而为体育运动项目健康、有序开展提供保障。

参考文献

1. 白源源. 经济发展对体育发展的制约［J］. 内蒙古科技与经济，2010.
2. 陈远清. 旅游项目开发可行性研究与经济评价实务全书［M］. 北京：中科多媒体电子出版社，2003.
3. 程爱学，徐文锋. 项目总监实战操典［M］. 北京：北京大学出版社，2013.
4. 程建强，黄恒学. 时尚学［M］. 北京：中国经济出版社，2010.
5. 程敏. 项目管理［M］. 北京：北京大学出版社，2013.
6. ［德］齐奥尔格·西美尔. 时尚的哲学［M］. 费勇，等，译. 北京：文化艺术出版社，2001.
7. ［法］罗歇·苏. 休闲［M］. 姜依群，译. 北京：商务印书馆，1996.
8. ［法］让·鲍德里亚. 消费社会［M］. 刘成富，等，译. 南京：南京大学出版社，2000.
9. 高兵. 体育活动策划与管理［M］. 北京：化学工业出版社，2016.
10. 国家旅游局. 国家旅游局关于加强探险旅游安全管理工作通知［G］. 2006.
11. 何劲鹏，柴娇，姜立嘉. 体育社会学［M］. 北京：中国社会出版社，2009.
12. 华安天宇. 企业员工安全教育读本（插图版）［M］. 北京：中国环境出版社，2013.
13. 黄飞宏. 项目管理实战指导［M］. 北京：清华大学出版社，2014.
14. 简德三. 项目管理［M］. 上海：上海财经大学出版社，2001.
15. 蒋巍巍. 打造高绩效团队［M］. 北京：中国电力出版社，2010.
16. 克里斯托弗·埃金顿，苏珊·赫德森，罗德尼·戴森，苏珊·埃金顿. 休闲项目策划［M］. 重庆：重庆大学出版社，2010.
17. 李先国. 群众体育文化创新与体育强国构建［M］. 上海：上海交通大学出版社，2013.
18. 李相如，凌平，卢锋. 休闲体育概论［M］. 北京：高等教育出版社，2011.
19. 李相如. 休闲体育项目概论［M］. 北京：人民体育出版社，2012.
20. 李银平. 高效工程项目管理团队建设与管理研究［D］. 济南：山东大学，2009.
21. 刘德谦，唐兵，宋瑞. 2012年中国休闲发展报告［M］. 北京：社会科学文献出版社，2012.
22. 刘德谦，唐兵，宋瑞. 休闲绿皮书：2012年中国休闲发展报告［M］. 北京：社会科学文献出版社，2012.

23. 刘惠君. 体育产业环境及其影响分析 [J]. 广州体育学院学报, 2006, 26 (1).
24. 刘嘉龙, 胡建强, 等. 休闲活动策划与管理（第2版）[M]. 上海: 格致出版社, 2016.
25. 刘嘉龙. 闲活动策划与管理 [M]. 上海: 格致出版社, 2011.
26. 刘嘉龙. 休闲活动策划与管理（第2版）[M]. 上海: 格致出版社, 2012.
27. 刘建堤. 视觉营销及其演进探析 [J]. 经济研究导刊, 2013 (3).
28. 刘武锋. 如何建立高效团队的研究与探索 [D]. 南宁: 广西大学, 2005.
29. 刘晓红, 徐玖平. 项目风险管理 [M]. 北京: 经济管理出版社, 2008.
30. 刘艳萍. 浅析高效团队建设与管理 [J]. 人力资源, 2012 (7).
31. 卢锋. 休闲体育学 [M]. 北京: 人民体育出版社, 2005.
32. 卢元镇. 中国体育社会学 [M]. 北京: 北京体育大学出版社, 2000.
33. 罗晰文. 凡勃伦的炫耀性消费思想及其意义 [J]. 沈阳大学学报: 社会科学版, 2014, 16 (6).
34. ［美］Jamshid Gharajedaghi, 著. 王彪, 等, 译. 系统思维——复杂商业系统的设计之道 [M]. 北京: 机械工业出版社, 2014.
35. ［美］埃金顿, 等, 著. 李昕, 译. 休闲项目策划——以服务为中心的利益方法 [M]. 重庆: 重庆大学出版社, 2010.
36. ［美］艾伦. 活动策划完全手册 [M]. 北京: 旅游教育出版社, 2006.
37. ［美］杰弗瑞·戈比, 著. 康筝, 等, 译. 你生命中的休闲 [M]. 昆明: 云南人民出版社, 2000.
38. ［美］克利福德·格雷, 埃里克·拉森, 著. 郝金星, 袁胜南, 等, 译. 项目管理 [M]. 北京: 人民邮政出版社, 2013.
39. ［美］托马斯·古德尔, 杰弗瑞·戈比, 著. 成素梅, 等, 译. 人类思想史中的休闲 [M]. 昆明: 云南人民出版社, 2000.
40. ［美］约翰·凯利. 走向自由——休闲社会学新论 [M]. 昆明: 云南人民出版社, 2000.
41. 牟红. 休闲活动策划与管理案例分析 [M]. 北京: 中国财富出版社, 2011.
42. 牟红. 休闲活动策划与管理实务 [M]. 北京: 中国财富出版社, 2015.
43. 牟红, 杨梅. 休闲活动策划与管理 [M]. 北京: 中国财富出版社, 2010.
44. 聂秀娟, 贾磊, 张星杰. 区域文化视野下休闲体育研究 [J]. 吉林体育学院学报, 2009 (5).
45. 牛晓梅. 论大众消费文化视野下的休闲体育消费 [J]. 广州体育学院学报, 2007, 27 (7).
46. 欧阳国忠. 活动策划实战全攻略 [M]. 北京: 清华大学出版社, 2013.
47 戚安邦. 项目管理学 [M]. 天津: 南开大学出版社, 2003.
48. 浅析地理环境对我国少数民族 体育运动项目形成的影响 [J]. 邢台学院学报, 2005, 20 (2).
49. 舒建平, 谢卫. 基于文化视角的休闲体育 [M]. 成都: 四川大学出版社, 2016.

50. 陶金. 团队建设与管理 [M]. 广州：暨南大学出版社，2010.
51. 王怀明. 组织行为学：理论与应用 [M]. 北京：清华大学出版社，2014.
52. 王伟，胡刚. 活动创造价值 [M]. 长沙：湖南科学技术出版社，2010.
53. 温传明. 活动策划与组织实施 [M]. 北京：东方出版社，2016.
54. 文精毅. 浅析项目管理中的团队建设 [J]. 中国建材，2011（6）.
55. 吴维库. 领导学 [M]. 北京：高等教育出版社，2006.
56. 伍鹏. 休闲活动策划与管理 [M]. 北京：清华大学出版社，2013.
57. 鲜启菊. 企业团队建设 [D]. 昆明：昆明理工大学，2013.
58. 熊茂湘. 体育环境导论 [M]. 北京：北京体育大学出版社，2003.
59. 徐宁. 项目管理实务教程 [M]. 兰州：兰州大学出版社，2014.
60. 徐挺. 创新推动休闲 [M]. 北京：旅游教育出版社，2012.
61. 颜明健. 管理学原理 [M]. 厦门：厦门大学出版社，2014.
62. 杨加玲. 从系统论视角审视休闲体育活动的策划与风险管理 [J]. 南京体育学院学报，2010（4）.
63. 杨梅. 休闲活动策划与服务 [M]. 北京：北京大学出版社，2013.
64. 殷焕武. 王振林. 项目管理——系统化方法 [M]. 北京：机械工业出版社，2013.
65. 于光远. 吃·喝·玩——生活与经济 [M]. 上海：华东师范大学出版社，2001.
66. 约翰·阿代尔，尼尔·托马斯. 团队建设与激励 [M]. 北京：机械工业出版社，2006.
67. 宰政. 消费社会对艺术的影响 [J]. 郑州轻工业学院学报：社会科学版，2009，10（4）.
68. 张国华. 社会体育活动方案设计与组织 [M]. 北京：北京师范大学出版社，2010.
69. 张辉. 企业项目管理缺陷及其成因剖析 [J]. 科技创新与应用，2013（21）.
70. 张琳. 现代项目高绩效管理团队建设初探 [J]. 经营管理者，2009（23）.
71. 周苏，等. 项目管理与应用 [M]. 北京：高等教育出版社，2015.
72. 周志强. 对公司高效团队建设研究 [D]. 大连：大连理工大学，2011.

后　记

　　进入 21 世纪后，我国社会发展进入了一个新时代，随着社会生产力水平的提高，社会物质文明达到了新的水平，人们的社会生活发生了很多实质性的转变。其中，休闲这一社会活动成了大众生活中的常态，逐渐成为人们现代生活方式的重要组成部分。因此，研究休闲现象的理论和实践也成为这个时代的必然需求。休闲体育专业的设置就是这种需求得以实现的重要途径。

　　休闲体育专业是 2006 年以后高等教育专业体系中新设置的一个专业，该专业的设置是我国社会现代化发展到一定阶段的必然。由于这个专业的设置时间不长，人才培养的目标、规格、知识技能体系都处于探索阶段。在今后的社会发展过程中，应该培养什么样的社会休闲活动的理论工作者、实践指导者和休闲活动服务者，无疑是所有开设休闲体育专业的高等院校教职人员必须思考和研究的问题。本书的设计思想意在使读者掌握这些知识后增强未来的社会适应性，使未来的休闲体育工作者能够充分发挥自己的主观能动性，成为有创新能力的劳动者。

　　本书由成都体育学院休闲体育系策划，卢锋、柳伟、舒建平、陈静姝拟定本书撰写大纲，舒建平负责统稿，其中：绪论、第一章和后记由卢锋撰写；第二章由陈静姝撰写；第三章由蒋书君撰写；第四章由张林玲撰写；第五章由彭琴撰写；第六章由陈玥琳撰写；第七章由陈静姝、曾海蓉撰写；第八章由柳伟、舒建平撰写。同时，胡洁老师，2016 级研究生曾丹、李代斌、王丽涛在收集整理资料方面给予了大力支持，在此表示深深的谢意。

编写者